OSHO

Schicksal, Freiheit

GOLDMANN
Lesen erleben

Bei Goldmann sind von Osho außerdem verfügbar:

Mann und Frau (13280)
Meditation (21521)
Emotionen (21560)
Was kann ich tun? (21561)
Liebe, Freiheit, Alleinsein (21599)
Meditationsführer (21609)
Sex – das missverstandene Geschenk (21713)
Buddha sprach (21724)
Angst (21815)
Das Buch der Geheimnisse (33847)
Das Thomas-Evangelium (33863)

OSHO

Schicksal, Freiheit und die Seele

Was ist der Sinn des Lebens?

Mit DVD

Aus dem amerikanischen Englisch
von Rajmani H. Müller

GOLDMANN

Die amerikanische Originalausgabe erschien 2010 unter dem Titel »Destiny, Freedom and the Soul« bei St. Martin's Griffin, New York.

Diese Ausgabe enthält neu bearbeitete Texte aus einer Reihe von Vorträgen, die Osho in gesprochener Rede hielt. Alle Vorträge Oshos liegen bereits ungekürzt in Buchveröffentlichungen vor und sind auch als Audioaufnahmen erhältlich. Audio-Medien und das vollständige Textarchiv finden Sie im Internet in der »Osho Library« nachgewiesen unter www.osho.com

FSC
www.fsc.org
MIX
Papier aus verantwortungsvollen Quellen
FSC® C014496

Verlagsgruppe Random House FSC-DEU-0100
Das für dieses Buch verwendete FSC®-zertifizierte Papier
Super Snowbright liefert Hellefoss AS, Hokksund, Norwegen.

1. Auflage
Deutsche Erstausgabe August 2012

Porträtfoto von Osho auf der Rückseite: Osho International Foundation
Umschlaggestaltung: UNO Werbeagentur, München
Umschlagmotiv: © Getty Images / ingmar wesemann
Redaktion: Michael Schaeffer
SB · Herstellung: cb
Satz: Fotosatz Amann, Aichstetten
Druck: GGP Media GmbH, Pößneck
Printed in Germany
ISBN 978-3-442-21992-6

www.goldmann-verlag.de

Inhalt

Einleitung

Der Mensch ist eine Suche – nicht eine Frage, sondern eine Suche. Eine Frage kann intellektuell gelöst werden, aber eine Suche ist nur existenziell zu lösen. Was wir suchen, sind keine Antworten auf irgendwelche Fragen. Was wir suchen, ist eine Antwort für unser Dasein.

Und ein Suchen ist es, denn bei einer Frage geht es um andere, bei der Suche geht es um uns selbst. Der Mensch ist auf der Suche nach sich selbst. Er weiß, dass er *ist,* aber er weiß nicht, *wer* er ist. So beginnt für jeden Menschen mit der Geburt eine große Erforschung im innersten Kern. Diese Erforschung können wir verdrängen, wir können sie in andere Bahnen lenken, können sie durch andere Aktivitäten ersetzen, aber aus der Welt schaffen können wir sie nicht. Sie lässt sich nicht beseitigen, denn sie ist dem Menschen in die Wiege gelegt. Die Suche nach sich selbst liegt in der Natur des Bewusstseins.

Diese Erforschung ist unser ureigenstes Wesen, und solange wir die Lösung nicht finden, suchen wir immer weiter. In der Tat gibt es 999 Irrwege und nur einen richtigen Weg – darum birgt die Suche viele Gefahren in sich. Es ist keine leichte Aufgabe. Die Suche ist sehr schwierig, und sehr selten findet ein Mensch zur Lösung. Wenn du aber nicht danach strebst, lebst du immer weiter in Schmerz und Verwirrung. Du bleibst ein Schrei in der Wüste. Du wirst nicht wissen, was Freude ist. Wie kannst du freudvoll leben, wenn du dich selbst nicht erkannt hast? Du hast keine Ahnung, welch ein Segen darin liegt. Solange du dich selbst nicht erkannt hast, wirst du auch keinen Segen erfahren.

Du hörst Worte wie »Zufriedenheit« und »Glückseligkeit«, aber es sind bloß Worte. Sie ergeben für dich keinen Sinn. Den Sinn kann dir nur deine eigene Erfahrung geben. Sonst bleiben es leere Worte, die viel Lärm um dich herum erzeugen, aber nichts bedeuten.

Die Suche ist dem Menschen in die Wiege gelegt. Aber dann stellt sich das Problem, dass es so viele Irrwege gibt. Wie soll man den richtigen Pfad finden?

Thomas Carlyle hat gesagt: »Des Menschen Unglück entspringt aus seiner Größe, weil es etwas Unendliches in ihm gibt, das er trotz all seiner Schlauheit nicht vollständig unter dem Endlichen begraben kann.«

Es gibt etwas in dir, das höher ist als du, größer ist als du. Und es ist nicht möglich, es irgendwo unter dem Endlichen zu begraben. Betrachte nur dein eigenes Leben. Du kannst noch so sehr nach Geld und Macht streben, aber mit jedem Erfolg, den du hast, stellt sich gleichzeitig das Gefühl von Versagen ein. Jedes Mal, wenn du erfolgreich bist, wird dir dein eigenes Versagen bewusst. Bei all dem Geld, das du hast, bist du so unzufrieden wie eh und je, wenn nicht noch mehr. Bei all der Macht, die du hast, bist du noch genauso machtlos wie eh und je. Nichts lässt den Menschen seine Ohnmacht mehr fühlen als Macht. Nichts macht ihm die innere Armut stärker bewusst als der äußere Reichtum, gerade durch den

Kontrast. Du siehst die äußeren Reichtümer, aber innerlich bist du ein Bettler, einer endlosen Kette von Wünschen und Begierden, Fragen und Sehnsüchten ausgeliefert.

Einerseits erweist sich dies als ein Unglück – das Verhängnis des Menschen. Andererseits liegt darin aber auch seine Größe. Carlyle hat Recht, wenn er sagt, dass das Unglück des Menschen aus seiner Größe entspringt. Worin besteht diese Größe? Diese Größe besteht in der menschlichen Fähigkeit, sich selbst zu übertreffen, über sich selbst hinauszugehen, sein Leben zu einer Stufenleiter zu machen und mit einem Sprung aus sich herauszukommen. Solange dieser Quantensprung nicht passiert, lebst du in einem Ödland, in dem nichts je zur Blüte kommen kann. Du kannst noch so viele Anstrengungen unternehmen, aber die Wüste bleibt eine Wüste. Du findest dort keine Blumen.

Dein Leben beginnt erst aufzublühen, sobald du dich der Wahrheit näherst. Darin besteht die Suche, darin besteht das Streben: Der Mensch sehnt sich danach, Gott zu werden. Der Mensch strebt danach, die Wahrheit zu werden. Du willst fühlen: »Ich bin die Wahrheit.« Weniger als das wird dich niemals befriedigen.

1

Das Geheimnis von »Wer bin ich?«

»Wer bin ich?« – diese Frage muss dich bis in die tiefsten Winkel deines Seins durchdringen. Diese Frage muss eine Resonanz in dir haben, sie muss in dir vibrieren, muss in deinem Blut pulsieren, in deinen Zellen. Sie muss dir in tiefster Seele zu einem Fragezeichen werden.

Und wenn der Verstand schweigt, wirst du es wissen. Nicht, dass eine Antwort in Worten zu dir käme, nicht, dass du fähig wärest, in dein Notizbuch zu schreiben: »Das ist die Antwort.« Nicht, dass du irgendjemandem erzählen könntest: »Das ist die Antwort.« Wenn du es jemandem erzählen kannst, ist es nicht die Antwort. Wenn du es in dein Notizbuch schreiben kannst, ist es nicht die Antwort. Wenn die wahre Antwort zu dir kommt, ist sie so existenziell, dass du sie nicht ausdrücken kannst.

Ich selbst bin eine Frage. Ich weiß nicht, wer ich bin. Was soll ich tun? Wo soll ich hingehen?

Bleibe bei der Frage. Tue gar nichts und gehe nirgendwohin. Und fange nicht an, irgendeiner Antwort Glauben zu schenken. Bleibe bei der Frage.

Dies ist eines der schwierigsten Dinge: bei einer Frage zu bleiben und nicht die Antwort zu suchen. Denn der Verstand ist sehr raffiniert; er kann eine falsche Antwort liefern. Er kann dich trösten, er kann dir etwas geben, woran du dich festhalten kannst. Aber damit ist die Frage nicht beantwortet, nur verdrängt. Dann wirst du künftig an diese Antwort glauben, und die Frage bleibt in der Tiefe deines Unterbewusstseins wie eine Wunde. Die Heilung ist nicht geschehen.

Wenn du bei der Frage bleibst, heißt das nicht, dass du die Antwort erhalten wirst. Niemand hat je eine Antwort erhalten. Wenn du bei der Frage bleibst, wird mit der Zeit die Frage verschwinden. Aber nicht, weil du die Antwort erhalten wirst. Es gibt keine Antwort. Eine Antwort kann es nicht geben, denn das Leben ist ein Mysterium. Gäbe es eine Antwort, so wäre das Leben kein Mysterium.

Es gibt darauf keine Antwort. Das Leben kann nicht gelöst werden. Es ist kein Rätsel, sondern ein Mysterium. Der Unterschied zwischen einem Rätsel und einem Mysterium besteht darin, dass ein Rätsel gelöst werden kann, so schwierig seine Lösung auch sein mag. Ein Mysterium kann niemals gelöst werden – aber nicht, weil es schwierig ist. Es ist ganz einfach, aber von Natur aus unlösbar.

Bleibe bei der Frage – aufmerksam, wach, ohne zu suchen, ohne nach einer Antwort zu greifen. Sehr schwierig ist das. Aber wenn du das schaffst … und es ist zu schaffen, denn ich habe es geschafft. Und alle, die zur Lösung, zur Auflösung der Frage gelangten, haben es geschafft. Durch bloße Bewusstheit, im Feuer der Bewusstheit verbrennt die Frage. In der Sonne der Bewusstheit schmilzt die Frage dahin; sie verschwindet, löst sich in Dunst auf. Eines Tages wird dir plötzlich bewusst: Du bist da, aber die Frage ist nicht mehr da. Nicht, dass eine Antwort an ihre Stelle getreten wäre, keineswegs. Die Frage hat sich einfach aufgelöst. Du bist da, ohne irgendeine Frage. Das ist die Antwort.

Du – ohne eine Frage – bist die Antwort. Nicht, dass du jetzt sagen könntest, wer du bist. Diese Frage kostet dich nur noch ein Lachen. Sie ist absurd geworden. Diese Frage zu stellen, war schon an und für sich verkehrt. Aber das kannst du jetzt nicht verstehen; du musst also fragen. Und du musst sehr intensiv fragen. Stelle die Frage – aber nicht, um eine Antwort zu erhalten.

Darin besteht der Unterschied zwischen Theologie und Religiosität: Die Theologie gibt dir *die* Antwort; die Religiosität gibt dir Bewusstheit. Die Theologie liefert dir jede Menge Antworten – fertige, vorfabrizierte, ausgefeilte, perfekte Antworten. Religiosität liefert dir keine Antwort, aber sie hilft dir, tief in die Frage einzutauchen. Je tiefer du in die Frage eindringst, desto mehr wirst du erleben, wie sie dahinschmilzt, bis sie ganz verschwindet. Und sobald die Frage verschwindet, wird eine ungeheure Energie in dir frei. Dann bist du völlig präsent, ohne eine Frage.

Und wo keine Frage ist, da ist natürlich auch kein Verstand (engl.: *mind*). Der Verstand ist der Fragesteller. Wenn keine Fragen mehr auftauchen, ist auch der Verstand verschwunden – aufgelöst in reinem Bewusstsein … Ein wolkenloser Himmel, eine Flamme ohne Rauch.

Das bedeutet »Göttlichkeit«. Das bedeutet »Buddha«. Das bedeutet »Christus«. Ich muss es immer wieder unterstreichen: Buddha hat nicht die Antwort gefunden. Darum antwortet Buddha nicht auf die wesentlichsten Fragen. Wenn du ihn fragst: »Existiert Gott?«, wird er deine Frage umgehen und nicht darauf antworten. Wenn du ihn fragst: »Was geschieht, wenn ein Mensch stirbt?«, wird er es umgehen und von anderen Dingen reden. Er gibt darauf keine Antworten.

Buddha ist kein Metaphysiker, auch kein Philosoph. Er hat sich der Frage gestellt, und die Frage ist verschwunden. Die Frage verschwindet, so wie die Dunkelheit verschwindet, wenn du ein Licht anzündest, wenn du eine Lampe hereinbringst. Also bringe mehr Bewusstheit in die Frage.

Du sagst: *»Ich selbst bin eine Frage.«* Wunderbar! So sollte es sein! Führe sämtliche Fragen auf die elementare Frage zurück, die da lautet: »Wer bin ich?« Umkreise nicht die Peripherie mit Fragen wie: »Wer hat die Welt erschaffen? Warum wurde die Welt erschaffen?« All solche Fragen sind unsinnig. Komme zur Kernfrage, zur grundlegenden Frage überhaupt: Wer bin ich?

Wer ...? Lass dein Bewusstsein tief eindringen, wie einen Pfeil, der immer tiefer und tiefer und tiefer geht. Und habe es nicht eilig, die Antwort zu finden – denn der Verstand ist schlau. Wenn du es eilig hast und ungeduldig bist, kann der Verstand dir eine Antwort liefern. Er wird alle möglichen Schriften zitieren; er ist der Teufel! Er kann sagen: »Ja, du bist ein Gott, du bist reines Bewusstsein, du bist die höchste Wahrheit, eine ewige Seele, ein unsterbliches Wesen.« Solche Antworten können deine wahre Suche völlig zunichtemachen.

Ein Suchender sollte sich vor fertigen Antworten hüten. Sie sind leicht zu haben; von allen Seiten werden sie dir ständig angeboten. Tatsächlich ist dein Verstand bereits darauf konditioniert worden. Die Antworten wurden dir schon gegeben, bevor du überhaupt angefangen hast, die Frage zu stellen.

Schon ein kleines Kind ... es hat noch nicht gefragt, wer Gott ist, da gibt man ihm bereits die Antwort. So wird es konditioniert. Es hat noch gar nicht danach gefragt, die Frage ist noch nicht aufgetaucht, doch die Antwort wird bereits geliefert. Viele Menschen glauben ihr Leben lang an diese Antworten und stellen die Frage niemals selbst.

Solange du die Frage noch nicht selbst gestellt hast, ist alles, was du weißt, völlig wertlos. Wirf dein ganzes Wissen auf den Müllhaufen, denn in der Wirklichkeit zählt kein Wissen, es zählt nur Erkenntnis. Da gibt es keine Antwort, nur einen Bewusstseinszustand, in dem das Fragen aufhört. Nur Klarheit – eine Klarheit des Sehens und Wahrnehmens, eine Klarheit des Blicks. Du schaust allem bis auf den Grund, aber eine Antwort findest du nirgends.

Die Existenz ist so unermesslich, ein solches Mysterium ... Und es ist gut, dass es so ist. Stell dir vor, was für ein Unglück es wäre, wenn du die Antwort finden könntest! Das Leben wäre nicht lebenswert, es wäre ohne Bedeutung. Gerade weil es keine Antwort zu finden gibt, kann das Leben seine unendliche Bedeutung behalten. Gott ist nicht die Antwort. Göttlichkeit ist der Seinszustand, in dem die Frage verschwunden ist. Der Zustand des Nicht-Denkens, *No-Mind*, ist Göttlichkeit.

Bleibe bei der Frage. Ich bin dazu da, dir zu helfen, bei der Frage zu bleiben. Ich werde dir keine Antwort liefern, du hast schon viel zu viele. Ich werde dir nicht noch mehr aufbürden. Ich bringe dir nur bei, wie du all die Antworten, die du gelernt hast, wieder verlernen kannst. Dann wird die

Frage kristallklar, dann wird sie authentisch und deine eigene, dann kann sie aus deinem innersten Wesenskern emporsteigen.

Und bleibe dran. Gehe nicht mal hierhin, mal dorthin. Habe keine Eile. Sei geduldig. Lass die Frage dein ständiger Begleiter sein.

Dies ist die einzige Disziplin, die ich lehre: das Halten der Frage, ohne es eilig zu haben, die Antwort zu finden.

Es ist großartig, bei der Frage zu bleiben, denn Antworten verderben dich nur. Sie nehmen dir deine Unschuld, beseitigen deine pure Unwissenheit. Sie stopfen dir den Kopf voll mit Worten, Theorien, Dogmen. Dann bist du nicht mehr jungfräulich. Antworten korrumpieren dich. Eine Frage ist unverdorben; sie verdirbt dich nicht. Im Gegenteil, sie verstärkt noch deine Reinheit. Sie lässt dich immer klarer und klarer werden.

Werde dir der Frage zunehmend bewusst. Du musst dich nicht ständig fragen: »Wer bin ich?« Du musst es nicht verbalisieren. Lass die Frage da sein, ohne jede Verbalisierung. Lass sie wie dein Atmen sein; lass sie wie deine Präsenz sein. Lass sie da sein, still und beständig, als würdest du mit ihr schwanger gehen. Und eines Tages, wenn du lange genug mit der Frage gelebt hast, beginnt sie zu verschwinden. Sie verdunstet, wie wenn frühmorgens die Sonne aufgeht und die Tautropfen sich allmählich auflösen. Wenn die Bewusstheit zu einer Flamme geworden ist, zu einem intensiven Lichtstrahl, dann löst sich die Frage allmählich auf.

Und wenn die Frage verschwunden ist, kannst du nicht sagen, wer du bist, aber du *weißt* es. Es ist kein Informationswissen; es ist *Erkenntnis*. Du hast keine Antwort, aber du weißt es. Du kannst es tanzen, aber du kannst es nicht beantworten. Du kannst es lächeln, aber du kannst es nicht beantworten. Du wirst es leben, aber du weißt keine Antwort.

Oft habe ich das Gefühl, dass ich nicht das tue, was ich tun sollte. Oder dass ich etwas tue, was ich nicht tun sollte. Oder ein Gefühl, dass sich etwas ändern müsste, und zwar schnell. Es ist wie die Sorge eines Schuljungen: »Ich schaffe die Klasse nicht und fliege von der Schule!«

Damit sind wir alle aufgewachsen. Unsere ganze Erziehung – in der Familie, in der Gesellschaft, in der Schule, in der Ausbildung, an der Universität – erzeugt eine Spannung in uns. Und die Grundspannung ist die, dass du nicht tust, was du tun solltest.

Und dann begleitet es dich dein Leben lang; es verfolgt dich wie ein Albtraum, wie ein Spuk. Es lässt dir keine Ruhe, erlaubt dir nie, dich zu entspannen. Wenn du dich entspannen willst, wird es sagen: »Was machst du da? Du darfst dich jetzt nicht ausruhen; du musst etwas tun.« Und wenn du etwas tust, wird es sagen: »Was tust du da? Du brauchst ein bisschen Ruhe, unbedingt, sonst wirst du noch verrückt. Du stehst schon auf der Kippe!«

Wenn du etwas Gutes tust, wird es sagen: »Du bist ein Narr. Gutes zu tun bringt dir gar nichts. Die Leute werden dich nur ausnutzen.« Wenn du etwas Schlechtes tust, wird es sagen: »Was machst du? Du bereitest dir den Weg zur Hölle. Dafür wirst du leiden müssen.« Es lässt dich nie in Ruhe, was auch immer du tust. Etwas treibt dich immer an und macht dich schlecht.

Diesen Antreiber hat man dir eingepflanzt. Das ist das größte Unglück, das der Menschheit widerfahren ist. Und solange wir diesen Antreiber in uns nicht loswerden, können wir nicht wirklich menschlich sein, können wir unseres Lebens nie richtig froh werden, können wir das Jubelfest des Lebens nicht mitfeiern.

Jetzt kann nur einer damit aufhören, und das bist du. Und nicht nur der Fragende hat dieses Problem, sondern fast jeder Mensch. Unabhängig davon, in welchem Land du geboren bist und welcher Religion du angehörst – es spielt keine Rolle. Ob du Katholik oder Kommunist, Hindu oder Muslim, Dschaina oder Buddhist bist – es spielt keine Rolle, welcher Art von Ideologie du dich zurechnest. Im Wesentlichen ist es das Gleiche. Im Wesentlichen geht es darum, eine Spaltung in dir zu erzeugen, sodass ein Teil von dir immer einen anderen Teil verurteilt. Folgst du dem einen Teil, dann fängt der andere Teil an, dich zu verurteilen. Du befindest dich in einem inneren Konflikt, einem ständigen Bürgerkrieg.

Dieser innere Krieg muss aufhören, sonst verpasst du die ganze Schönheit, den ganzen Segen des Daseins. Dann wirst du nie nach Herzenslust lachen können, wirst nie lieben können, wirst nie bei irgendetwas total sein können. Aber nur aus der Totalität erblüht etwas in dir und der Frühling kommt und bringt Farbe, Musik und Poesie in dein Leben.

Nur wenn du total bist, kannst du unvermittelt die Anwesenheit von Göttlichkeit ringsumher spüren. Aber die Ironie ist die, dass die Spaltung von euren so genannten Heiligen und von den Priestern und Kirchen erzeugt wurde. Tatsächlich ist der Priester der größte Feind wahrer Religiosität auf Erden.

Wir müssen all diese Priester loswerden. Sie sind die zugrunde liegende Ursache für diese pathologische Menschheit. Sie haben im Menschen ein tiefes Unwohlsein verursacht und Neurosen von epidemischen Ausmaßen erzeugt. So sehr haben die Neurosen überhandgenommen, dass wir sie für normal halten. Wir meinen, dass dies hier alles sei, worum es im Leben gehe. Unser Leiden halten wir für das Leben – ein einziges, lang hingezogenes Leiden, eine schmerzhafte, peinvolle Existenz, eine Autobiografie von »Viel Lärm um Nichts«.

So scheint es, wenn wir unser so genanntes Leben betrachten: Darin erblüht uns keine Blume, erklingt uns kein Lied im Herzen, berührt uns kein Strahl des göttlichen Entzückens.

So ist es nicht überraschend, wenn intelligente Menschen auf der ganzen Welt sich fragen, was das Leben für einen Sinn habe. »Wozu weiter so leben? Leben wir nur weiter, weil wir zu feige sind? Warum bringen wir nicht den Mut auf, dieser ganzen Sinnlosigkeit ein Ende zu setzen? Wieso können wir nicht Selbstmord begehen?«

Nie zuvor hat es auf der Welt so viele Menschen gegeben, die das Leben für völlig sinnlos halten. Warum geschieht das gerade in unserer Epoche? Es hat nichts mit der Epoche zu tun. Seit vielen Jahrhunderten, ja seit mindestens 5000 Jahren, haben die Priester in der menschlichen Psyche großen Schaden angerichtet. Nun haben wir den Höhepunkt erreicht.

Wir tragen keine Schuld daran, wir sind die Opfer. Wir sind Opfer der Geschichte. Wenn die Menschen ein wenig bewusster werden, sollte man als Erstes sämtliche Geschichtsbücher über Bord werfen. Vergesst die ganze Vergangenheit – sie war ein Albtraum! Fangt noch einmal ganz von vorne an, bei Adam und Eva, als würdet ihr neu geboren. Fangt neu an, als wären wir wieder im Garten Eden – unschuldig, unbelastet und nicht verdorben durch die unmenschlichen Priester und deren Konzepte.

Die Priester waren sehr gemein, sie haben sich eine ungeheure Entdeckung zunutze gemacht: Spalte den Menschen, bringe ihn gegen sich selbst auf, mache ihn schizophren – und du wirst immer die Macht über ihn behalten. Ein gespaltener Mensch ist ein schwacher Mensch. Der ungeteilte Mensch, ein wirkliches »In-dividuum«, ist kraftvoll; er besitzt die Stärke, jedes Abenteuer, jede Herausforderung auf sich zu nehmen.

Ein Mann war auf der Suche nach einem geeigneten Gotteshaus und landete schließlich in einer kleinen Kirche, wo Pfarrer und Gemeinde zusammen Bibelsprüche studierten. Jemand las: »Wir ließen ungetan, was wir hätten tun sollen, und wir taten, was wir nicht hätten tun sollen.«

Da ließ sich der Mann erleichtert auf einen Stuhl fallen und seufzte: »Gottseidank, endlich bin ich unter meinesgleichen!«

Geh in eine x-beliebige Kirche und du bist unter deinesgleichen: lauter Kopien deiner selbst. Vielleicht wird sich die Sprache ein wenig unterscheiden, werden die Rituale ein wenig anders sein, aber die Basis ist die gleiche. Allen Kirchen ist gemeinsam, dass sie die Menschen in einen inneren Bürgerkrieg treiben.

Der Tag, an dem du anfängst zu begreifen, was die Priester in dir angerichtet haben, wird ein großer Tag der Erkenntnis für dich sein. Und der Tag, an dem du diesen ganzen Schwachsinn hinter dir lässt, wird der Tag sein, an dem deine Befreiung beginnt.

Tue, was dein Wesen von dir verlangt. Tue das, wozu deine Eigenart und deine Fähigkeiten dich drängen. Höre nicht auf die Schriften. Höre nur auf dein Herz. Das ist die einzige heilige Schrift, die ich empfehle. Lausche aufmerksam und ganz bewusst deinem Herzen, dann wirst du niemals falsch liegen. Wenn du auf dein Herz hörst, bist du ungeteilt. Wenn du auf dein Herz hörst, bewegst du dich in die richtige Richtung, ohne über richtig und falsch nachzudenken.

Die ganze Lebenskunst für den neuen Menschen besteht also in dem Geheimnis, auf das Herz zu hören – bewusst, wach und aufmerksam. Und ihm zu folgen, um jeden Preis, und hinzugehen, wo auch immer es dich hinträgt. Gewiss, es wird dich hier und da in gefährliche Situationen bringen, aber bedenke, dass Gefahren nötig sind, damit du reif wirst. Und gelegentlich wird es dich in die Irre führen, aber bedenke auch, dass es zum Wachstum dazugehört, in die Irre zu gehen. Viele Male wirst du hinfallen, dann stehe wieder auf, denn dadurch gewinnst du Kraft: indem du hinfällst und wieder aufstehst. Nur so kannst du zur Ganzheit gelangen.

Befolge jedoch keine Regeln, die dir von außen aufgezwungen werden. Keine aufgezwungene Regel kann jemals richtig sein, denn Regeln werden von den Leuten erfunden, die dich beherrschen wollen. Natürlich gibt es hier und da großartige erleuchtete Menschen auf der Welt – einen Buddha, einen Jesus, einen Krishna, einen Mohammed, aber sie geben der Welt keine Regeln, sie geben ihre Liebe. Früher oder später tun sich dann die Jünger zusammen und fangen an, Verhaltensregeln aufzustellen. Wenn der Meister einmal nicht mehr da ist, wenn das Licht erloschen ist und sie sich in tiefer Dunkelheit wiederfinden, fangen sie an, nach bestimmten Regeln zu greifen, die sie befolgen können, weil das Licht, das sie sehend gemacht hätte, jetzt nicht mehr da ist. Nun werden sie sich an Regeln halten müssen.

Was Jesus tat, hat sein Herz ihm eingegeben, aber was die Christen weiterhin praktizieren, ist *nicht* das, was ihr Herz ihnen eingibt. Sie sind Nachahmer – aber sobald du etwas nachahmst, beleidigst du deine Menschlichkeit, beleidigst du deinen Gott.

Sei kein Nachahmer; sei immer ein Original! Werde keine Kopie. Aber so geschieht es überall auf der Welt – Kopien, wohin man schaut.

Das Leben ist ein wahrer Tanz, wenn du ein Original bist. Und du bist dazu auserkoren, ein Original zu sein! Keine zwei Menschen sind gleich, darum kann meine Lebensweise niemals zu deiner Lebensweise werden.

Höre auf die Einflüsterungen deines Herzens, und Einflüsterungen sind es in der Tat. Das Herz redet mit einer stillen, leisen Stimme; es ruft nicht laut.

Buddha ist Buddha, Krishna ist Krishna und du bist du. Du bist in keiner Weise geringer als sonst irgendjemand. Respektiere dich selbst, respektiere deine eigene innere Stimme und folge ihr.

Und wohlgemerkt, ich gebe dir keine Garantie, dass dich

das immer zum richtigen Ergebnis führen wird. Oftmals wird es falsch sein, denn bis man zur richtigen Tür kommt, muss man zuerst bei vielen falschen Türen anklopfen. So ist das eben. Würdest du unvermittelt auf die richtige Tür stoßen, könntest du gar nicht erkennen, dass es die richtige ist.

In der Summe ist keine Bemühung je verloren. Alle deine Bemühungen tragen zur höchsten Blüte deiner Entwicklung bei. Darum zaudere nicht und mache dir nicht allzu viele Gedanken darüber, etwas Falsches zu tun. Es ist ein Problem, dass man den Menschen beibringt, nur ja nichts Falsches zu tun. Dadurch werden sie so übervorsichtig, so ängstlich und panisch bemüht, nur ja nichts falsch zu machen, dass sie sich weder vor noch zurück bewegen können. Sie stecken fest, denn sie dürfen um keinen Preis einen falschen Zug machen. Dann werden sie wie Felsbrocken, völlig unbeweglich.

Ich bringe dir bei, so viele Fehler wie möglich zu machen, aber du solltest dabei eines beachten: Mache nie denselben Fehler zweimal! Dann wirst du dich weiterentwickeln. Es gehört zu deiner Freiheit, vom richtigen Weg abzuweichen. Es gehört zu deiner Würde, dich sogar gegen Gott zu stellen. Und manchmal ist es wunderbar, sich sogar gegen Gott zu stellen, denn nur so entwickelt man Rückgrat. Ansonsten ist man einer von Millionen Menschen ohne Rückgrat.

Weil ich solche Dinge sage, sind viele empört und wütend auf mich. Erst kürzlich kam ein Journalist hier vorbei. Er war gekommen, um zu berichten, was hier an diesem Ort geschieht, und er wollte die Geschichte von beiden Seiten aufrollen: die positiven und die negativen Stimmen. Also zog er durch die Stadt und redete mit den Polizisten, ja, er ging sogar zum Bürgermeister von Pune. Und was ihm der

Bürgermeister von Pune sagte, war wirklich klasse; das gefiel mir.

Er sagte: »Dieser Mann ist so gefährlich, dass man ihn aus Pune verbannen sollte – und nicht nur aus Pune, sondern aus ganz Indien, und nicht nur aus Indien, sondern aus der ganzen Welt!«

So etwas gefällt mir! Und ich fing an, mir darüber Gedanken zu machen: »Wohin werden sie mich wohl verbannen – aus der ganzen Welt? Das ist eine fantastische Idee! Wenn ihnen das gelingt, bin ich dabei!«

Warum errege ich so viel Wut? Diese Wut hat einen Grund, es steckt eine rationale Erklärung dahinter: Weil ich versuche, euch eine völlig neue Vision für ein religiöses Leben zu geben – und wenn diese neue Vision erfolgreich ist, müssen die alten Visionen sterben.

Vergiss alles, was man dir über Richtig und Falsch erzählt hat. Das Leben ist nicht so starr. Was heute richtig ist, kann morgen falsch sein. Was in diesem Moment falsch ist, kann schon im nächsten Moment richtig sein. Das Leben lässt sich nicht in Schubladen packen; man kann es nicht so einfach mit Etiketten wie »richtig« und »falsch« belegen. Das Leben ist keine Apotheke, wo jedes Fläschchen beschriftet ist, damit man genau weiß, was überall drin ist. Das Leben ist ein Mysterium. In einem Augenblick ist etwas stimmig, und dann ist es richtig. In einem anderen Augenblick ist inzwischen so viel Wasser den Ganges hinuntergeflossen, dass es nicht mehr stimmig und darum falsch ist.

Wie lautet meine Definition von »richtig«? – Was im Einklang mit der Existenz ist, das ist richtig; und was nicht im Einklang mit der Existenz ist, das ist falsch. Deshalb musst du in jedem Augenblick sehr wach sein, denn du musst in jedem Augenblick neu entscheiden. Du kannst dich nicht auf fertige Antworten bezüglich Richtig und Falsch verlassen. Nur Dummköpfe verlassen sich auf fertige Antworten, denn dazu brauchen sie keine Intelligenz. Die ist völlig unnötig, wenn man schon vorher weiß, was richtig und falsch ist. Man muss nur die Liste auswendig kennen, aber diese Liste ist nicht besonders lang.

Die Juden haben ihre Zehn Gebote, so einfach – da weiß man genau, was richtig und was falsch ist! Aber das Leben verändert sich ununterbrochen. Wenn Moses wiederkäme, glaube ich nicht, dass er euch noch einmal dieselben Zehn Gebote geben würde. Unmöglich!

Nach 3000 Jahren – wie könnte er euch dieselben Gebote geben? Er müsste sich mal etwas Neues einfallen lassen.

Aber nach meinem Verständnis gibt es immer, wenn Gebote erlassen werden, Schwierigkeiten für die Menschen, weil die Gebote, kaum dass sie erlassen wurden, bereits überholt sind. Das Leben vergeht so schnell; es hat seine eigene Dynamik, es bleibt nicht stehen. Es ist nicht wie ein stagnierender Teich, sondern wie ein reißender Strom, der immer weiterfließt. Es bleibt nie gleich, keine zwei aufeinander folgenden Augenblicke sind gleich. So kann eine Sache in diesem Augenblick genau richtig sein, doch schon im nächsten nicht mehr.

Was ist da zu tun? Die einzige Möglichkeit ist, die Menschen so bewusst zu machen, dass sie selbst entscheiden können, wie sie auf die Veränderungen des Lebens antworten.

Eine alte Zen-Geschichte

Da waren zwei Tempel, die miteinander rivalisierten. Die beiden Meister – und es müssen Pseudomeister gewesen sein, wahrscheinlich nur Priester – waren so sehr verfeindet, dass sie ihren Schülern auftrugen, nicht einmal einen Blick auf den anderen Tempel zu werfen.

Jeder der Priester hatte einen kleinen Jungen, der ihm diente, ihm Dinge holte und Besorgungen für ihn machte. Der Priester des ersten Tempels sagte zu seinem jungen Schützling: »Rede niemals mit dem anderen Jungen. Diese Leute sind gefährlich!«

Aber Jungs sind Jungs … Eines Tages begegneten sie einander auf der Straße, und der Junge von dem einen Tempel fragte den anderen: »Wohin gehst du?«

Der andere sagte: »Wo der Wind mich hinträgt.« Er hatte wohl die großartigen Zen-Dialoge im Tempel mitbekommen, und so sagte er: »Wo der Wind mich hinträgt.« Eine prägnante Aussage, reines Tao.

Darüber war der erste Junge sehr verwirrt und verletzt. Er wusste nichts darauf zu antworten. Er war frustriert, wütend und fühlte sich auch schuldig, weil ihm sein Meister doch eigens aufgetragen hatte, nicht mit diesen Leuten zu reden. Diese Leute waren wirklich gefährlich! Was war denn das für eine Antwort? Er fühlte sich erniedrigt.

Als er zum Meister kam, erzählte er ihm von seiner Niederlage: »Es tut mir leid, dass ich mit ihm geredet habe. Du hast Recht gehabt, das sind sonderbare Leute. Was ist denn das für eine Antwort? Ich habe ihn gefragt: ›Wohin gehst du?‹ Eine einfache, höfliche Frage, und ich wusste, er geht zum Markt wie ich. Und was sagt er? ›Wo der Wind mich hinträgt!‹«

Der Meister sagte: »Ich habe dich gewarnt, aber du hast nicht darauf gehört. Nun, morgen stellst du dich wieder an die gleiche Stelle, und wenn er kommt, fragst du ihn: ›Wohin gehst du?‹, und er wird sagen: ›Wo der Wind mich hinträgt.‹ Dann kommst du ihm auch ein bisschen philosophisch und sagst: ›Und wenn du gar keine Beine hast? Denn die Seele hat keinen Körper, und der Wind kann sie nirgendwo hintragen!‹ Was wird er dazu sagen?«

Gut gewappnet, weil er es sich die ganze Nacht lang immer wieder vorgesagt hatte, marschierte der Junge frühmorgens los und stellte sich in Positur. Auf die Minute genau tauchte der andere Junge auf. In freudiger Erwartung, denn jetzt würde er ihm zeigen, was wahre Philosophie ist, fragte er ihn: »Wohin gehst du?«, und wartete gespannt auf die Antwort …

Und der Junge sagte: »Ich gehe zum Markt Gemüse holen.«

Was nützte ihm da seine ganze einstudierte philosophische Weisheit?

Aber so ist das Leben. Man kann nicht dafür pauken, kann es nicht vorher einstudieren. Darin liegt die Schönheit, das Wunder, dass es einen immer unvorbereitet trifft, es kommt immer als Überraschung. Wenn du Augen hast, wirst du sehen, dass jeder Augenblick eine Überraschung ist. Deshalb kann keine einstudierte, fertige Antwort jemals passend sein.

Doch die alten Religionen haben euch vorgefertigte Antworten geliefert. Manu gab den Hindus seine Gebote, Moses gab den Juden seine Gebote, und so weiter und so fort.

Ich gebe euch keine Gebote. Allein schon das Wort »Gebot« ist hässlich. Jemandem etwas zu gebieten heißt, ihn zum Sklaven zu erniedrigen. Ich gebe euch keine Befehle; ihr sollt weder mir noch sonst irgendjemandem gehorchen. Ich lehre euch einfach ein fundamentales Lebensgesetz: Gehorche nur deinem eigenen Selbst; sei dir selbst ein Licht und folge diesem Licht, dann wird sich diese Frage niemals stellen. Dann ist das, was du tust, genau das, was getan werden muss. Und das, was du nicht tust, ist eben das, was nicht getan werden muss.

Und merke dir eines: Schau nicht immer wieder zurück, denn das Leben verändert sich ständig. Morgen könntest du denken, was du gestern getan hast, sei falsch gewesen. Gestern war es nicht falsch, und morgen könnte es falsch erscheinen. Es ist unnötig zurückzublicken; das Leben bewegt sich weiter, nach vorne. Es gibt aber viele Fahrer, die immerzu in den Rückspiegel blicken. Sie fahren vorwärts, aber sie blicken zurück; ihr Leben wird in eine Katastrophe münden.

Schau nach vorne. Die Straße, die du entlanggefahren bist, liegt hinter dir. Sie ist vorüber, lass sie los. Belaste dich nicht unnötig mit der Vergangenheit. Schließe jedes Kapitel ab, sobald du es gelesen hast. Es ist unnötig, immer wieder dahin zurückzukehren. Und beurteile nie etwas Vergangenes aus der neuen Perspektive, die sich gerade ergibt, denn das Neue ist neu, unvergleichlich neu. Das Alte war in seinem besonderen Kontext richtig, und das Neue ist in seinem besonderen Kontext richtig, und beides lässt sich nicht miteinander vergleichen.

Was ich dir zu erklären versuche: Wirf die Schuld ab! Sich schuldig zu fühlen bedeutet, in der Hölle zu leben. Ohne

Schuldgefühle bist du frisch wie ein Tautropfen in der frühen Morgensonne, frisch wie die Blätter einer Lotusblüte im See, frisch wie eine sternklare Nacht. Sobald die Schuld verschwunden ist, wirst du ein völlig anderes Leben leben, lichtvoll und strahlend. Deine Füße werden tanzen, und dein Herz wird tausenderlei Lieder singen.

Mit solcher Begeisterung zu leben heißt, ein *Sannyasin* zu sein. In solcher Freude zu leben heißt, ein göttliches Leben zu leben. Das Leben mit der Bürde der Schuld zu leben, heißt nichts anderes, als sich von den Priestern weiter ausbeuten zu lassen.

Kommt aus euren Gefängnissen heraus – ob Hindu, Christ, Muslim, Dschaina, Buddhist, Kommunist. Kommt aus all euren Gefängnissen heraus, aus all euren Ideologien, denn Ideologien liefern euch nur vorfabrizierte Antworten. Wenn du einen Kommunisten etwas fragst, muss er erst *Das Kapital* konsultieren. Und wenn man einen Hindu etwas fragt, fängt er an, in der *Bhagavad Gita* zu blättern.

Wann werdet ihr endlich euer eigenes Bewusstsein einsetzen? Wann? Wie lange noch werdet ihr an die Fesseln der toten Vergangenheit gekettet bleiben? Die *Gita* entstand vor 5000 Jahren. Das Leben hat sich seitdem enorm verändert! Wenn ihr die Gita lesen wollt, dann lest sie als schöne Literatur – aber nur als das, nicht mehr. Es ist schöne Literatur, schöne Poesie, aber sie enthält keine Maximen, die man befolgen müsste, keine Gebote, denen man gehorchen müsste. Erfreut euch an diesem Geschenk aus der Vergangenheit, dieser Gabe des großartigen Dichters Vyasa. Aber macht daraus keine Maxime für euer Leben. Das ist heute alles völlig irrelevant.

Alles wird irrelevant, weil das Leben sich nicht auf das Gewesene beschränkt. Es geht immer weiter und weiter, überschreitet alle Grenzen, alle Beschränkungen, ein endloser Prozess. Die *Gita* kommt irgendwann an einen Endpunkt, der *Koran* kommt an einen Endpunkt, aber das Leben kommt nie an einen Endpunkt. Vergiss das nicht.

Und der einzige Weg, mit dem Leben in Kontakt zu bleiben, der einzige Weg, nicht dem Leben hinterherzuhinken, besteht darin, ein Herz zu haben, das nicht schuldbeladen ist, ein Herz, das unschuldig ist. Vergiss alles, was man dir gesagt hat – was zu tun und was zu lassen sei. Niemand anderer als du selbst kann das für dich entscheiden.

Meide diese Heuchler, die für dich entscheiden wollen. Nimm die Zügel selbst in die Hand! Die Entscheidung liegt bei dir. In der Tat wird durch deine Entschlossenheit deine Seele geboren. Solange andere für dich entscheiden, verharrt deine Seele schlafend und unlebendig. Sobald du jedoch anfängst, selbst zu entscheiden, entsteht eine scharfe Klarheit. Entscheidungen zu treffen bedeutet, Risiken auf sich zu nehmen. Entscheidungen zu treffen bedeutet, dass du etwas Falsches tun könntest – wer weiß? Darin besteht das Risiko. Wer weiß, welche Folgen es haben wird? Darin besteht das Risiko – es gibt keine Garantie.

Mit dem Alten hast du eine Garantie. Millionen und Abermillionen von Menschen haben es befolgt. Wie sollten so viele Leute Unrecht haben? Darin liegt die Garantie. Wenn so viele Menschen etwas für richtig halten, muss es richtig sein!

In Wahrheit erweist sich die Logik des Lebens als das genaue Gegenteil. Wenn so viele Menschen eine bestimmte

Sache befolgen, kann man sicher sein, dass es falsch ist. So viele Menschen sind nicht besonders helle und können nicht besonders helle sein. Die Mehrheit besteht aus Toren, aus vollkommenen Schwachköpfen. Hüte dich vor der Mehrheit! Wenn so viele Menschen irgendeiner Sache nachlaufen, ist dies ein ausreichender Beweis, dass es verkehrt sein muss.

Die Wahrheit geschieht Einzelnen, nicht der Masse. Oder hast du je davon gehört, dass eine Menge die Erleuchtung erlangt hätte? Die Wahrheit geschieht immer Einzelnen – einem Tilopa, einem Atisha, einem Nanak, einem Kabir, einem Farid.

Die Wahrheit wird von Individuen verwirklicht.

Sei ein Individuum, wenn du wirklich willst, dass dir die Wahrheit geschieht.

Nimm sämtliche Risiken auf dich, die es mit sich bringt, ein Individuum zu sein, und akzeptiere die Herausforderungen, dann werden sie deinen Blick schärfen und dir Brillanz und Intelligenz verleihen.

Die Wahrheit ist kein Glaube. Die Wahrheit ist pure Intelligenz. Sie ist ein Aufflammen der verborgenen Quellen deines Lebens; sie ist eine erleuchtende Erfahrung deines Bewusstseins. Aber du wirst dafür das richtige Feld, den richtigen Zustand herstellen müssen, dass sie sich ereignen kann. Und der richtige Zustand stellt sich ein, wenn du dich selbst genau so akzeptierst, wie du bist. Verleugne dich nicht, lass keine Spaltung zu, fühle dich nicht schuldig.

Freue dich! Und ich sage es immer wieder: Freue dich, so wie du bist.

Ich habe immer Angst vor dem Alleinsein. Sobald ich allein bin, beginne ich mich zu fragen, wer ich eigentlich bin. Mein Gefühl ist, wenn ich dieser Frage nachginge, könnte ich herausfinden, dass ich gar nicht die Person bin, für die ich mich 26 Jahre lang gehalten habe, sondern ein Wesen, das bereits bei der Geburt präsent war, vielleicht sogar schon früher.
Aus irgendeinem Grund bringt mich das total in Panik. Es fühlt sich an, als würde ich verrückt, und dann stürze ich mich in äußere Angelegenheiten, nur um mich ein wenig sicherer zu fühlen. Wer bin ich, und wovor habe ich solche Angst?

Diese Angst hast nicht nur du, die hat jeder. Denn keiner ist das, wozu die Existenz ihn ausersehen hat. Die Gesellschaft, die Kultur, die Religion, das Schulwesen – alle haben sich gegen die unschuldigen Kinder verschworen. Sie sind in der Übermacht, und das Kind ist ihnen hilflos ausgeliefert. Und weil das Kind von ihnen abhängig ist, können sie mit ihm alles machen, was ihren Plänen genehm ist. Sie lassen nicht zu, dass irgendein Kind sich seiner natürlichen Bestimmung gemäß entwickeln darf. Sie legen es absolut darauf an, aus den Menschen nützliche Arbeitstiere zu machen.

Wer weiß denn auch, ob ein Kind, das in Ruhe gelassen wird, sich so entwickelt, dass es dem Establishment von Nutzen sein wird? Die Gesellschaft ist nicht bereit, hier ein Risiko auf sich zu nehmen. Sie schnappt sich die Kinder und fängt an, die Knaben und Mädchen so umzumodeln, dass sie der Gesellschaft zweckdienlich werden. In gewissem Sinne tötet man die Seele des Kindes und gibt ihm eine falsche Identität, damit es seine Seele, sein wahres Sein, niemals vermisst. Die falsche Identität ist ein Surrogat, eine Fälschung. Als Ersatzmensch bist du aber nur innerhalb des Kollektivs, welches dir die falsche Identität verliehen hat, von Nutzen. Sobald du allein bist, fällt die falsche Fassade von dir ab, und die unterdrückte Wirklichkeit beginnt sich Ausdruck zu verschaffen. Daher rührt die Angst vor dem Alleinsein.

Kein Mensch will einsam sein. Jeder will irgendwo dazugehören, zu einer Gruppe, einer Menge, aber nicht nur zu *einer* Menge, sondern zu vielfältigen Gruppierungen. Man kann einer religiösen Gruppe, einer politischen Partei, einem Rotarier-Club angehören … und all den zahllosen kleineren Gruppen, die es gibt. Man möchte 24 Stunden am Tag deren Unterstützung fühlen, denn ohne diese Unterstützung kann die falsche Identität nicht alleine bestehen. Sobald man allein ist, beginnt man sich sehr merkwürdig zu fühlen, als wäre man nicht normal. Darum geht es doch bei deiner Frage! Du hast dich 26 Jahre lang für jemand Bestimmtes gehalten, und dann hast du plötzlich, in einem Augenblick des Alleinseins, angefangen zu spüren, dass du das gar nicht bist. Das macht dir Angst – wer bist du denn wirklich?

Nach 26 Jahren Unterdrückung wird es einige Zeit dauern, bis das Wahre sich zeigen kann!

Die dazwischenliegende Kluft wurde von den Mystikern mit dem Namen »dunkle Nacht der Seele« bedacht – eine sehr zutreffende Bezeichnung. Du bist nicht mehr das Falsche, aber du bist noch nicht das Wahre. Du hängst irgendwo dazwischen. Du weißt nicht, wer du bist.

Insbesondere im Westen – und diese Frage stammt von

jemandem aus dem Westen – ist das Problem noch komplizierter. Denn der Westen hat keine Methoden entwickelt, das Wahre möglichst schnell zu entdecken, um die dunkle Nacht der Seele zu verkürzen. Der Westen hat keine Ahnung von Meditation. Meditation ist im Grunde nur eine Bezeichnung dafür, allein zu sein und still darauf zu warten, dass das Wahre sich offenbart. Es ist kein aktives Tun, sondern eine Entspannung in Stille. Alles, was du »tun« könntest, würde nur wieder aus der falschen Persönlichkeit kommen. Dein ganzes Tun in diesen 26 Jahren kam daraus; es ist eine alte Gewohnheit.

Und alte Gewohnheiten lassen sich schwer überwinden.

Einst lebte in Indien ein großer Mystiker namens Eknath. Er schickte sich an, mit all seinen Schülern eine heilige Pilgerreise zu unternehmen, und diese Reise sollte drei bis sechs Monate dauern. Ein Mann kam zu ihm, fiel ihm zu Füßen und sagte: »Ich weiß, ich bin dessen nicht würdig! Du weißt es auch, jeder hier weiß, wer ich bin! Aber ich weiß auch, dass dein Mitgefühl größer ist als meine Unwürdigkeit. Bitte nimm mich auf in die Gruppe der Pilgerreisenden.«

Eknath sagte: »Du bist ein Dieb, und kein gewöhnlicher, sondern ein Meisterdieb. Du hast dich noch nie erwischen lassen, obwohl jeder weiß, dass du ein Dieb bist. Ich würde dich wirklich gerne mitnehmen, aber ich muss auch an die anderen 50 Leute denken, die mit mir gehen. Du wirst mir eines versprechen müssen … und mehr verlange ich nicht von dir. Nur während dieser drei bis sechs Monate unserer Pilgerreise: Versprich mir, dass du nicht stehlen wirst. Danach liegt es ganz bei dir. Wenn wir wieder zu Hause sind, bist du deines Versprechens entbunden.«

Der Mann sagte: »Ich bin absolut bereit, das zu versprechen, und ich bin ungeheuer dankbar für dein Mitgefühl.«

Die übrigen 50 waren misstrauisch. Konnte man einem Dieb vertrauen? Aber sie konnten Eknath nichts entgegenhalten; er war schließlich der Meister. Die Pilgerreise begann, und schon ab der ersten Nacht gab es Probleme. Der nächste Morgen begann mit Chaos: Einem Mann war der Mantel weggekommen, einem anderen das Hemd, ein Dritter vermisste sein ganzes Geld. Alle schrien durcheinander: »Wo ist mein Geld? Wo ist mein Mantel?«, und sie sagten zu Eknath: »Wir haben uns von Anfang an Sorgen gemacht, dass du diesen Mann mitnimmst. Wenn einer sein Leben lang die Gewohnheit hatte zu stehlen ...« Aber dann begannen sie sich umzuschauen und entdeckten, dass die Dinge nicht wirklich gestohlen waren. Das verschwundene Geld fand sich in der Tasche eines anderen. Der verschwundene Mantel befand sich bei jemand anderem im Gepäck. Alles wurde wieder gefunden. Aber es war ein unnötiges Ärgernis – und zwar jeden Morgen! Und keiner konnte sich einen Reim darauf machen, was das Ganze eigentlich sollte. Es war gewiss nicht der Dieb, denn es wurde ja nichts gestohlen.

In der dritten Nacht blieb Eknath wach, um zu sehen, was da vor sich ging. Mitten in der Nacht erwachte aus reiner Gewohnheit der Dieb und fing an, Sachen von ihrem Platz wegzunehmen und an einen anderen Platz zu tun. Eknath gebot ihm Einhalt und sagte: »Was machst du da? Hast du dein Versprechen vergessen?«

Er sagte: »Nein, ich habe mein Versprechen nicht vergessen. Ich stehle ja nichts! Aber ich habe nicht versprochen, keine Sachen von einer Stelle an eine andere zu tun. Wenn die sechs Monate vorüber sind, muss ich wieder als Dieb arbeiten, also übe ich ein bisschen. Und bitte versteh, dass es eine lebenslange Gewohnheit ist, die ich nicht so einfach ablegen kann. Gib mir ein wenig Zeit. Du musst auch mein Problem verstehen. Seit drei Tagen habe ich nicht eine einzige Sache gestohlen. Das ist, als wäre ich auf Entzug! Es ist nur eine Ersatzhandlung, um mich beschäftigt zu halten. Dies ist meine übliche Arbeitszeit, mitten in der Nacht, da fällt es mir schwer, einfach im Bett liegen zu bleiben. Ich bin hellwach, und all diese Schwachköpfe schlafen fest ... Aber es hat ja keiner einen Schaden davon. Am Morgen können sie alles wieder finden.«

Eknath sagte: »Du bist ein komischer Kauz. Du siehst doch, was für ein Chaos jeden Morgen herrscht. Wir vergeuden unnötig ein bis zwei Stunden, um all die Gegenstände zu suchen und herauszubekommen, wo du sie hingetan hast und wessen Sachen in wessen Gepäck gelandet sind. Jeder muss alles aufmachen und muss herumfragen, wem die Sachen gehören.«

Der Dieb sagte: »Wenigstens diese Erlaubnis solltest du mir geben.«

26 Jahre mit dieser falschen Persönlichkeit – die dir aufgedrängt wurde von Menschen, denen du vertraut und die du geliebt hast. Sie haben damit nichts Böses beabsichtigt. Sie handelten mit ihren besten Absichten, aber mit einer Bewusstheit gleich null. Sie waren einfach unbewusst. Deine Eltern, Lehrer, Priester, Politiker – das waren alles keine bewussten, sondern völlig unbewusste Leute. Selbst die beste Absicht erweist sich in den Händen eines unbewussten Menschen oft als Gift.

Immer wenn du also allein bist, taucht eine tiefe Angst auf, weil das Falsche sich unvermutet aufzulösen beginnt. Und das Wahre braucht etwas Zeit, weil es dir vor 26 Jahren abhandengekommen ist. Du solltest also berücksichtigen, dass eine Kluft von 26 Jahren überbrückt werden muss.

Und da ist dieses Angstgefühl: »Ich verliere mich selbst, meinen Verstand, meine geistige Gesundheit, alles!« Denn das falsche Selbst, das du von den anderen bekommen hast, besteht aus diesen Dingen. Es kommt dir so vor, als würdest du den Verstand verlieren. Dann fängst du sofort an, irgendetwas zu tun, um dich zu beschäftigen. Wenn schon keine anderen Leute da sind, so hast du zumindest eine Beschäftigung, die dich ablenkt und dem falschen Ich etwas zu tun gibt, damit es nicht anfängt, sich aufzulösen.

Deswegen tun sich die Leute am schwersten im Urlaub. Fünf Tage in der Woche arbeiten sie und hoffen auf ein bisschen Erholung am Wochenende. Aber gerade das Wochenende ist auf der ganzen Welt die schlimmste Zeit – mehr Unfälle passieren am Wochenende, mehr Menschen begehen Selbstmord, mehr Morde, mehr Diebstähle, mehr Vergewaltigungen. Komisch! Wenn die Leute fünf Tage lang voll beschäftigt sind, gibt es keine Probleme. Am Wochenende stehen sie plötzlich vor der Wahl, sich entweder beschäftigt zu halten oder zu entspannen. Aber Entspannung erscheint bedrohlich: Die falsche Persönlichkeit beginnt sich aufzulösen. Darum bleibt man lieber beschäftigt und tut irgendetwas, und sei es noch so idiotisch. Also beeilen sich die Leute, ans Meer zu kommen, an den Strand – Stoßstange an Stoßstange, in kilometerlangen Kolonnen. Fragt man, wohin sie fahren, so sagen sie: »Wir wollen raus aus dem Trubel«, dabei nehmen sie den ganzen Trubel mit! Sie wollen einen stillen, einsamen Platz finden – alle wollen das.

Wären sie daheim geblieben, hätten sie es jetzt dort tatsächlich einsamer und stiller, weil all die Idioten unterwegs sind, einen einsamen Platz zu finden. Aber jetzt rasen sie wie die Irren durch die Gegend, weil die zwei Tage so schnell vorübergehen und sie ganz schnell ans Ziel kommen müssen – aber fragt bloß nicht, wo das liegt! Wenn man diese Strände sieht … sie sind total überfüllt; nicht einmal auf dem Marktplatz gibt es solche Massen. Doch seltsamerweise fühlen sich die Leute dort beim Sonnenbaden sehr wohl. 10 000 Leute, an einem kleinen Strand, braten in der Sonne und entspannen sich.

Ein Einzelner am selben Strand wäre nicht in der Lage, sich zu entspannen. Aber in dem Wissen, dass Tausende um ihn herum sich entspannen … Dieselben Leute, die er in den Büros um sich hatte, dieselben Leute, die er überall auf der Straße und auf dem Marktplatz antraf, genau dieselben Leute trifft er jetzt alle am Strand wieder.

Für den Fortbestand des falschen Selbst ist die Masse unverzichtbar. In dem Moment, wo es sich einsam fühlt, beginnt dieses falsche Selbst durchzudrehen. An diesem Punkt ist es hilfreich, sich ein wenig vertraut zu machen mit Meditation.

Mach dir keine Sorgen, denn das, was sich auflösen könnte, ist es wert zu verschwinden. Es ist unnötig, daran festzuhalten, denn es gehört nicht zu dir. Das bist nicht du. Du bist das, was übrig bleibt, wenn all das Aufgesetzte, Falsche verschwunden ist und an seiner Stelle das frische, unschuldige, unverfälschte Sein in dir aufzutauchen beginnt.

Kein Mensch außer dir kann deine Frage »Wer bin ich?« beantworten – nur du selbst kannst es wissen.

Alle Techniken der Meditation dienen nur dazu, das Unechte zu beseitigen. Sie geben dir nicht das Echte, denn das Echte kann nicht gegeben werden.

Was gegeben werden kann, kann nicht das Wahre sein. Denn das Wahre hast du bereits; das Falsche muss nur beseitigt werden.

Anders gesagt: Der Meister nimmt dir das weg, was dir nicht wirklich gehört, und er gibt dir das, was du schon hast.

Meditation bedeutet, den Mut zu haben, still zu sein und allein zu sein. Nach und nach wirst du eine neue Qualität in dir entdecken, eine neue Lebendigkeit, eine neue Schönheit, eine neue Intelligenz – die nirgendwo geborgt ist, die sich aus dir selbst heraus entwickelt. Sie hat tiefe Wurzeln in deinem Sein, und wenn du kein Feigling bist, wird sie zur Blüte kommen und Früchte tragen.

Nur die Kühnen, Mutigen, Couragierten können religiös sein. Nicht die Kirchgänger – sie sind Feiglinge. Nicht die Hindus, nicht die Muslime, nicht die Christen – sie scheuen zurück vor der Suche. Sie gehören alle zur gleichen Masse und sind nur darauf bedacht, ihre falsche Identität noch fester zu zementieren.

Als du geboren wurdest, bist du in diese Welt gekommen voller Lebendigkeit, mit Bewusstsein und einer ungeheuren Empfindsamkeit. Schau, wie so ein kleines Kind ist – seine Augen, seine Frische! Das alles wird durch die falsche Persönlichkeit überlagert.

Deine Angst ist völlig unnötig. Du kannst höchstens das verlieren, was zu Recht wieder verschwinden sollte. Ja, es wäre sogar gut, es möglichst schnell loszuwerden länger es bestehen bleibt, umso stärker wird es. weiß nie, was morgen geschieht. Man sollte nicht sterben, ehe man nicht sein authentisches Sein verwirklicht hat.

Nur die wenigen Menschen können sich wahrhaft glücklich schätzen, die mit ihrem authentischen Sein gelebt haben und im authentischen Sein gestorben sind, denn sie wissen: Das Leben ist ewig, und der Tod ist eine Fiktion.

Ich habe Fragen, aber sie sind nie vollständig, und ich weiß nicht, wie ich fragen soll.

Keine Frage ist je vollständig, denn wäre sie vollständig, so würde sie bereits die Antwort in sich enthalten. Eine Frage ist also ihrem Wesen nach immer unvollständig. Sie ist ein Wunsch, ein Begehren, ein Sehnen, ein Forschen, weil etwas nach Vollständigkeit drängt.

Es gehört zum menschlichen Bewusstsein, dass es nach Vervollständigung drängt. Wenn du irgendetwas unvollständig lässt, wird es zur Besessenheit; sobald du es vervollständigst, bist du frei davon. Vollständigkeit bringt Freiheit.

Demnach sind es nicht nur *deine* Fragen, die unvollständig sind. Du bist bewusster geworden, insofern als du die Unvollständigkeit einer jeden Frage erkannt hast.

Und zweitens, du weißt nicht, wie du fragen sollst. Niemand weiß das! Alle unsere Fragen kommen aus unserer Unwissenheit, unserer Unbewusstheit, unserer Schattenseele. Niemand weiß genau, wie seine Frage eigentlich lautet und was wesentlich zu fragen wäre. Sobald du genau weißt, was deine Frage ist, findest du unmittelbar die Antwort in dir selbst.

Wer sich seiner Frage sicher ist, für den ist die Antwort nicht fern. Sie ist ganz nah, denn die Sicherheit kommt von der Antwort, nicht von der Frage.

Trotzdem musst du als Mensch fragen. Auch wenn alle deine Fragen unvollständig sind und du nicht weißt, was du fragen sollst, musst du trotzdem fragen, denn als Mensch kannst du nicht einfach schweigen. Natürlich kannst du es auch für dich behalten, aber das heißt nicht, dass du keine Fragen hast; es heißt nur, dass du sie nicht nach außen bringst. Vielleicht hast du nur Angst, dich bloßzustellen, denn jede Frage macht deine Unwissenheit sichtbar.

Millionen von Menschen stellen nie eine Frage, weil es zumindest klüger erscheint zu schweigen. Die Frage zu stellen bedeutet, deine Wunden herzuzeigen, es bedeutet, all die dunklen Flecken in deinem Wesen zu zeigen. Das erfordert Mut.

Drittens, es gibt Fragen, die nicht aus deiner Unwissenheit stammen, sondern aus deinem geborgten Wissen – und das sind die ärgsten Fragen überhaupt.

Eine Frage aus Unwissenheit ist unschuldig, von einer gewissen Reinheit. Sie ist unverfälscht, unverdorben, zeigt deinen Mut und dein Vertrauen. Aber dann gibt es diese Fragen, die aus dem geborgten Wissen stammen … Du hast vieles gehört, hast vieles gelesen, hast viele Informationen bekommen von den Eltern, Lehrern, Priestern, Politikern – allen möglichen Demagogen, allen möglichen Leuten, die Wissen für sich beanspruchen –, und du hast dir all diesen Müll reingezogen.

Jemand hat mir ein schönes Geschenk geschickt, einen sehr kunstvollen, wunderschönen Papierkorb, und dazu die Notiz: »Osho, wenn du findest, dass meine Fragen Müll sind, dann wirf sie in diesen Papierkorb. Eine Antwort ist unnötig.«

Fragen, die aus dem Wissen kommen, sind Müll.

Du weißt nichts von Gott und vom Universum, weißt nichts über Seele, Reinkarnation, zukünftige Leben, frühere Leben. Alles, was du weißt, hast du nur vom Hörensagen. Die Leute in deinem Umfeld haben etwas dahergeplappert, und du hast alle möglichen Informationen aufgeschnappt, die dir wichtig erscheinen. Warum erscheinen sie dir wichtig? – Sie erscheinen dir wichtig, weil sie deine Unwissenheit kaschieren. Sie helfen dir, das Gefühl zu haben, als ob du etwas wüsstest. Aber beachte, es ist ein sehr großes »Als-ob«. Solange du es nicht *weißt*, ist es immer nur *»als ob«*.

Sämtliche heiligen Schriften, philosophischen Bücher und theologischen Abhandlungen fallen in diese Kategorie des *Als-ob*. Die Verfasser reden von allen möglichen und unmöglichen Dingen, von denen sie keine Ahnung haben. Aber es sind sprachgewandte, fantasiebegabte, intellektuelle Fabulierer, und sie können Systeme errichten aus dem Nichts.

Darum stimmt kein Philosoph mit irgendeinem anderen Philosophen überein. Jeder ist davon überzeugt, das Gesamtsystem gefunden zu haben, mit dem sich die ganze Welt erklären lässt. Alle anderen Philosophen lachen ihn aus und finden 1000 Schwachstellen in seinem System. Aber was sie selbst betrifft, machen sie den gleichen Fehler: Sie behaupten, ihr System sei vollständig und jede weitere Untersuchung überflüssig.

Und das Seltsamste ist, dass diese Leute, die einen so klaren Blick für die Schwachstellen bei anderen haben, ihre eigenen Schwachstellen nicht erkennen können. Vielleicht wollen sie sie nicht sehen. Aber sie sind vorhanden, alle anderen können sie sehen; es kann nicht sein, dass sie selbst sie nicht sehen. Sie ignorieren sie wohl in der Hoffnung, dass keiner sie sieht.

Alle Philosophien haben versagt. Alle Religionen haben versagt. Nun schleppst du die Bruchstücke aller Philosophien und Religionen im Kopf mit dir herum, und aus diesen Überresten tauchen dann Fragen auf. Solche Fragen sind bedeutungslos; du solltest sie nicht stellen. Sie zeigen im Grunde nur die eigene Dummheit.

Hingegen sind Fragen, die aus der Unwissenheit kommen – wie die Fragen eines Kindes –, zwar unvollständig und nicht besonders großartig, aber sie sind ungeheuer wichtig.

Einmal ging ein kleines Kind mit D. H. Lawrence in einem Garten spazieren und fragte ihm Löcher in den Bauch. Nun war D. H. Lawrence einer der aufrichtigsten Menschen seiner Zeit, von den Regierungen und den Priestern verdammt, weil er so aufrichtig war, weil er die Wahrheit sagte und nicht bereit war, diplomatisch zu sein, ein Heuchler zu sein und Kompromisse zu machen. Und selbst mit diesem kleinen Kind bewies er eine solche Authentizität, wie nicht einmal große Heilige sie bewiesen haben.

Das Kind fragte: »Warum sind die Bäume grün?« – eine ganz einfache Frage, aber sehr tief. Alle Bäume sind grün – warum? Was ist mit den Bäumen los? Wo es doch so viele Farben gibt, das ganze Spektrum des Regenbogens! Ein Baum könnte gelb, ein anderer rot, ein dritter blau sein … Warum haben sich alle Bäume für Grün entschieden?

Jeder Vater, jede Mutter, jeder Lehrer, jeder Priester, jede x-beliebige Person hätte in D. H. Lawrences Situation irgendeine Lüge erzählt, zum Beispiel: »Gott hat sie grün gemacht, weil das Grün so angenehm ist für die Augen.« Aber das wäre gemogelt gewesen, eine Lüge. D. H. Lawrence wusste genau, dass er nichts von Gott wusste und dass er nicht wusste, warum die Bäume grün sind.

Im Grunde wissen es nicht einmal die wissenschaftlichen Baumforscher, auch wenn sie nachweisen können, dass eine bestimmte Substanz, das Chlorophyll, dafür verantwortlich ist, dass die Bäume grün sind. Aber für das Kind wäre das keine Antwort. Es würde einfach fragen: »Und warum haben alle Bäume dieses Chlorophyll dafür genommen?« Es wäre also keine zufriedenstellende Antwort.

D. H. Lawrence schloss die Augen und verharrte schweigend einen Augenblick … Was sollte er dem Kind antworten? Er wollte ein unschuldiges Kind nicht anschwindeln, auch wenn es eine so banale Frage war und jede Antwort dafür gut war. Weil aber die Frage aus der Unschuld kam, war sie sehr tief. Schließlich öffnete D. H. Lawrence die Augen, schaute die Bäume an und sagte zu dem Kind: »Die Bäume sind grün, weil sie grün sind.«

Das Kind sagte: »Genau, das habe ich mir auch gedacht.«

In seinen Aufzeichnungen erinnert sich D. H. Lawrence: »Es war für mich eine großartige Erfahrung: diese Liebe und das Vertrauen, die das Kind mir entgegenbrachte, nur, weil ich aufrichtig gewesen war! Meine Antwort war keine Antwort, die einen Logiker zufrieden stellen würde; es war eine

Tautologie. ›Die Bäume sind grün, weil sie grün sind‹ – ist das eine Antwort?«

Tatsächlich gibt D. H. Lawrence damit zu: »Liebes Kind, ich weiß es ebenso wenig wie du! Nur weil ich älter bin als du, heißt das noch nicht, dass ich es weiß und du nicht.« Der Altersunterschied macht nicht den Unterschied zwischen Unwissenheit und Wissen aus.

Dass die Bäume grün sind, gehört zum Geheimnis der gesamten Existenz. Die Dinge sind, was sie sind. Eine Frau ist eine Frau, ein Mann ist ein Mann. Eine Rose ist eine Rose – gib ihr jeden Namen, den du willst, aber es bleibt eine Rose.

In dieser kleinen Begebenheit an jenem Morgen verbirgt sich etwas ungeheuer Schönes.

Stelle Fragen – aber nicht aus deinem Wissen, denn all das Faktenwissen ist nur geborgt, ohne Grundlage, reiner Schrott.

Frage aus deiner Unwissenheit heraus.

Sei dir bewusst, dass es *deine* Unwissenheit ist; darauf kannst du stolz sein. Das Wissen ist nicht deines. Wie könntest du darauf stolz sein?

Und deine Frage sollte nicht deine Unwissenheit kaschieren. Die Frage sollte Licht hereinbringen, damit das Dunkel der Unwissenheit verschwindet.

Ich kann dir keine bessere Antwort geben als D. H. Lawrence, aber ich kann dir etwas anderes geben, worüber es Lawrence an Erkenntnis mangelte. Ich kann dir einen Zustand vermitteln, einen inneren Raum der Stille, in dem du das Geheimnis selbst erkennen kannst.

Stelle einfach deine Frage, wie auch immer sie aussehen mag. Merke dir nur eines: nicht aus deinem Wissen heraus zu fragen. Lass die Frage aus deiner authentischen Unwissenheit kommen.

Und meine Antworten sind eigentlich keine Antworten. Meine Antworten sind Killer – sie killen die Frage, räumen die Frage aus dem Weg. Sie geben dir keine Antwort, an der du dich festhalten könntest.

Und das macht den Unterschied zwischen einem Lehrer und einem Meister aus: Der Lehrer gibt dir Antworten, an die du dich halten kannst und dennoch unwissend bleibst – an der Oberfläche eine wunderbar dekorierte Fassade, Bibliotheken voller Antworten, aber darunter, unter der Oberfläche, eine abgrundtiefe Unwissenheit. Der Meister killt deine Fragen. Er gibt dir keine Antwort, er räumt nur die Frage aus dem Weg.

Wenn alle deine Fragen aus dem Weg geräumt werden können … und höre bitte genau zu, was ich dir jetzt sage: Wenn alle deine Fragen aus dem Weg geräumt werden können, wird deine Unwissenheit verschwinden, und was übrig bleibt, ist die Unschuld. Und die Unschuld ist sich selbst ein Licht.

In dieser Unschuld weißt du keine Frage, keine Antwort, weil du die Ebene von Fragen und Antworten hinter dir gelassen hast. Sie ist irrelevant geworden; du hast sie transzendiert. Du bist gereinigt von allen Fragen und gereinigt von allen Antworten. Dieser Zustand ist die Erleuchtung. Und wenn du mutig genug bist, kannst du selbst darüber noch hinausgehen.

Dies wird dir all die wundervollen Erfahrungen bescheren, die von Mystikern aller Zeiten beschrieben wurden. Dein Herz wird tanzen vor Ekstase, und dein ganzes Sein wird erhellt von einem wunderbaren Sonnenaufgang, in dem Tausende von Lotosblumen in dir erblühen.

Wenn du willst, kannst du dich hier häuslich niederlassen.

Früher haben die Leute hier haltgemacht, denn wo könnte man einen besseren Ort finden? Gautama Buddha bezeichnete es als »das Lotusparadies«.

Bist du aber ein geborener Sucher ... dann würde ich dir vorschlagen, hier eine kleine Rast zu halten, dich an all den Schönheiten der Erleuchtung zu erfreuen, aber nicht hier stehen zu bleiben.

Gehe weiter, jenseits davon, denn das Leben, diese Lebensreise, nimmt kein Ende, und es wird noch viel mehr geschehen, was absolut unbeschreiblich ist.

Auch die Erfahrung der Erleuchtung liegt jenseits des Beschreibbaren, obwohl alle Erleuchteten versucht haben, sie zu beschreiben. Es sei unbeschreiblich, sagen sie, aber dennoch beschreiben sie es – als voller Licht, voller Freude, als höchste Seligkeit. Wenn das keine Beschreibung ist, was dann?

Zum ersten Mal sage ich nun eines: Seit Tausenden von Jahren haben jene, die Erleuchtung erlangten, gesagt, es sei nicht beschreibbar, und gleichzeitig haben sie es beschrieben, haben ihr Leben lang Lieder davon gesungen. Jenseits der Erleuchtung trittst du aber zweifellos in eine Welt ein, die nicht mehr beschreibbar ist. In der Erleuchtung bist du noch vorhanden, denn wer würde sonst die Seligkeit empfinden, wer würde das Licht wahrnehmen? Kabir sagt: »... als wären Tausende von Sonnen aufgegangen«. Wer nimmt das wahr?

Erleuchtung ist die höchste aller Erfahrungen – aber noch ist es eine Erfahrung, und derjenige, der diese Erfahrung macht, ist noch vorhanden.

Wenn du darüber hinausgehst, findest du keinen Erfahrenden mehr. Du löst dich auf.

Zuerst hast du versucht, deine Probleme aufzulösen – und nun löst du selbst dich auf. Existenziell bist *du* das Problem. Dein Getrenntsein von der Existenz ist die einzige Frage, die gelöst werden muss.

Du verlierst deine Grenzen; *dich* gibt es nicht mehr. Wer wäre da noch vorhanden, um eine Erfahrung zu machen?

Es gehört ungeheurer Mut dazu, das Ego aufzugeben und zur Erleuchtung zu gelangen. Du brauchst aber noch tausend Mal mehr Mut, um dich selbst aufzugeben und das Jenseits zu erlangen. Und das Jenseits ist die Wirklichkeit.

2

Auf der Suche nach Sinn

Das Leben besteht darin, es zu leben. Es ist kein Ding, es ist ein Prozess. Es gibt keinen Weg, das Leben zu erlangen, außer man lebt es, außer man ist lebendig, fließt mit ihm, gibt sich dem Strom hin. Wer den Sinn des Lebens in irgendeinem Dogma, einer Philosophie, einer Theologie sucht, ist auf dem besten Wege, am Leben vorbeizugehen und den Sinn zu verfehlen.

Das Leben wartet nicht irgendwo auf dich; es ereignet sich genau jetzt in dir. Es kommt nicht in der Zukunft als ein Ziel, das erreicht werden muss; es ist jetzt hier, in diesem Augenblick – in deinem Atmen, im Kreisen deines Blutes, im Pulsieren deines Herzens.

Was will ich eigentlich?

Niemand weiß das so genau, denn niemand weiß, wer er überhaupt ist. Die Frage des Wollens ist zweitrangig. Die grundlegende Frage ist: Wer bist du? Daraus ergibt sich alles Übrige – deine Wünsche, deine Bedürfnisse, deine Ambitionen.

Bist du ein Ego, dann willst du natürlich Geld, Macht, Ansehen. Dann hat dein Leben einen politischen Grundton.

Dann liegst du ständig mit anderen im Streit und konkurrierst mit jedem. Ehrgeiz bedeutet Konkurrenz. Dann gehst du anderen Leuten ständig an die Gurgel, und sie dir. Dann wird aus dem Leben das, was Darwin das »Überleben des Stärkeren« nennt. Von »stärker« zu reden, ist hier eigentlich nicht richtig. Tatsächlich gemeint ist gerissener, animalischer, unerbittlicher, hässlicher. Charles Darwin würde Buddha nicht als den »Stärkeren« ansehen, oder Jesus, oder Sokrates. Diese Menschen waren ganz leicht zu töten, und überlebt haben jene, die sie töteten. Jesus konnte nicht überleben, also ist er nach Darwin nicht der Stärkere. Pontius Pilatus ist viel stärker, viel besser im Überlebenskampf. Sokrates ist nicht der Stärkere, sondern die Leute, die ihn vergifteten, ihn zum Tode verurteilten. Darwins Gebrauch des Wortes war nicht sehr glücklich.

Wenn du im Ego lebst, wird dein Leben ein einziger Überlebenskampf sein, gewalttätig und aggressiv. Dann wirst du anderen Leid zufügen, ebenso wie dir selbst, denn ein konfliktreiches Leben kann gar nicht anders sein. Es hängt also ganz von dir ab – davon, wer du bist.

Wenn du das Ego bist und dich nur als Ego verstehst, wirst du eine gewisse Ausstrahlung haben, die stinkt. Wenn du aber zu dem Verständnis gelangst, dass du nicht das Ego bist, bekommt dein Leben einen besonderen Duft. Solange du nicht weißt, wer du bist, lebst du in völliger Unbewusstheit, und ein Leben in Unbewusstheit bringt nur Missverständnisse. Sogar wenn du einem Buddha zuhörst, oder wenn du mir zuhörst, oder Jesus, wirst du es immer so interpretieren, wie deine Unbewusstheit es dir gebietet. Du kannst es nur *fehl*interpretieren.

Die christliche Religion ist die *Fehl*interpretation von Jesus, genau wie der Buddhismus die Fehlinterpretation von Buddha ist, der Dschainismus die Fehlinterpretation von Mahavira. Alle diese Religionen sind Fehlinterpretationen, verfälschte Auslegungen, weil die Leute, die Christus, Buddha, Mahavira, Krishna folgen, ganz normale Menschen ohne jede Bewusstheit sind. Bei allem, was sie tun, halten sie sich an den Buchstaben und töten den Geist.

Ein Philosoph ging einmal im Park spazieren, als ihm ein Mann im Lotussitz auffiel, der die Augen geöffnet und den Blick starr zum Boden gesenkt hatte. Der Philosoph konnte sehen, dass dieser Mann völlig versunken war in seinem Starren auf den Boden. Nachdem er ihn längere Zeit beobachtet hatte, konnte er sich nicht mehr zurückhalten. Er ging zu dem seltsamen Kerl hinüber und fragte ihn: »Wonach suchst du? Was machst du da?«

Der Mann antwortete ihm, ohne den Blick zu heben: »Ich praktiziere die Tradition des Zen, die besagt: ›Sitze still und tue nichts, dann kommt der Frühling, und das Gras wächst von allein.‹ Aber sosehr ich mich auch bemühe, das Gras wachsen zu sehen – es wächst überhaupt nichts!«

Es ist nicht nötig, das Gras wachsen zu sehen – aber genauso läuft das immer: Jesus sagt etwas, und die Menschen hören es, aber sie hören nur seine Worte und geben diesen Worten ihren eigenen Sinn.

Eine Mutter kam mit ihrem Jungen zum Psychiater und breitete die Geschichte ihres Sohnes vor ihm aus, drei Stunden lang. Der Psychiater wurde allmählich müde und gelangweilt, aber die Frau verlor sich so sehr im Erzählen, dass der

Psychiater keine Chance hatte, sie zu unterbrechen. Ein Satz folgte dem anderen, ohne Pause.

Schließlich riss dem Psychiater die Geduld: »Bitte, das reicht jetzt! Lassen Sie mich Ihrem Sohn mal eine Frage stellen.«

Und er fragte den Jungen: »Deine Mutter beklagt sich, dass du ihr überhaupt nicht zuhörst, wenn sie dir etwas sagt. Bist du denn schwerhörig?«

Der Sohn sagte: »Nein, ich bin nicht schwerhörig. Meine Ohren hören sehr gut. Aber *zuhören* … nun, Sie sehen ja selbst. Können Sie meiner Mutter zuhören? Hören kann ich sie, es bleibt mir ja nichts anderes übrig. Aber wie ich sehe, sind auch Sie nervös geworden. Man *muss* es hören, aber *zuhören* …? Diese Freiheit habe ich. Ob ich zuhöre oder nicht zuhöre, ist meine Sache. Wenn sie mich anschreit, ist es unvermeidlich, dass ich es höre. Aber Zuhören steht auf einem anderen Blatt.«

Gehört habt ihr, doch ihr habt nicht zugehört. So haben sich alle möglichen Verzerrungen und Verfälschungen eingeschlichen, und die Leute plappern immer wieder dieselben Worte nach, ohne das geringste Verständnis von dem, was sie da nachplappern.

Du fragst mich: »*Was will ich eigentlich?*« Das sollte ich *dich* fragen, nicht du mich. Denn es hängt davon ab, wo du stehst. Wenn du mit dem Körper identifiziert bist, wird dein Wollen sich auf bestimmte Wünsche und Bedürfnisse richten. Dann wird sich fast alles um Essen und Sex drehen. Das sind animalische Bedürfnisse, auf der untersten Ebene. Und wenn ich »unterste« sage, meine ich es nicht verurteilend oder bewertend. Wohlgemerkt, ich konstatiere nur eine Tatsache. Es ist die unterste Ebene auf der Sprossenleiter der Entwicklung. Wenn du mit dem Geist identifiziert bist, mit der geistigen Dimension, dann willst du ganz andere Bedürfnisse befriedigen: Musik, Tanz, Dichtung und 1000 andere Dinge …

Der Körper bewegt sich in engen Grenzen, er hat einfache Vorlieben: Essen und Sex, und zwischen diesen beiden Polen pendelt er ständig hin und her. Essen und Sex, mehr ist da nicht. Wenn du dich aber mit dem Geist, mit dem Denken identifizierst, gibt es viel mehr Dimensionen: Du kannst dich für Philosophie interessieren, für die Wissenschaft, für Religion – dein Interesse kann sich auf alles richten, was du dir vorstellen kannst.

Wenn du dich mit dem Herzen identifizierst, richten sich deine Wünsche auf eine noch höhere Ebene, höher als der Geist. Dann wirst du ästhetischer, sensibler, achtsamer, liebevoller sein. Der Verstand ist aggressiv, das Herz ist rezeptiv. Der Verstand ist eher männlich, das Herz eher weiblich orientiert. Der Verstand ist Logik, das Herz ist Liebe.

Es hängt also davon ab, wo du dich aufhältst: im Körper, im Geist oder im Herzen. Das sind die drei wichtigsten Zentren, von denen aus du funktionieren kannst. Aber es gibt noch ein viertes Zentrum in dir; der Osten nennt es *Turiya*. Turiya bedeutet einfach »das Vierte«, das Transzendente. Sobald du dir deines transzendentalen Seins bewusst bist, verschwinden alle deine Begierden, deine Wünsche. Dann *bist* du einfach, wunschlos glücklich, ohne etwas zu wollen, ohne etwas zu ersehnen. Dann gibt es weder Zukunft noch Vergangenheit. Dann lebst du ganz im Augenblick, vollkommen zufrieden und erfüllt. Auf der Ebene des »Vierten« öffnet sich der tausendblättrige Lotus – du wirst göttlich.

Du fragst mich: »*Was will ich eigentlich?*« Daran kannst du sehen, dass du nicht einmal weißt, wo du stehst, wo du feststeckst. Du wirst dich tiefer erforschen müssen, aber das ist nicht so schwierig. Wenn Essen und Sex den Großteil deiner Aufmerksamkeit bekommen, dann ist es die Körperebene, mit der du identifiziert bist. Geht deine Energie mehr ins Denken, dann ist es der Verstand, und wenn du vor allem mit Fühlen beschäftigt bist, ist es das Herz. Das »Vierte« kann es natürlich nicht sein, sonst wäre deine Frage gar nicht aufgetaucht!

Statt dir also eine Antwort zu geben, möchte ich dich fragen, wo du stehst. Untersuche es!

Ich sollte dich fragen: Wo stehst du? Womit identifizierst du dich? Wo steckst du fest? Erst dann können sich die Dinge klären – und es ist nicht schwierig.

Es kommt aber immer wieder vor, dass Leute mir großartige Fragen stellen, besonders die Inder. Sie stecken möglicherweise im Sexzentrum fest, stellen aber Fragen über *Samadhi,* zum Beispiel: »Was bedeutet *Nirvikalpa-Samadhi*, der Zustand, in dem alle Gedanken verschwinden, dieses gedankenfreie Bewusstsein, was ist das? Und was ist *Nirbija-Samadhi*, das samenlose Bewusstsein, in dem jeglicher Same für zukünftiges Karma vollständig verbrannt wird? Was ist dieser höchste Zustand, in dem man nicht mehr zur Erde zurückkehren muss, in einen neuen Mutterleib, in ein neues Leben?« – Diese Leute stellen solche törichten Fragen; es sind nicht ihre eigenen Fragen. Diese Fragen haben überhaupt nichts mit ihrer realen Situation zu tun. Sie stellen diese grandiosen metaphysischen und esoterischen Fragen, nur um zu zeigen, dass sie Wesen einer höheren Seinsqualität sind, dass sie gebildet sind und die Schriften kennen, dass sie Suchende und keine gewöhnlichen Leute sind; sie sind außergewöhnlich, sie sind sehr religiös. Aber so geraten die Inder in ein immer größeres inneres Chaos.

Es ist immer gut, etwas zu fragen, das mit dir selbst zu tun hat, statt etwas zu fragen, was für dich überhaupt nicht relevant ist. Die Leute fragen mich, ob Gott existiert oder nicht, dabei wissen sie nicht einmal, ob sie selbst existieren oder nicht!

Es ist also immer gut, realitätsbezogene Fragen zu stellen; dann kann es eine Hilfe für dich sein. Zum Beispiel, wenn du Schnupfen hast und zum Arzt gehst und ihn über Krebs fragst – denn jemand wie du kann doch nicht an einer so banalen Krankheit wie Schnupfen leiden …! Jeder normale Mensch bekommt hier und da mal einen Schnupfen, aber du bist etwas ganz Besonderes, nicht so ein gewöhnlicher Typ wie Otto Meier! Und weil du so außergewöhnlich bist, muss natürlich auch deine Krankheit außergewöhnlich sein! Also stellst du eine Frage über Krebs. Wenn aber dein Arzt dich daraufhin gegen Krebs behandelt, bekommst du noch mehr Probleme. Seine Behandlung wird nicht ansprechen, sie wird höchstens Komplikationen verursachen. Diese Medikamente können dich umbringen, weil ja gar keine Basis da ist, auf die sie einwirken könnten. Du hast ja keinen Krebs, aber gegen Schnupfen hilft diese Medizin schon gar nicht.

In der Tat gibt es für Schnupfen keine Medizin. Nimmst du Medikamente, dann vergeht der Schnupfen nach sieben Tagen. Nimmst du gar nichts, vergeht er in einer Woche.

Diese Krankheit ist so gewöhnlich, dass die Medizin sie etwas stiefmütterlich behandelt hat. Wen kümmert schon eine so banale Sache wie Schnupfen? Die Menschen wollen zum Mond fliegen, aber solche Kinkerlitzchen wie Schnupfen oder eine klecksende Füllfeder? Wen kümmert das schon! Füllfedern klecksen immer, nach wie vor! Die Menschen haben den Mond erreicht, aber sie können noch immer keine Füllfeder herstellen, die mit hundertprozentiger Garantie keine Kleckse erzeugt!

Schau einfach gut in dich hinein. Wo genau liegt dein Problem?

Ein englischer General inspiziert ein Feldlazarett und fragt einen der bettlägerigen Soldaten: »Was fehlt dir?«

»Sir«, antwortet der Soldat, »ich habe Eiterbeulen.«

»Was für eine Behandlung bekommst du?«

»Pinseln mit Jodtinktur, Sir.«

»Und hilft es?«, fragt der General.

»Ja, Sir!«, antwortet der Soldat.

Der General geht weiter zum nächsten Bett, und der Patient erzählt ihm, dass er Hämorrhoiden hat. Auch er wird mit Jod gepinselt, und es hilft, und er hat keine weiteren Wünsche. Dann fragt der General einen dritten Soldaten: »Und was ist mit dir?«

»Sir, ich habe eine Mandelentzündung und werde mit Jod gepinselt. Und, ja, es hilft.«

»Hast du einen besonderen Wunsch?«, fragt der General besorgt.

»Ja, Sir!«, antwortet der Soldat. »Ich will als Erster gepinselt werden!«

Zuerst musst du erkennen, in welcher Situation du dich befindest. Erst dann kannst du sagen, was du willst. Wenn man dir die Jodtinktur pinselt, nachdem die anderen damit gepinselt wurden – der eine mit Eiterbeulen, der andere mit Hämorrhoiden –, und du leidest an einer Mandelentzündung, dann liegt das Problem klar auf der Hand!

Schau genau hin und ergründe, an welcher Stelle du dich befindest. Was mich angeht, so halte ich jeden Wunsch für überflüssig und jedes Wollen für verkehrt. Wenn du aber mit deinem Körper identifiziert bist, kann ich so nicht mit dir reden, denn das wäre viel zu weit weg von deiner Realität. Wenn du mit dem Körper identifiziert bist, werde ich dir empfehlen, dich mehr den höheren Wünschen, den Bedürfnissen des Geistes, zuzuwenden, und danach noch ein bisschen höher, den Wünschen des Herzens, und schließlich dem Zustand der Wunschlosigkeit.

Kein Wunsch kann jemals befriedigt werden. Darin besteht der Unterschied zwischen der wissenschaftlichen Herangehensweise und dem Ansatz des Mystikers. Die Wissenschaft ist bestrebt, dir deine Wünsche auf der körperlichen Ebene zu erfüllen, und natürlich hat sie viel erreicht, aber die Menschen sind noch genauso unglücklich. Der Mystiker ist bestrebt, dich aufzuwecken zu der großen Erkenntnis, die es dir ermöglicht zu sehen, dass alle Wünsche ihrem Wesen nach nicht zu befriedigen sind.

Nur jenseits allen Wünschens ist Zufriedenheit zu finden. Zufriedenheit ist nicht das Endergebnis eines Wunsches; Zufriedenheit kommt nicht durch die Erfüllung eines Wunsches, denn das Wünschen an sich bleibt unerfüllbar. Bis du zur Erfüllung eines Wunsches gelangst, wirst du entdecken, dass tausenderlei neue Wünsche aufgetaucht sind. Jeder Wunsch verzweigt sich in unzählige neue Wünsche. Und das wiederholt sich immer und immer wieder, und du vergeudest dein ganzes Leben damit.

Jene Menschen, die zur Erkenntnis gelangt sind, jene, die sehend geworden sind – die Buddhas, die Erwachten –, sind sich alle in einem Punkt einig: Es ist keine philosophische Theorie, sondern eine Gegebenheit, eine Tatsache der inneren Welt: Zufriedenheit stellt sich ein, wenn alles Wünschen losgelassen wurde. Wenn keine Wünsche mehr da sind, entsteht in dir Zufriedenheit – durch ihre Abwesenheit. In der Tat bedeutet die Abwesenheit von Wünschen bereits Zufriedenheit und Erfüllung, und sie trägt ihre Blüten und Früchte.

Geh also weiter, von den niedrigeren zu den höheren Wünschen, von den gröberen zu den subtileren Wünschen – und letztendlich zu den subtilsten Wünschen, denn von dort ist der Sprung in die Wunschlosigkeit ganz leicht, in die Freiheit vom Wünschen. Wunschlosigkeit ist *Nirwana.*

Nirwana bedeutet zweierlei. Es ist eines der schönsten Wörter, und jede Sprache kann sich dieses Wortes glücklich schätzen. Es hat zwei Bedeutungen, und sie sind wie die beiden Seiten ein und derselben Münze. Die eine Bedeutung ist das Verlöschen des Egos, und die andere Bedeutung ist das Verlöschen aller Wünsche. Und beides geschieht gleichzeitig. Ego und Wünsche sind ihrem Wesen nach verbunden, untrennbar miteinander verbunden. In dem Augenblick, in dem das Ego stirbt, hört das Wünschen auf, und umgekehrt: In dem Augenblick, in dem die Wünsche transzendiert werden, wird das Ego transzendiert.

schlos zu sein, egolos zu sein ist die höchste Seligkeit, ner währende Ekstase.

Wozu sollte man überhaupt leben?

Der Mensch wurde in allen kulturellen Traditionen in einer schizophrenen Art und Weise großgezogen. Für sämtliche Traditionen war es zweckdienlich, den Menschen auf allen möglichen Ebenen zu spalten und einen Konflikt zwischen den Teilen zu erzeugen. So schwächt man den Menschen und macht ihn unsicher, ängstlich, gehorsam, unterwürfig. So erzeugt man in ihm die Bereitschaft, sich von den Priestern, Politikern, von jedem, der herrschen will, versklaven zu lassen.

Auch diese Frage entspringt einem schizophrenen Denken. Das mag für dich schwer nachvollziehbar sein, weil du vielleicht noch nie darüber nachgedacht hast, dass eine der Hauptstrategien, um die Menschen innerlich zu spalten, darin besteht, den Zweck und die Mittel voneinander zu trennen.

Hat das Leben irgendeinen Sinn, einen Zweck, einen Wert? Darum geht es doch bei der Frage, die du gestellt hast. Gilt es irgendein Ziel zu erreichen im Leben, durch unser Leben? Gilt es durch unser Leben irgendwohin zu gelangen, an irgendein Ziel? Dann wäre das Leben nur ein Mittel zum Zweck. Und der Zweck bestünde darin, ein Ziel zu erreichen, das irgendwo in weiter Ferne liegt. Dieser Zweck würde deinem Leben einen Sinn verleihen. Ohne diesen Zweck wäre dein Leben sinnlos. Darum wird ein Gott benötigt, um deinem Leben einen Sinn zu verleihen. Aber vorher muss die

Trennung zwischen Mitteln und Zweck erfolgen. So wird dein Verstand gespalten.

Dein Verstand fragt ständig: »Warum? Wozu?« Und alles, was auf die Frage »Wozu?« keine Antwort liefert, erscheint dir mit der Zeit wertlos. Auf diese Weise wurde die Liebe wertlos gemacht. Welchen Zweck hat es zu lieben? Wohin bringt es dich? Was wirst du daraus gewinnen? Kommst du dadurch in irgendeinen utopischen Himmel?

So gesehen hat die Liebe natürlich keinen Zweck; sie ist sinnlos.

Welchen Zweck hat Schönheit? Du siehst einen Sonnenuntergang und bist überwältigt von der atemberaubenden Schönheit. Wenn irgendein Dummkopf dich dann fragt: »Was hat das zu bedeuten?«, wirst du keine Antwort darauf wissen. Wozu unnötig das Lob der Schönheit preisen, wenn gar kein Sinn und Zweck darin liegt?

Eine schöne Blume, ein schönes Gemälde, ein schönes Musikstück, ein schönes Gedicht – sie haben keinen Zweck. Weder dienen sie als Argumente, um etwas zu beweisen, noch sind sie Mittel zu irgendeinem Zweck.

Doch das Lebendigsein besteht nur aus solchen Dingen, die keinen Zweck haben.

Lass es mich wiederholen: Das Lebendigsein besteht nur aus solchen Dingen, die überhaupt keinen Zweck, keine Bedeutung haben – in dem Sinne, dass sie kein Ziel haben, dass sie dich nirgendwohin führen, dass du daraus keinen Nutzen ziehen kannst.

Mit anderen Worten: Das Leben an sich ist bedeutsam. Mittel und Zweck sind nie getrennt, sie gehören immer zusammen.

Aber genau das ist die Strategie all derer, die es nach Macht gelüstet, seit jeher. Sie behaupten, Mittel seien Mittel, Zweck sei Zweck. Mittel seien nützlich, wenn sie dich zu einem Ziel führen. Wenn sie dich nicht zu einem Ziel führen, seien sie bedeutungslos. Auf diese Weise wurde alles kaputt gemacht, was wirklich bedeutsam ist, und es wurden dem Menschen Dinge aufgezwungen, die absolut belanglos sind.

Geld hat einen Zweck. Eine politische Karriere hat einen Zweck. An eine Religion zu glauben hat einen Zweck, denn es ist das Mittel, um in den Himmel zu gelangen, zu Gott. Geschäfte haben einen Zweck, weil man unmittelbar Ergebnisse sehen kann. So wurde das Geschäft wichtig, wurde die Politik wichtig, wurde die Religion wichtig, während Poesie, Musik, Tanz, Liebe, Freundschaft, Schönheit, Wahrheit aus dem Leben verdrängt wurden. Es ist eine einfache, plumpe Strategie, aber sie macht alles kaputt, was dir Bedeutung gibt, was deinem Dasein Ekstase verleiht. Doch der schizophrene Verstand fragt dann: »Welchen Sinn hat Ekstase?«

Viele Menschen, Hunderte von Menschen, haben mich gefragt: »Welchen Sinn hat Meditation? Was gewinnen wir daraus? Zunächst einmal ist sie schwer zu erreichen – und selbst wenn wir sie erreichen, was wird das Endergebnis sein?«

Es ist äußerst schwierig, solchen Leuten zu erklären, dass der Sinn von Meditation in ihr selbst liegt. Und alles, was seinen Sinn in sich selbst birgt, ist nur etwas für die wirklich Intelligenten. Wie man sieht, sind es die Mittelmäßigen, aus denen sich Staatspräsidenten und Premierminister eines Landes, Superreiche, Päpste und religiöse Oberhäupter rekrutieren. Das sind alles mittelmäßige Leute, deren einzige Qualifikation ihre Mittelmäßigkeit ist. Sie sind drittklassig. Und im Grunde sind sie alle schizophren, denn sie haben ihr Leben in zwei Teile gespalten: in Mittel und Zweck.

Mein Ansatz ist ein völlig anderer: Dich zu einem geeinten Ganzen zu machen.

Ich möchte, dass ihr lebt um des Lebens selbst willen.

Irgendein Dichter hat einmal die Kunst definiert als etwas, das um seiner selbst willen existiert und keinem anderen Zweck untersteht: »Kunst um der Kunst willen«. Das spricht die Mittelmäßigen überhaupt nicht an, denn sie bewerten alles nach dem Geld, nach dem Rang, nach der Macht. Wird deine Dichtung dich zum Premierminister des Landes machen? Dann ist sie von Bedeutung. Tatsächlich aber werden deine Gedichte dich höchstens zum Bettler machen, denn wer kauft schon Gedichte?

Ich kenne vielerlei Genies, die wie Bettler leben, einfach weil sie nicht die Lebensart der Mittelmäßigen annehmen wollten und nicht zuließen, ebenso schizophren zu werden. Sie *leben* – und natürlich ist in ihnen eine Freude, wie kein Politiker sie jemals kennt. Sie haben ein Strahlen, das kein Milliardär je haben kann. Sie pulsieren in einem Rhythmus des Herzens, von dem die so genannten Religiösen keinen blassen Schimmer haben. Aber äußerlich sind sie oft gezwungen, in dieser Gesellschaft wie Bettler zu leben.

An dieser Stelle möchte ich an Vincent van Gogh erinnern, den vielleicht größten aller Maler. Sein Vater wollte, dass er Pastor werden und ein angesehenes, bequemes, ehrenwertes Leben führen solle – nicht nur im Diesseits, sondern auch im Jenseits, nach dem Tode. Aber Vincent van Gogh wollte Maler werden. Sein Vater sagte: »Du bist verrückt!«

Er sagte: »Mag sein. Für mich bist *du* verrückt. Ich sehe keinen Sinn darin, Priester zu werden, denn alles, was ich sagen könnte, wären nichts als Lügen. Ich weiß nichts von Gott. Ich weiß nicht, ob es einen Himmel und eine Hölle gibt. Ich weiß nicht, ob der Mensch nach dem Tod weiterlebt oder nicht. Ich würde ständig Lügen erzählen müssen. Das bringt zwar ein gewisses Ansehen, aber diese Art von Ansehen ist nichts für mich. Es würde mir keine Freude machen; es wäre eine Qual für meine Seele.« Der Vater warf ihn hinaus.

Er begann zu malen, und er wurde zum ersten Maler der Moderne. Mit van Gogh lässt sich eine Trennungslinie ziehen: Vor ihm hatte die Malerei etwas Konventionelles. Selbst die größten Maler, wie Michelangelo, verblassen neben Vincent van Gogh, denn sie malten das, was gängig war. Sie malten für den Marktplatz. Michelangelo arbeitete zeitlebens für andere, und im Auftrag der Kirche bemalte er Kirchenwände und Decken mit Fresken. Das brach ihm fast das Rückgrat, denn während er an der Decke einer Kapelle arbeitete, musste er auf einem hohen Gerüst auf dem Rücken liegend in einer völlig unbequemen Stellung malen, und das über viele Tage und Monate … Aber er verdiente damit Geld und auch Ansehen. Er malte Engel, Christus, Gott als Schöpfer der Welt. Zu seinen berühmtesten Gemälden gehören die, auf denen Gott die Welt erschafft.

Vincent van Gogh öffnet eine völlig neue Dimension. Er hat in seinem ganzen Leben kein Bild verkauft. Wer hätte damals behauptet, dass seine Malerei sinnvoll war? Niemand konnte in seinen Bildern irgendeinen Wert erkennen. Sein jüngerer Bruder pflegte ihm Geld zu schicken, gerade genug, dass er nicht verhungern musste, genug für eine Woche

Essen. Denn hätte er ihm das Geld für einen ganzen Monat geschickt, hätte van Gogh es innerhalb von zwei bis drei Tagen ausgegeben und die übrige Zeit gehungert. Also schickte ihm der Bruder wöchentlich das Geld.

Was tat Vincent? Er aß nur noch viermal die Woche und sparte sich das Essensgeld an den drei Tagen dazwischen vom Mund ab, damit er Farben und Leinwand kaufen konnte. Welch ein Unterschied zu Michelangelo, der für seine Arbeit bezahlt wurde und zuzeiten recht wohlhabend war! Er konnte seine Wandmalereien und seine anderen Auftragsarbeiten verkaufen; es war sein Geschäft. Und da er ein genialer Bildhauer und Maler war, schuf er auch in fremdem Auftrag großartige Werke. Hätte er aber den Mut eines Vincent van Gogh besessen, welche Bereicherung hätte es für die damalige Welt sein können!

An drei Tagen also hungerte van Gogh und kaufte sich Leinwand und Farben von dem Geld. Als sein jüngerer Bruder erfuhr, dass Vincent keine Bilder verkaufte, gab er einem Freund, den Vincent van Gogh nicht kannte, etwas Geld und schickte ihn, dass er ihm wenigstens ein Bild abkaufe: »Das wird ihn aufbauen! Der Arme stirbt fast, doch er malt den ganzen Tag und hungert für seine Malerei. Aber niemand ist bereit, ihm auch nur ein einziges Bild abzukaufen. Keiner sieht irgendeinen Wert in dem, was er macht.« Um den Wert in dem sehen zu können, was van Gogh malte, muss man das Auge von einem Maler seines Kalibers haben; anders ist es unmöglich.

Seine Bilder erschienen den Leuten äußerst merkwürdig. Er malte seine Bäume so groß, dass sie über die Sterne hinausragten und diese weit hinter sich ließen. Einen solchen Mann konnte man nur für verrückt halten! Bäume, die höher wuchsen als die Sterne? Wer hätte je solche Bäume gesehen? Als man Vincent van Gogh fragte: »Wachsen deine Bäume immer über die Sterne hinaus?«, sagte er: »Ja, das tun sie, denn ich verstehe die Bäume. Ich hatte immer schon das Gefühl, dass die Bäume der Griff der Erde nach den Sternen sind. Weshalb sollte ich sie sonst so malen? Nach den Sternen zu greifen, die Sterne zu berühren und über sie hinauszuwachsen, darin besteht die Sehnsucht der Erde. Die Erde bemüht sich nach Kräften, aber es gelingt ihr nicht, diese Sehnsucht zu stillen. Also muss ich es für sie tun. Die Erde wird meine Bilder verstehen. Und ob die Leute sie verstehen, ist mir völlig egal.«

Nun ja, Bilder dieser Art sind wohl unverkäuflich. Als der Mann kam, den sein Bruder geschickt hatte, war van Gogh sehr glücklich: Endlich ein Käufer für seine Bilder! Doch die Freude schlug rasch in Verzweiflung um, denn kaum war der Mann zur Tür hereingekommen, nahm er sich irgendein Bild und wollte ihm das Geld dafür überreichen.

Vincent van Gogh sagte: »Aber verstehen Sie denn dieses Bild? Sie haben es sich so beiläufig geschnappt, ohne es näher betrachtet zu haben. Ich habe Hunderte von Bildern. Sie haben sich noch nicht einmal umgeschaut, sondern gleich das erstbeste genommen, das zufällig vor Ihnen stand. Das lässt mich vermuten, dass mein Bruder Sie geschickt hat! Stellen Sie das Bild wieder hin und nehmen Sie Ihr Geld. Ich verkaufe meine Bilder nicht an jemanden, der überhaupt kein Auge dafür hat. Und sagen Sie meinem Bruder, dass er so etwas nie wieder tun soll!«

Der Mann wunderte sich, wie er das herausgefunden

habe. Er sagte: »Sie kennen mich doch gar nicht. Wie sind Sie darauf gekommen?«

Er sagte: »Ganz simpel. Ich weiß, dass mein Bruder mich trösten will. Er muss es arrangiert haben, dass Sie hierherkommen, und es ist sein Geld. Ich sehe doch, dass Sie für diese Bilder blind sind. Aber ich bin nicht so einer, der Bilder an Blinde verkauft. Ich kann einen Blinden nicht übervorteilen und ihm ein Bild verkaufen. Was soll er denn damit anfangen? Und sagen Sie auch meinem Bruder, dass er nichts vom Malen versteht, sonst hätte er Sie nicht hergeschickt.«

Als der Bruder davon erfuhr, kam er, um sich zu entschuldigen. Er sagte: »Ich wollte dich nur ein wenig trösten, stattdessen habe ich dir weh getan! Ich will so etwas nie wieder tun!«

Zeit seines Lebens gab van Gogh seine Bilder an Freunde. Auch dem Hotel, wo er viermal die Woche aß, schenkte er ein Bild. Oder einer Prostituierten, die einmal zu ihm gesagt hatte, er sei ein schöner Mann. Tatsächlich war er ziemlich hässlich. Keine Frau konnte sich je in ihn verlieben, unmöglich! Und diese Prostituierte, aus Mitgefühl … denn Prostituierte haben manchmal mehr Mitgefühl als eure so genannten »Damen«, weil sie die Männer besser verstehen. Aus reinem Mitgefühl hatte sie gesagt: »Ich mag dich sehr.« Und so etwas hatte noch nie jemand zu ihm gesagt. Liebe war völlig außer Reichweite für ihn, aber selbst, dass ihn jemand wirklich mochte …

Er sagte: »Wirklich, du magst mich? Was gefällt dir denn an mir?« Nun war die Frau in der Klemme.

Sie sagte: »Ich mag deine Ohren. Du hast schöne Ohren.«

Und angeblich ist van Gogh nach Hause gegangen, hat sich mit dem Rasiermesser ein Ohr abgeschnitten, hat es fein säuberlich eingepackt und es zu der Prostituierten gebracht. Es war noch Blut daran …

Sie sagte: »Wie konntest du das nur tun?«

Er sagte: »Kein Mensch hat mir je gesagt, dass er etwas schön findet an mir. Ich bin ein armer Mann, wie soll ich dir dafür danken? Du mochtest meine Ohren, also habe ich dir eins mitgebracht. Hättest du meine Augen gemocht, dann hätte ich dir eins geschenkt. Und hättest du mich gemocht, dann wäre ich für dich sogar gestorben.«

Das konnte die Prostituierte nicht fassen. Aber zum ersten Mal war van Gogh glücklich und lächelte. Jemand hatte etwas an ihm schön gefunden! Dabei hatte die Frau es nur im Scherz gesagt – denn wer interessiert sich schon für die Ohren? Wenn man etwas schön findet, dann die Augen, die Nase, die Lippen. Welcher Liebende redet schon von den Ohren?

Außer Vatsyayana in den *Kamasutras*, den alten sexualkundlichen Schriften der Hindus … Darin fand ich einen Bezug zu dieser Begebenheit in van Goghs Leben, denn Vatsyayana sagt: »Nur wenige wissen, wie erotisch und empfindsam die Ohrläppchen sind. Liebende sollten mit den Ohrläppchen des Partners spielen.«

Vielleicht wusste also diese Prostituierte davon, denn Prostituierte wissen vieles, wovon gewöhnliche Leute keine Ahnung haben, weil sie mit so vielen Menschen in Berührung kommen. Vielleicht wusste sie Bescheid über die sexuelle Bewandtnis der Ohren. Vatsyayana liegt hier sicher richtig, denn er ist einer der größten Experten. Neben ihm wirken

Sigmund Freud, Havelock Ellis und andere Sexualforscher geradezu dilettantisch. Was er sagt, hat Hand und Fuß.

Van Gogh lebte sein Leben lang in Armut. Er starb mitten im Malprozess. In dem Jahr, das seinem Tod vorausging, hatte er die Sonne, immer wieder die Sonne und das Licht gemalt, und es brachte ihn um den Verstand. Er malte Hunderte von Bildern, aber er kam dabei nicht an den Punkt, um den es ihm ging. In Arles, an einem der heißesten Orte Frankreichs, stand er tagtäglich im Freien unter der glühenden Sonne – denn wie kann man etwas malen, das man selbst nicht erfahren hat? Er malte an seinem letzten Bild, und er wurde verrückt dabei. Die schiere Hitze, der Hunger … aber er war unendlich glücklich. Selbst in seiner geistigen Verwirrung malte er immer weiter. Und diese Bilder, die in seiner Zeit im Irrenhaus entstanden, sind heute Millionen wert.

Er setzte seinem Leben ein Ende, weil er einfach alles gemalt hatte, was er malen wollte. Seine Malerei hatte sich vollendet, er war an den Schlusspunkt gekommen. Es gab für ihn nichts mehr zu erreichen. Jetzt noch weiterzuleben hieß, andere zu belasten und einem anderen den Platz wegzunehmen, und das erschien ihm hässlich.

So schrieb er in einem Brief an seinen Bruder: »Meine Arbeit ist getan. Ich habe in vollen Zügen gelebt – genau so, wie ich leben wollte. Ich habe gemalt, was ich malen wollte. Mein letztes Bild habe ich heute fertiggestellt, und nun mache ich einen Sprung aus diesem Leben ins Unbekannte, wie auch immer es sein mag, denn dieses Leben hält nichts mehr für mich bereit.«

Würde man diesen Menschen für ein Genie halten? Würde man diesen Mann für intelligent oder gar weise halten? Nein, normalerweise würde man ihn einfach für verrückt erklären. Aber ich kann das nicht so sehen. Sein Leben und seine Malerei waren nicht voneinander zu trennen. Das Malen war sein Leben; es bestand aus nichts anderem. Die ganze Welt mag es für Selbstmord halten, aber ich nicht. Mir erscheint es als ein natürliches Ende. Das Malen hatte sich vollendet, das Leben hatte sich erfüllt. Nun gab es kein anderes Ziel mehr. Ob so jemand den Nobelpreis bekommt oder ob irgendjemand seine Malerei anerkennt, ist völlig bedeutungslos.

Zu seinen Lebzeiten hat niemand seine Arbeit anerkannt. Keine Kunstgalerie nahm seine Bilder, nicht einmal umsonst. Erst nachdem er gestorben war, wandelte sich allmählich die ganze Einstellung zur Malerei, aufgrund seiner aufopfernden Hingabe. Ohne Vincent van Gogh wäre ein Picasso undenkbar gewesen. Sämtliche Maler, die nach ihm kamen, sind ihm verpflichtet, unschätzbar, denn dieser Mann hat die ganze Kunst umgepolt.

Erst mit der Zeit, während die Malerei ihren Kurs änderte, wurden seine Bilder entdeckt. Eine intensive Suche setzte ein. Etliche seiner Bilder waren in unbewohnten Häusern verstaut oder in Keller geworfen worden, weil die Leute sie für wertlos hielten. Nun durchsuchten sie eilig ihre Keller, entdeckten die Gemälde und reinigten sie. Sogar gefälschte Bilder kamen als echte Van Goghs auf den Markt. Heute gibt es nur noch 200 Bilder, aber er muss Tausende gemalt haben. Jede Kunstgalerie, die einen Vincent van Gogh ihr Eigen nennt, ist ungeheuer stolz darauf. Dies war ein Mann, der sein ganzes Leben in die Bilder gegossen hatte. Er malte nicht bloß mit Farbe, sondern mit seinem Herzblut, mit seinem Atem – sein Herzschlag ist darin.

Jemanden wie ihn kannst du nicht fragen, ob seine Malerei eine Bedeutung hat. Der ganze Mensch ist in dem Bild zu spüren, und du fragst ihn: »Hat Ihr Gemälde irgendeinen Sinn?« Wenn du den Sinn nicht sehen kannst, bist du selbst schuld.

Je höher die Ebene, die eine Sache erreicht, umso weniger Menschen können es erkennen. Wenn etwas an seinem Höhepunkt angelangt ist, finden sich nur wenige, die das erkennen. Am höchsten Punkt, dem Omegapunkt, kann nur der Betreffende selbst erkennen, was mit ihm geschehen ist. Er kann nicht einmal einen Zweiten finden, der es sehen kann. Darum muss ein Buddha selbst erklären, dass er erleuchtet ist. Kein anderer kann es erkennen, denn dazu müsste er selbst den Geschmack davon kennen. Woran wollte man es messen? In diesen einsamen Höhen ist äußere Anerkennung nicht möglich.

Und worin besteht der Sinn der Buddhaschaft? Welche Bedeutung hat es, erleuchtet zu werden? Was bringt es dir? Wenn du nach dem Zweck fragst – es gibt keinen. Es genügt sich selbst. Seine Bedeutung spricht für sich selbst.

Das meine ich, wenn ich sage, dass die wirklich wertvollen Dinge im Leben nicht in Zweck und Mittel zu trennen sind. Da gibt es keine Trennung zwischen Zweck und Mittel. Der Zweck ist das Mittel, das Mittel ist der Zweck – wie die beiden Seiten ein und derselben Medaille, untrennbar miteinander verbunden. Ja, im Grunde sind sie eine Einheit, ein untrennbares Ganzes.

Du fragst mich: »*Wozu sollte man leben, hat das Leben einen Sinn?*« Ich fürchte, wenn ich dir sage, dass das Leben sinnlos ist, wirst du meinen, du müsstest Selbstmord begehen. Denn wenn das Leben sinnlos ist, was bleibt dir dann noch anderes, als Selbstmord zu begehen? Ich sage aber nicht, dass du Selbstmord begehen sollst, denn auch der Selbstmord ist sinnlos.

Wenn du lebst: Lebe, und lebe total! Wenn du stirbst: Stirb, und stirb total! In dieser Totalität findest du deinen inneren Wert.

Ich sage hier bewusst »Wert«, und nicht »Sinn« oder »Bedeutung«, weil diese Wörter so besetzt sind. Sie weisen immer auf etwas, das außerhalb von dir liegt. Vielleicht hast du in deiner Kindheit viele bedeutungsvolle Geschichten gehört oder gelesen, wie sie speziell für Kinder geschrieben werden. Warum wohl? Wahrscheinlich wissen die Autoren es selbst nicht, aber es gehört mit zur Ausbeutung der Menschheit.

Ein solche Geschichte handelt von einem Mann, dessen Leben in einem Papagei steckt. Wenn man den Papagei tötet, dann stirbt auch der Mann, aber direkt kann man den Mann nicht töten. Wenn man auf ihn schießt, passiert ihm gar nichts. Wenn man mit dem Schwert ausholt und ihm den Hals durchschneidet, bleibt der Kopf unversehrt auf dem Körper. Man kann diesen Mann nicht töten; man muss erst herausfinden, wo sein Leben steckt. Diese Art Märchen handelt also immer von einem, der sein Leben außerhalb seiner selbst hat. Wenn du herausfindest, wo er sein Leben hat, genügt es, den Papagei zu töten, und der Mann stirbt sofort, egal wo er ist.

Schon als Schuljunge, als ich diese Geschichte zum ersten Mal hörte, konnte ich nicht anders, als den Lehrer zu fragen: »Was ist das für eine dämliche Geschichte? Ich kenne niemanden, dessen Leben in einem Papagei steckt, oder in einem Hund oder einem Baum!« Später begegneten mir diese Märchen ständig; sie waren speziell für Kinder geschrieben.

Mein Lehrer war ein netter, ehrenwerter Mann, und ich fragte ihn: »Kannst du mir sagen, wo dein Leben steckt? Ich möchte etwas ausprobieren ...«

Er sagte: »Wie meinst du das?«

Ich sagte: »Ich möchte den Vogel töten, in dem dein Leben steckt. Du bist ein kluger, weiser, angesehener Mann, du hast dein Leben bestimmt gut verwahrt, damit niemand dich töten kann.«

Denn so erzählt es die Geschichte: Weise verwahren ihr Leben irgendwo anders, damit man sie nicht töten kann; niemand kann sie töten. Es ist unmöglich herauszufinden, wo sie ihr Leben verstecken, und solange sie das Geheimnis nicht preisgeben, kann es keiner herausfinden. Die Welt ist so riesig, und es gibt so viele Menschen und Tiere und Vögel und Bäume ... Keiner kann wissen, wo ein Mensch sein Leben hingetan hat.

»Du bist ein weiser, viel respektierter Mann, sicher hast du dein Leben gut versteckt. Aber mir kannst du es im Vertrauen sagen. Ich werde deinen Vogel nicht töten, ich will ihm nur ein bisschen die Federn rupfen und schauen, was mit dir passiert!«

Er sagte: »Du bist vielleicht ein komischer Junge. Mein Leben lang unterrichte ich diese Geschichte, und jetzt willst du mir die Federn rupfen? Es ist doch nur eine Geschichte!«

Aber ich sagte: »Was ist denn der Sinn und Zweck dieser Geschichte? Warum bringt man Kindern so etwas bei?«

Darauf wusste er keine Antwort. Also fragte ich meinen Vater. »Was ist die Moral dieser Geschichte? Warum bringt man uns solche Dinge bei, die absolut absurd sind?«

Mein Vater sagte: »Wenn dein Lehrer keine Antwort darauf weiß, wie soll ich es beantworten? Ich weiß es nicht. Er ist viel gebildeter, intelligenter und weiser als ich. Rücke lieber ihm auf die Pelle, und nicht mir!«

Heute kenne ich den Sinn und Zweck solcher Geschichten, und warum man sie den Kindern beibringt. Solche Geschichten gehen ins Unterbewusstsein und impfen dem Kind den Gedanken ein, dass das Leben immer irgendwo anders stattfindet – im Himmel, in Gott, überall anders, nur nicht in dir. Du bist leer, nur eine leere Hülle. Du, in deinem Leben hier und jetzt, bist bedeutungslos. Hier bist du nur ein Mittel zum Zweck, eine Stufenleiter. Wenn du die Leiter erklimmst, wirst du eines Tages vielleicht dein Leben finden, deinen Gott, dein Ziel, deine Bedeutung, deine Bestimmung oder wie auch immer du es nennen magst.

Aber ich sage dir: Du selbst bist der Sinn und die Bedeutung, und du hast alles mitbekommen, um dich zu leben. Du brauchst dem Leben nicht noch etwas hinzuzufügen.

Alles, was das Leben verlangt, ist, es in seiner Ganzheit zu leben.

Wenn du es nur teilweise lebst, wirst du nicht die Begeisterung des Lebendigseins erleben.

Es ist wie bei jedem nur teilweise funktionierenden Mechanismus, zum Beispiel einer Uhr: Welchen Zweck hat eine Uhr, wenn sich nur der Sekundenzeiger bewegt, nicht aber der Stunden- oder Minutenzeiger? Ein Teil funktioniert und bewegt sich, aber solange nicht das Ganze funktioniert, und harmonisch funktioniert, entsteht daraus kein Zusammenklang, keine Musik.

Das ist jedoch die Situation des heutigen Menschen: Alle leben nur teilweise, zu einem geringfügigen Teil. Darum macht jeder Lärm, aber keine Musik. Du bewegst deine Hände und Füße, aber es entsteht kein Tanz daraus. Der Tanz, das Lied, der Wert entsteht in dem Moment, in dem du als Ganzes in Harmonie, im Einklang funktionierst. Dann stellst du keine solchen Fragen wie: »*Wozu sollte man überhaupt leben?*« Du weißt es einfach.

Das Leben selbst ist der Sinn und Zweck. Einen anderen gibt es nicht.

Man hat dir aber nicht erlaubt, ein ungeteiltes, vollständiges Ganzes zu bleiben. Du wurdest gespalten, in verschiedene Teile geteilt. Und manche Teile von dir wurden komplett stillgelegt – so sehr, dass du sie nicht einmal als dir zugehörig erkennst. Einen großen Teil von dir hat man in den Keller verbannt. So vieles wurde getadelt und missbilligt, und obwohl du weißt, dass es vorhanden ist, darfst du nicht wagen, es als Teil von dir wieder zurückzuholen. Und so verleugnest du es weiterhin und musst es ständig unterdrücken.

Du kennst nur einen winzigen Bruchteil deines Inneren, das so genannte »Gewissen«. Es ist ein Produkt der Gesellschaft und keine natürliche Sache. Die Gesellschaft hat es in dir etabliert, um von innen her Kontrolle über dich ausüben zu können. Von außen kontrolliert dich die Polizei, das Gericht. Das Gewissen in dir drinnen ist aber viel mächtiger.

Darum wird man dir, wenn du vor Gericht aussagst, als Erstes eine Bibel in die Hand drücken und dich den Eid darauf schwören lassen. Das Gericht weiß, wenn du Christ bist und die Hand auf die Bibel legst und sagst: »Ich schwöre, die Wahrheit zu sagen, die ganze Wahrheit und nichts als die Wahrheit«, dann wird dein Gewissen dich zwingen, die Wahrheit zu sagen – denn du hast im Namen Gottes einen Eid geschworen und dabei die Hand auf die Bibel gelegt. Wenn du eine Lüge aussprichst, kommst du in die Hölle.

Dann wirst du, wenn man dich erwischt hat, nicht bloß ein paar Monate oder Jahre im Gefängnis verbringen, sondern du wirst in alle Ewigkeit in der Hölle braten. Somit räumt sogar das Gericht ein, dass Bibel, Gita und Koran mehr Macht haben als alle Polizisten, Gerichte und Armeen zusammengenommen.

Das Gewissen ist eine der heimtückischsten Erfindungen der Menschheit.

Vom ersten Tag der Geburt eines Kindes fangen wir an, ein Gewissen in ihm zu erzeugen – diese Stimme, die all das in dir verurteilt, was die Gesellschaft nicht haben will, und all das lobt, was die Gesellschaft an dir gut findet. Aber dann bist du nicht mehr ganz. Das Gewissen nötigt dich, ständig auf der Hut zu sein, denn Gott sieht alles! Er beobachtet jede deiner Handlungen, jeden Gedanken. Pass auf!

Du hast nicht einmal die Freiheit deiner Gedanken: Gott beobachtet dich. Was ist das für ein Voyeur, dieser Gott? In jedem Badezimmer schaut er durchs Schlüsselloch. Nicht einmal auf der Toilette bist du vor ihm sicher!

Dieses ständige Gerede über Gedankenfreiheit! – das ist alles Unsinn, denn in jedem Kind wird von Anfang an das Fundament gelegt für die Unfreiheit der Gedanken.

Man will eure Gedanken kontrollieren; man will eure Träume kontrollieren. Die das Sagen haben, wollen alles an euch kontrollieren. Und das Mittel, dessen man sich bedient, ist ein sehr cleveres Mittel: das Gewissen. Es wird dich piksen. Es wird dir ständig sagen: »Das ist nicht richtig; tu es nicht, sonst wirst du leiden.« Oder es diktiert dir: »Mach das so; so ist es richtig, und man wird dich dafür belohnen.« Das Gewissen erlaubt dir unter keinen Umständen, ganz zu sein. Es erlaubt dir nie, so zu leben, als gäbe es keine Verbote und keine Grenzen. So zu leben, als wärest du völlig unabhängig, alles zu sein, was du sein könntest.

Dann hat das Leben einen Sinn, dann macht es Sinn zu leben. Nicht jenen Sinn, der aus einem Zweck abgeleitet ist, sondern den Sinn, der sich aus dem Leben selbst ableitet. Dann ist bei allem, was du tust, im Tun selbst bereits der Lohn enthalten.

Zum Beispiel, wenn ich zu euch rede: Es macht mir solchen Spaß! Seit 35 Jahren rede ich ständig, ohne Ziel und Zweck. Bei so viel Reden hätte ich leicht Präsident oder Premierminister werden können; das wäre nicht schwierig gewesen. Mit so viel Reden hätte ich alles Mögliche erreichen können. Was habe ich daraus gewonnen?

Ich war aber von vornherein nicht auf Gewinn aus. Ich habe es einfach genossen. Das war mein Gemälde, mein Lied, mein Gedicht. In diesen Augenblicken, wenn ich spreche und fühle, dass unsere Kommunion zustande kommt und wir eins werden, in diesen Augenblicken, wenn ich sehe, wie eure Augen aufleuchten, wenn ich sehe, dass ihr versteht, worum es geht … Das gibt mir eine so ungeheure Freude, dass ich mir nicht vorstellen kann, dass man dem noch irgendetwas hinzufügen könnte.

Eine Handlung, jede Handlung, in der ihr total seid, mit

jeder Faser eures Seins … Nehmt ein Beispiel: Wenn ihr mir die Hände festbinden würdet, könnte ich nicht reden, obwohl es zwischen den Händen und dem Sprechen scheinbar keine Beziehung gibt. Ich habe es ausprobiert. Eines Tages bat ich einen Freund, der mich besuchte: »Binde mir die Hände.«

Er sagte: »Wie bitte?«

Ich sagte: »Binde sie einfach fest, und dann frag mich etwas.«

Er sagte: »Mir ist immer ein bisschen unbehaglich, wenn ich bei dir bin. Du bist verrückt. Wenn jetzt jemand sehen würde, dass ich dir die Hände festgebunden habe, dir eine Frage stelle und du sie beantwortest – was würde er denken?«

Ich sagte: »Vergiss das einfach. Mach die Tür zu und tu, was ich dir sage.«

Also band er meine Hände an zwei Pfosten und stellte mir eine Frage. Sosehr ich auch versuchte zu reden, ich konnte es nicht, weil meine Hände festgebunden waren. Ich konnte nur noch sagen: »Bitte binde mir die Hände los.«

Er sagte: »Ich verstehe nicht. Was soll das alles?«

Ich sagte: »Ich wollte sehen, ob ich auch ohne Hände reden kann. Es geht aber nicht.«

Und das betrifft nur die Hände … Wenn ich beim Reden die Beine andersherum übereinanderschlage – so wie ich immer in meinem Zimmer sitze, wenn ich nicht zu euch rede –, dann geht es schief. Ich kann so nicht reden. Die Art, wie ich sitze, die Art, wie sich meine Hände bewegen, ist also immer total mit einbezogen. Es spricht nicht bloß ein Teil von mir, sondern ich bin als Ganzes daran beteiligt.

Den inneren Wert einer Handlung kannst du nur so

herausfinden. Ansonsten führst du ein Leben voller Anspannung, immer eingespannt zwischen hier und dort, zwischen dem jetzigen Augenblick und einem fernen Ziel.

Die Pseudoreligionen sagen: »Dieses Leben ist nur Mittel zum Zweck; du kannst dich darin nicht total verwickeln. Es ist nur eine Leiter, unentbehrlich, aber ohne eigenen Wert, nur ein Trittstein. Das, worum es wirklich geht, ist weit entfernt, dort im Jenseits.« Es bleibt immer weit entfernt. Egal, wo du bist, bleibt das, worum es wirklich geht, immer weit entfernt. So wirst du überall, wo du bist, das Leben verpassen.

Ich habe kein Ziel.

Als ich an der Universität war, ging ich oft spazieren – morgens, abends, zu jeder Tageszeit. Morgens und abends auf jeden Fall und immer wenn ich Zeit hatte, weil der Ort, die Bäume, die Straße so schön waren. Selbst im heißesten Sommer war die Straße auf beiden Seiten von großen Bäumen überschattet.

Einer meiner Professoren, der mich sehr mochte, beobachtete, dass ich an manchen Tagen die eine und an anderen Tagen die andere Straße entlangging. Von einer Kreuzung in Form eines Pentagons führten vom Eingangstor der Universität fünf Straßen in fünf verschiedene Richtungen, nicht weit von seiner Wohnung, die die letzte vor dem Tor war. Er fragte mich: »Manchmal nimmst du die eine Straße, manchmal die andere. Wohin gehst du eigentlich?«

»Nirgendwohin«, sagte ich. »Ich gehe bloß spazieren.« Wenn man irgendwohin will, geht man in der Regel denselben Weg. Ich wollte aber nirgendwohin, also war es dem Zufall überlassen. Wenn ich an die Kreuzung kam, blieb ich dort eine Weile stehen. Das machte ihn noch neugieriger:

Worüber ich denn nachdächte und was ich herauszufinden suchte, während ich so da stand?

Ich wollte nur herausfinden, in welche Richtung der Wind wehte. Und wo der Wind hinblies, dorthin folgte ich ihm; diesen Weg nahm ich dann.

»Manchmal«, sagte er, »nimmst du eine Woche lang denselben Weg, und manchmal gehst du nur einmal auf derselben Straße und am nächsten Tag auf einer anderen. Was tust du dort an der Kreuzung? Und wie triffst du deine Entscheidung?«

Ich sagte ihm: »Es ist ganz einfach. Ich stehe da und fühle, in welcher Straße Leben ist und wo der Wind hinweht. Dann gehe ich mit dem Wind. Und es ist wunderbar, mit dem Wind zu gehen. Ich jogge oder laufe, so wie ich Lust habe. Und es weht ein Lüftchen, kühl und erfrischend, und danach gehe ich.«

Das Leben geht nirgendwohin. Es macht nur einen Morgenspaziergang.

Wähle den Weg, zu dem dein ganzes Wesen dich führt, wo du im Fluss bist und wo der Wind dich hinweht. Und dann geh diesen Weg so weit, wie er dich führt, aber erwarte nicht, irgendetwas zu finden.

Auf diese Weise gab es nie irgendwelche Überraschungen – weil ich nichts erwarte, darum kann mich nichts überraschen. *Alles* ist eine Überraschung! Und ebenso ist keine Rede von Enttäuschung; alles ist willkommen. Wenn es geschieht, gut; wenn es nicht geschieht, umso besser!

Sobald du einmal verstanden hast, dass wahre Religion in einem solchen Leben von Augenblick zu Augenblick zu finden ist, wirst du auch verstehen, warum ich sage, dass du diese Vorstellung von Gott, von Himmel und Hölle und diesen ganzen Quatsch aufgeben sollst. Wirf es komplett über Bord, denn es ist die Last all dieser Konzepte, die dich daran hindert, von Augenblick zu Augenblick zu leben.

Lebe das Leben als organische Einheit. Keine Handlung sollte halbherzig getan werden; gehe total in allem auf, was du tust.

Eine Zen-Geschichte

Ein sehr wissbegieriger König wollte unbedingt herausfinden, was eigentlich all die Leute in den Klöstern tun, und er fragte herum: »Wer ist der berühmteste Meister?« Als er erfuhr, dass der berühmteste Meister jener Tage Nan-in sei, begab er sich zu dessen Kloster. Als er das Kloster betrat, traf er einen Holzhacker. Er fragte ihn: »Dieses Kloster ist so groß, wo kann ich Meister Nan-in finden?«

Der Mann dachte ein paar Sekunden mit geschlossenen Augen nach und sagte dann: »Im Moment kannst du ihn nicht finden.«

Der König sagte: »Wieso kann ich ihn im Moment nicht finden? Weißt du nicht, dass ich der Herrscher dieses Landes bin?«

Er sagte: »Das spielt keine Rolle. Wer auch immer du bist, ist deine Sache. Aber ich versichere dir: Du kannst ihn jetzt im Moment nicht finden.«

»Ist er ausgegangen?«, fragte der König.

»Nein, er ist innen drin«, antwortete der Holzhacker.

Der König sagte: »Ist er gerade mit irgendeiner Arbeit, einer Zeremonie beschäftigt? Oder hat er sich zurückgezogen? Was ist los?«

Der Mann sagte: »Jetzt im Moment zerhackt er hier vor deinen Augen das Holz. Und wenn ich Holz hacke, bin ich nur ein Holzhacker. Wo ist Meister Nan-in jetzt im Moment? Ich bin nur ein Holzhacker. Du wirst ein wenig warten müssen.«

Der König dachte: »Dieser Mann ist verrückt, einfach verrückt. Meister Nan-in ein Holzhacker?« Er ging weiter und ließ den Holzhacker zurück. Nan-in setzte seine Arbeit mit dem Holz fort, denn der Winter war nah, und das Holz musste gestapelt werden. Der König konnte warten, aber der Winter würde nicht warten.

Der König wartete eine Stunde, zwei Stunden … Und dann trat Meister Nan-in durch die Hintertür ein, und er trug das Gewand des Meisters. Der König starrte ihn an: Der Mann sah genauso aus wie der Holzhacker! … Der König verneigte sich. Der Meister nahm Platz und fragte: »Warum hast du all die Mühe auf dich genommen hierherzukommen?«

Der König sagte: »Dazu gäbe es viel zu sagen, aber zu meinen Fragen kommen wir später. Zuerst will ich wissen: Bist du derselbe, der das Holz geschnitten hat?«

Er sagte: »Jetzt bin ich Meister Nan-in. Ich bin nicht derselbe. Die ganze Konfiguration hat sich verändert. Jetzt sitze ich hier als Meister Nan-in, und du fragst mich, so wie ein Schüler fragt, voller Demut und Offenheit. Ja, ein Mann hat das Holz geschnitten, und er sieht mir sehr ähnlich, aber das war ein Holzhacker. Er heißt ebenfalls Nan-in.«

Nun war der König so verwirrt, dass er wegging, ohne die Fragen zu stellen, derentwegen er gekommen war. Wieder zurück bei Hofe wollten seine Ratgeber wissen, wie es ihm ergangen sei. Er sagte: »Wie es mir ergangen ist, vergisst man am besten. Dieser Meister Nan-in ist ja offenbar total verrückt. Als ich kam, hackte er Holz und sagte zu mir: ›Ich bin ein Holzhacker, und Meister Nan-in ist gerade nicht verfügbar.‹ Dann kam derselbe Mann, diesmal im Gewand des Meisters, und als ich ihn danach fragte, sagte er: ›Ein Mann, der mir ähnlich sieht, hat das Holz geschnitten, aber das war der Holzhacker. Der Meister bin ich.‹«

Einer der Hofleute sagte zu ihm: »Du hast überhaupt nicht verstanden, was er dir damit sagen wollte – dass er beim Holzhacken völlig darin aufgeht. Da bleibt nichts übrig, was behaupten könnte, Meister Nan-in zu sein; nichts ist davon ausgenommen. Er ist ganz und gar ein Holzhacker.«

In der Sprache des Zen, die so schwer zu übersetzen ist, sagte er nicht etwa: »Ich bin ein Holzhacker«, sondern er sagte: »Jetzt im Moment geschieht Holzhacken.« – Kein Holzhacker, weil nicht einmal Raum ist für den, der das Holz hackt. Da ist einfach nur Holz, das zerkleinert wird, und der Mensch ist so total bei der Sache, dass nur noch Holzhacken existiert. »Holzhacken geschieht.« Und als er dann als Meister hereinkommt, kommt er natürlich in einer anderen Konfiguration – dieselben Einzelteile, aber jetzt völlig anders angeordnet. Bei jeder Handlung bist du ein anderer Mensch, wenn du völlig darin aufgehst.

Buddha pflegte zu sagen: »Es gleicht einer Kerzenflamme, die immer gleich aussieht, aber nie gleich ist, nicht einmal für zwei aufeinanderfolgende Augenblicke. Die Flamme verwandelt sich fortwährend in Rauch, und es entsteht eine neue Flamme. Ständig geht die alte Flamme aus, und es kommt eine neue Flamme. Die Kerze, die du am Abend anzündest, ist nicht die gleiche Kerze wie die, die du am Morgen ausbläst. Es ist nicht dieselbe Flamme, mit der du angefangen hast; sie hat sich davongemacht, niemand weiß wohin. Nur die Ähnlichkeit der Flamme gibt dir die Illusion, es sei dieselbe Flamme.«

Genauso verhält es sich mit deinem Sein.

Es ist eine Flamme. Es ist ein Feuer. In jedem Augenblick verwandelt sich dein Sein. Und wenn du in allem, was du tust, völlig aufgehst, wirst du sehen, welcher Wandel sich in dir vollzieht: in jedem Augenblick ein neues Wesen, eine neue Welt, eine neue Erfahrung. Alles ist plötzlich von einer solchen Neuheit erfüllt, dass du dieselbe Sache nie zweimal siehst. Natürlich wird das Leben dann zu einem unaufhörlichen Geheimnis, einer ständigen Überraschung. Bei jedem Schritt öffnet sich eine neue Welt von unermesslicher Bedeutsamkeit, von unglaublicher Ekstase.

Kommt dann der Tod, wirst du ihn nicht als etwas vom Leben Getrenntes sehen. Er ist ein Teil des Lebens, nicht das Ende des Lebens. Der Tod ist einfach ein weiteres Ereignis – so wie die Liebe sich ereignete, die Geburt sich ereignete. Du warst ein Kind, und dann verschwand die Kindheit, und du wurdest zu einem jungen Mann. Und dann verschwand der junge Mann, und du wurdest zu einem alten Mann. Und schließlich verschwand auch der alte Mann … So viele Dinge haben sich ereignet! Warum nicht auch den Tod sich einfach ereignen lassen, wie alles andere?

Und tatsächlich wird ein Mensch, der das Leben von Augenblick zu Augenblick gelebt hat, auch den Tod so leben. Und wenn sämtliche Augenblicke des Lebens gegen den einen Augenblick des Todes abgewogen werden, wird er erkennen, dass der Tod dennoch viel schwerer wiegt. Er wiegt mehr, in jeder Hinsicht, weil er das ganze komprimierte Leben in sich enthält. Doch es tritt noch etwas Neues hinzu, was dir nie offen stand. In diesem Augenblick, in dem das ganze komprimierte Leben vorhanden ist, geht eine neue Tür auf – es öffnet sich eine neue Dimension.

Warum will jeder etwas scheinen, was er nicht ist? Wie ist das psychologisch zu verstehen?

Jeder wird von Kindheit an verurteilt. Alles, was du auf eigene Faust, deinen eigenen Vorlieben folgend unternimmst, wird nicht akzeptiert. Die Menschen, mit denen ein Kind aufwächst, und das Umfeld in dem es groß wird, drängen ihm ihre eigenen Vorstellungen und Ideale auf. Das Kind muss sich diesen Idealen und Vorstellungen anpassen. Das Kind ist hilflos. Hast du je darüber nachgedacht? Der menschliche Nachwuchs ist der hilfloseste im ganzen Tierreich. Fast alle Säugetiere können ohne Unterstützung der Eltern, der Herde, des Rudels überleben. Nur das Menschenkind ist allein nicht überlebensfähig; es würde sofort sterben. Es ist das hilfloseste Geschöpf auf der ganzen Welt, so zart und schutzlos dem Tod ausgeliefert. Folglich können diejenigen, die das Sagen haben, das Kind genau so formen, wie sie es haben wollen. So wird jeder zu dem, was er ist, gegen seinen Willen, gegen seine Natur. Das ist der psychologische Hintergrund dafür, dass jeder als etwas erscheinen will, was er gar nicht ist.

Alle leben in einem schizophrenen Zustand. Niemand durfte je er selbst sein; jeder musste notgedrungen etwas anderes werden als das, was ihn von Natur aus glücklich machen würde.

Während du also aufwächst und lernst, auf eigenen Füßen zu stehen, fängst du an, vieles vorzutäuschen, was du deinem Wesen nach natürlicherweise sein könntest. Aber in dieser irrsinnigen Welt bist du dir selbst entfremdet worden. Man hat dich zu jemand anderem gemacht, als du eigentlich bist. Und du weißt es. Alle wissen es. Man hat dich gezwungen, Arzt zu werden, oder Ingenieur. Man hat dich gezwungen, Politiker zu werden, oder ein Krimineller oder ein Bettler.

Wir sind allen möglichen gewaltsamen Einflüssen ausgesetzt.

In Mumbai (früher: Bombay – Anm. d. Übers.) gibt es Leute, die damit Geschäfte machen, Kinder zu stehlen und sie zu verkrüppeln, blind oder lahm zu machen, um sie zum Betteln zu zwingen und jeden Abend das ganze Geld, das sie erbettelt haben, von ihnen abzukassieren. Sie erhalten zwar Essen und Obdach, aber man behandelt sie nicht wie Menschen, sondern wie eine Ware. Das ist ein Extremfall, aber so wird mehr oder weniger mit allen Menschen verfahren.

Keiner ist glücklich mit dem, was er ist.

Folgende Geschichte: Ein großer Chirurg trat in den Ruhestand. Er war sehr berühmt und hatte viele Studenten und zahlreiche Kollegen. Alle waren gekommen, um mit ihm zu feiern, und sie tanzten und sangen und tranken – nur er stand traurig in einer dunklen Ecke. Ein Freund trat zu ihm und fragte ihn: »Was ist denn mit dir los? Wir feiern hier alle, und du stehst so traurig herum? Freust du dich denn gar nicht auf deinen Ruhestand? Du bist jetzt 75 und hättest dich schon vor 15 Jahren zurückziehen können. Aber weil du so ein großartiger Chirurg bist, auch jetzt noch, mit 75, kann es keiner mit dir aufnehmen. Du bist absolut konkurrenzlos. Doch jetzt kannst du dich endlich zurückziehen und das Leben genießen!«

Er sagte: »Darüber musste ich gerade nachdenken. Ich fühle Traurigkeit, weil meine Eltern mich gezwungen haben, Chirurg zu werden. Ich wollte eigentlich Sänger werden, das war meine große Leidenschaft. Selbst wenn ich nur ein Straßensänger geworden wäre, hätte ich zumindest ich selbst sein können. Jetzt bin ich als Chirurg weltberühmt, aber ich bin nicht ich selbst. Wenn die Leute mich als Chirurgen preisen, kommt es mir so vor, als würden sie über jemand anderen reden. Ich habe Auszeichnungen und Ehrendoktorate erhalten, aber mein Herz hüpft nicht vor Freude, denn das gilt alles gar nicht mir. Mein Dasein als Chirurg hat mich getötet, es hat mich ausgelöscht. Im Grunde wollte ich nur Sänger werden, selbst wenn ich dafür auf der Straße hätte betteln müssen – aber ich wäre glücklich gewesen!«

Auf dieser Welt gibt es nur ein Glück, und es besteht darin, du selbst zu sein. Und weil keiner er selbst ist, versuchen sich alle hinter irgendwelchen Fassaden, Vorspiegelungen und Heucheleien zu verbergen. Sie schämen sich dessen, was sie sind.

Wir haben aus der ganzen Welt einen Marktplatz gemacht und keinen schönen Garten, in dem jeder seine eigenen Blüten hervorbringen darf. Wir zwingen die Ringelblumen dazu, Rosen hervorzubringen, aber wo sollen die Ringelblumen denn Rosen hernehmen? Ihre Rosen werden Plastikrosen sein. Und in ihrem innersten Herzen werden die Ringelblumen weinen und vor Scham bittere Tränen vergießen: »Wir hatten nicht den Mut, gegen die Menge zu rebellieren. Man hat uns Plastikblumen aufgezwungen. Dabei haben wir doch unsere eigenen, echten Blumen, für die unsere Säfte fließen! Aber unsere echten Blumen können wir nicht zeigen.«

Man hat euch alles andere beigebracht, nur nicht, ihr selbst zu sein. Dies ist die denkbar hässlichste Form von Gesellschaft. Sie macht alle Menschen unglücklich.

Ich habe von einem anderen großen Mann gehört, einem Literaturprofessor, der nach seiner Laufbahn an der Universität in den Ruhestand ging. Sämtliche Professoren der Universität hatten sich eingefunden, alle seine Freunde waren da, und alle hatten ihren Spaß. Plötzlich merkten sie, dass er gar nicht da war. Einer seiner Freunde, ein Anwalt, ging nach draußen – vielleicht war er im Garten? Was machte er da? – Er saß unter einem Baum. Der Anwalt war sein engster Freund, ein Jugendfreund. Er fragte ihn: »Was machst du denn hier?«

Er sagte: »Was ich hier mache? Erinnerst du dich noch an damals, vor 50 Jahren? Als ich kam, um dir zu sagen, dass ich meine Frau umbringen will? Da hast du gesagt: ›Mach so was nicht, sonst stecken sie dich für 50 Jahre ins Gefängnis.‹ Aber weißt du, wenn ich damals nicht auf dich gehört hätte, wäre ich heute schon wieder aus dem Gefängnis und wäre frei!« Er sagte: »Dieser Gedanke macht mich so wütend, dass ich Lust hätte, dich umzubringen! Ich bin jetzt 75. Selbst wenn ich 50 Jahre bekäme, könnten sie mich nicht mehr so lange einsperren. In fünf bis sieben Jahren werde ich ohnehin tot sein. Aber du warst mir kein guter Freund. Du hast dich als mein größter Feind erwiesen!«

Etwas zu sein, was du nicht sein willst, mit jemandem zusammen zu sein, mit dem du nicht zusammen sein willst, etwas zu tun, was du gar nicht tun willst – darin liegt die Ursache für all euer Unglück. Einerseits hat die Gesellschaft es geschafft, alle unglücklich zu machen, andererseits erwartet sie aber, dass man sein Unglück nicht zeigt – zumindest nicht in der Öffentlichkeit, nicht offen. Es ist eine private Angelegenheit. Dabei ist die Gesellschaft daran schuld! In Wahrheit ist es keine private, sondern eine öffentliche Angelegenheit. Dieselbe Öffentlichkeit, die alle Grundlagen für dein Unglück geschaffen hat, wird letztlich zu dir sagen: »An deinem Unglück bist du selbst schuld! Wenn du dich uns zeigst, dann komm gefälligst mit einem Lächeln! Verschone uns mit deiner Leidensmiene!« Das nennt man dann gutes Benehmen, Manieren, Kultur. Aber im Grunde ist es nichts als Heuchelei.

Aber solange du als Einzelner nicht beschließt: »Ich will nur ich selbst sein, welchen Preis es mich auch kosten mag! Selbst wenn ich geächtet, abgelehnt und aller Ehren beraubt würde – ich würde es in Kauf nehmen. Aber ich kann nicht länger so tun, als wäre ich jemand anders …« Dieser Beschluss und diese Erklärung – deine Freiheitserklärung, die Befreiung von der kollektiven Last – führen zur Geburt deines natürlichen Wesens, zu deiner Individualität. Dann hast du keine Masken mehr nötig. Dann kannst du einfach du selber sein – so, wie du bist.

Und in dem Moment, wo du einfach sein kannst, wie du bist, tritt ein ungeheurer Friede ein – der »Friede, der alles Verstehen übersteigt«.

In den letzten Jahren hat die Forschung nachgewiesen, dass bestimmte durch Meditationstechniken hervorgerufene Bewusstseinszustände spezifische Gehirnwellenmuster aktivieren. Solche Zustände können durch die elektronische und akustische Stimulation des Gehirns herbeigeführt werden und lassen sich mittels Biofeedback erlernen. Der traditionelle »meditative Zustand« – Sitzen in Stille (oder zumindest waches Schweigen) – setzt sich aus bilateralen, synchronen Alphawellen zusammen. Tiefere Meditation umfasst auch bilaterale Thetawellen. Ein Zustand, der als »luzide Bewusstheit« bezeichnet wird, geht mit den bilateralen, synchronen Alpha- und Thetawellen der tiefen Meditation in Verbindung mit den Betawellen der normalen Gedankenprozesse einher. Luzide Bewusstheit kann mittels Biofeedback unter Verwendung modernster Geräte erlernt werden. Sind solche Arten der Stimulation und des Biofeedbacks brauchbare Hilfsmittel für einen Meditierer? Und in welcher Beziehung stehen diese technischen Verfahren mit jenem Zustand von Meditation, der über alle Technik hinausgeht? Siehst du darin eine geglückte Verbindung von Wissenschaft und Meditation?

Das ist eine sehr komplexe Frage. Dazu musst du etwas sehr Grundlegendes über Meditation verstehen: Keine Technik kann je zur Meditation führen. Das gilt für die so genannten alten Techniken ebenso wie für die neuen wissenschaftlichen Biofeedback-Techniken. Meditation ist nicht das Nebenprodukt irgendeiner Technik.

Meditation ereignet sich jenseits der mentalen Ebene, jenseits des *Mind*. Mit keiner Technik ist es möglich, über den Verstand hinauszugelangen. Darüber herrscht in wissenschaftlichen Kreisen ein großes Missverständnis, und das hat seinen Grund. Dieses Missverständnis beruht auf der Beobachtung, dass bei Personen, die sich in einem meditativen Zustand befinden, bestimmte Gehirnwellen auftreten. Derartige Wellen können von außen durch technische Hilfsmittel erzeugt werden, aber durch diese Wellen entsteht keine Meditation – darin liegt das Missverständnis.

Meditation lässt solche Wellen entstehen; sie sind eine Reflexion des inneren Geschehens im Gehirn. Man kann nicht sehen, was im Inneren passiert, aber man kann sehen, was im Gehirn passiert. Es gibt heute solche empfindlichen Geräte, Sensoren … Damit kann man feststellen, welche Arten von Wellen bei einer Person im Schlaf, im Traum, in der Meditation auftreten. Allerdings lässt sich durch das Erzeugen dieser Wellen nicht die Situation selbst herstellen, denn diese Wellen sind nur Anzeichen, Indikatoren. Das ist wunderbar, und du kannst es erforschen. Aber du musst wissen, dass es keine Abkürzung zur Meditation gibt. Keine mechanische Vorrichtung kann hier als Hilfsmittel dienlich sein.

In Wahrheit braucht Meditation keinerlei Technik, weder wissenschaftlich noch sonst wie. Meditation ist im Grunde eine Frage des Verstehens. Es geht weder darum, still dazusitzen, noch geht es darum, ein Mantra zu rezitieren. Es geht darum, die subtilen Funktionsweisen des Verstandes zu verstehen. Wenn du das Funktionieren des Verstandes einmal verstanden hast, entsteht in dir eine große Bewusstheit, die nicht vom Verstand herrührt. Diese Bewusstheit kommt aus deinem Sein, deiner Seele, deinem Bewusstsein. Der Verstand ist nur ein Mechanismus, aber wenn diese Bewusstheit hinzutritt, ruft sie zwangsläufig ein bestimmtes Energiemuster hervor. Dieses Energiemuster wird vom Verstand wahrgenommen.

Der Verstand ist ein äußerst subtiler Mechanismus, und wer ihn von außen studiert, kann höchstens das Gehirn untersuchen. Aufgrund der Beobachtung, dass ein bestimmtes Wellenmuster unweigerlich immer dann im Gehirn auftritt, wenn eine Person still, gelassen und friedlich ist, kommt das wissenschaftliche Denken zu dem Schluss: Wenn wir dieses Wellenmuster im Gehirn erzeugen können, etwa durch eine Biofeedback-Technik, dann wird das innere Sein höhere Ebenen der Bewusstheit erreichen. Das kann aber nicht geschehen. Es gibt hier keine solche kausale Beziehung zwischen Ursache und Wirkung.

Die Gehirnwellen sind nicht die Ursache von Meditation, sondern im Gegenteil deren Auswirkung. Du kannst aber nicht von der Wirkung zur Ursache gelangen. Wohl ist es möglich, mittels Biofeedback bestimmte Muster im Gehirn hervorzurufen, die einer Person das Gefühl von Frieden, Stille und Gelassenheit geben. Wenn jemand von Meditation keine Ahnung und auch keinerlei Vergleichsmöglichkeiten hat, könnte er irrtümlich glauben, es handle sich um Meditation. Das ist aber nicht der Fall. Sobald der Biofeedback-Mechanismus ausgeschaltet wird, verschwinden die Wellen – und mit ihnen die Stille und der Frieden und die Gelassenheit.

Du kannst jahrelang mit solchen technischen Geräten üben, aber es wird nicht deinen Charakter, deine Moral, deine Individualität verändern. Du bleibst gleich.

Meditation transformiert. Sie hebt dich auf höhere Bewusstseinsebenen und verändert somit deine ganze Lebensart. Sie verwandelt dein automatisches »Reagieren« in ein »Antworten«, in solchem Maße, dass es unglaublich erscheint, wie ein Mensch, der in der gleichen Situation mit Wut reagiert hätte, nun aus tiefem Mitgefühl und Liebe handelt – wohlgemerkt in der gleichen Situation.

Meditation ist ein Zustand des Seins, in den man durch das Verstehen gelangt. Dazu werden keine Techniken benötigt, sondern Intelligenz.

Keine Technik kann dir Intelligenz verleihen. Sonst hätten wir schon längst alle Dummköpfe in Genies verwandelt. Aus all den mittelmäßigen Leuten wären Albert Einsteins, Bertrand Russels, Jean-Paul Sartres geworden. Es gibt keinen Weg, die Intelligenz von außen zu verändern, sie schärfer und durchdringender zu machen, ihre Erkenntnisfähigkeit zu steigern. Es geht einfach darum zu verstehen, und das vermag niemand außer du selbst – keine Maschine, keine Person.

Die so genannten Gurus haben die Menschheit Jahrhunderte lang zum Narren gehalten. Anstelle der Gurus werden in Zukunft diese »Gurumaschinen« die Menschheit zum Narren halten.

Die Gurus haben die Leute betrogen, indem sie sagten: »Wir geben dir ein geheimes Mantra. Wiederhole nur das Mantra.« Natürlich, wenn du ununterbrochen ein Mantra hersagst, erzeugst du das Energiefeld einer bestimmten Frequenz, aber die Person, die das Mantra hersagt, bleibt die gleiche, denn alles spielt sich nur an der Oberfläche ab. Es ist, als würdest du einen Kieselstein in einen spiegelglatten See werfen: Es entstehen Wellen, die sich über den ganzen See kräuseln, von einem Ende zum anderen. Aber in der Tiefe bleibt der See davon völlig unberührt. Die Tiefe bekommt überhaupt nichts von dem mit, was an der Oberfläche geschieht. Und was du an der Oberfläche siehst, ist außerdem eine Illusion. Du denkst, dass sich die Wellen bewegen, aber das stimmt nicht – nichts bewegt sich. Wenn du einen Stein in den See wirfst, bewegen sich die Wellen gar nicht weiter. Das kannst du feststellen, wenn du eine kleine Blume ins Wasser wirfst. Überraschenderweise bleibt sie genau an der gleichen Stelle. Würden die Wellen sich bewegen und das Ufer erreichen, dann würden sie die Blume mitnehmen. Die Blume bleibt aber an der Stelle, wo du sie hineingeworfen hast. Die Wellen bewegen sich nicht wirklich; es ist nur so, dass das Wasser sich auf der Stelle hebt und senkt und dadurch die Illusion von Bewegung entsteht. In der Tiefe bleibt der See völlig unberührt. Es gibt keine Veränderung im Charakter des Sees, in seiner Schönheit, wenn du dieses Wellengekräusel hervorrufst.

Der Intellekt steht zwischen der Welt und dir. Alles, was in der Welt geschieht, wirkt sich auf den Verstand aus, und mit dem Verstand kannst du auch verstehen, was in der Außenwelt geschieht. Zum Beispiel, wenn du mich siehst – aber du siehst nicht *mich*. Dein Gehirn wird durch bestimmte Lichtstrahlen aktiviert und erschafft ein Bild, das du mit dem Verstand interpretierst. Du bist innen, und von innen siehst du dieses Bild. Du siehst nicht mich, kannst mich gar nicht sehen. Das Gehirn ist der Vermittler. Und während das

Gehirn von der Außenwelt beeinflusst wird, kann das innere Bewusstsein ablesen, was außen geschieht. Und genau das Gleiche machen die Wissenschaftler: Sie studieren Meditierende und deuten die Wellenmuster, die Energiefelder, die beim Meditieren erzeugt werden. Wenn bestimmte Energiemuster ausnahmslos bei Meditierenden auftauchen, ist nach der wissenschaftlichen Herangehensweise der Schluss naheliegend: Wenn wir diese Muster im Gehirn auch bei anderen hervorrufen können, wird sich innerlich ein meditativer Zustand einstellen.

Das ist aber ein Trugschluss. Es ist möglich, die Muster im Gehirn zu erzeugen, und sogar ein Nicht-Meditierer wird eine gewisse Stille und heitere Ruhe fühlen – aber nur so lange, wie diese Wellen vorhanden sind. Doch einen Meditierenden wird man damit nicht täuschen können, denn der Meditierer kann sehen, dass diese Muster im Gehirn auftauchen. Das Gehirn ist eine niedrigere Ebene der Wirklichkeit, und die niedrigere Realität kann nicht die höhere Realität verändern. Der intellektuelle Verstand ist nur der Diener; er kann nicht den Herrn verändern. Aber experimentiere ruhig damit! Sei dir dabei aber bewusst, dass es egal ist, ob du ein Biofeedbackgerät benutzt oder das Mantra *OM* wiederholst: Es wird dabei nur ein mentaler Friede hergestellt, aber mentaler Friede ist nicht Meditation.

Meditation ist ein Höhenflug jenseits des Verstandes. Das ist etwas völlig anderes als mentaler Friede, Geistesruhe.

Ein großer amerikanischer Denker, Joshua Liebman, schrieb ein sehr berühmtes Buch: *Peace of Mind* (wörtlich: »Frieden des Geistes«). Ich habe ihm vor vielen Jahren, nachdem mir sein Buch unterkam, einen Brief geschrieben, in dem ich ihm mitteilte: »Wenn Sie aufrichtig sind und es ernst meinen, sollten Sie Ihr Buch vom Markt nehmen, weil es so etwas wie ›Frieden des Geistes‹ nicht gibt. Der Geist ist ja gerade das Problem! Nur wenn kein Denken passiert, ist Frieden. Wie könnte es also einen ›Frieden des Geistes‹ geben? Und wenn, dann wäre ein solcher Frieden des Geistes trügerisch. Es würde einfach nur bedeuten, dass der Lärm in Ihrem Kopf so sehr nachgelassen hat, dass Sie ihn für Stille halten. Es fehlt Ihnen aber die Vergleichsmöglichkeit.«

Wer Meditation wirklich kennt, ist durch keine Technik zu täuschen, denn keine Technik vermag dir Einsicht in das Funktionieren des Geistes und der Psyche zu liefern. Zum Beispiel fühlst du Wut, fühlst du Eifersucht, fühlst du Hass, fühlst du Begierde. Gibt es irgendeine Technik, die dir helfen kann, die Wut loszuwerden? Die Eifersucht? Den Hass? Die sexuelle Begierde? Wenn aber diese Dinge bestehen bleiben, wird deine Art zu leben unverändert bleiben. Es gibt nur einen Weg – einen zweiten Weg gab es noch nie. Es gibt einen, nur einen einzigen Weg, um zu verstehen, dass es dumm ist, wütend zu werden: Beobachte die Wut in sämtlichen Phasen, und sei achtsam, damit sie dich nicht überrumpelt. Bleibe Beobachter, der jede Stufe der Wut wahrnimmt, dann wirst du dich wundern: In dem Maße, wie deine Bewusstheit über die Funktionsweise der Wut zunimmt, beginnt die Wut sich aufzulösen.

Und das Verschwinden der Wut bringt Frieden. Frieden ist keine aktive Leistung. Wenn der Hass verschwindet, bleibt Liebe übrig. Liebe ist keine aktive Leistung; sie kann nicht gemacht werden. Wenn die Eifersucht verschwindet, bleibt eine tiefe Freundschaft zu allem.

Das gilt es wirklich zu verstehen.

Allerdings haben alle Religionen euch den Verstand verdorben, denn sie haben euch nicht beigebracht, wie man beobachtet, wie man versteht. Stattdessen haben sie euch Urteile und Schlussfolgerungen gegeben: »Wut ist schlecht.« Und sobald du etwas nicht gut findest, nimmst du bereits eine verurteilende Haltung ein. Du hast ein Urteil gefällt, und nun kannst du nicht mehr bewusst bleiben. Bewusstheit setzt einen Zustand der Unvoreingenommenheit voraus, doch alle Religionen haben den Menschen Urteile gepredigt: »Das ist gut, das ist schlecht, das ist Tugend, das ist Sünde.« Mit diesem ganzen Müll wurde der Verstand der Menschheit viele Jahrhunderte lang beladen. Infolgedessen taucht bei allem, was du erlebst und siehst, immer gleich ein Urteil darüber in dir auf. Du kannst nicht einfach etwas sehen; du kannst nicht einfach ein Spiegel sein, ohne darüber zu urteilen.

Verstehen entwickelt sich, wenn du zum Spiegel wirst und alles wahrnimmst, was in deinem Verstand vor sich geht.

Da gibt es eine schöne Geschichte … und es ist nicht bloß eine Anekdote, sondern etwas, das sich tatsächlich ereignet hat.

Ein Schüler von Gautama Buddha will eine Reise unternehmen, um Buddhas Botschaft zu verbreiten. Er ist gekommen, Buddha zu sehen, seinen Segen zu erbitten und ihn zu fragen, ob er ihm irgendeine letzte Botschaft, ein paar Worte auf den Weg mitgeben möchte.

Gautama Buddha sagt: »Merke dir nur eines: Richte beim Gehen deinen Blick etwa eineinhalb Meter vor dir auf den Boden.« Seit jenem Tag vor 25 Jahrhunderten haben Buddhas Mönche dies beim Gehen genauso praktiziert. Es war eine

Strategie, um die Blicke der Mönche speziell von den Frauen abzuwenden. Diese Schüler waren Mönche, und sie hatten ein Keuschheitsgelübde abgelegt.

Ananda, ein anderer Schüler von Gautama Buddha, konnte nicht verstehen, warum dieser Mönch die Augen immer eineinhalb Meter vor sich auf den Boden richten sollte. Er fragte: »Ich möchte wissen, was der Grund dafür ist?«

Buddha sagte: »So kann er es vermeiden, eine Frau anzuschauen, zumindest ihr Gesicht. Er wird höchstens ihre Füße sehen.«

Ananda entgegnete: »Aber es könnte Situationen geben, in denen eine Frau in Gefahr ist, zum Beispiel, wenn sie in einen Brunnen gefallen ist und um Hilfe ruft. Was soll dein Schüler dann tun? Dann wird er doch ihr Gesicht und ihren Körper zu sehen bekommen.«

Buddha sagte: »In besonderen Situationen ist es ihm gestattet, sie zu sehen, aber das ist nicht die Regel; es ist die Ausnahme.«

Ananda sagte: »Wie ist es mit Berühren? – Denn es könnte Situationen geben, dass eine Frau auf der Straße hingefallen ist. Was soll dein Schüler dann tun? Soll er ihr helfen aufzustehen oder nicht? Oder eine alte Frau, die die Straße überqueren möchte – was soll dein Schüler tun?«

Buddha sagte: »Als Ausnahme, aber wohlgemerkt nicht als Regel, kann er die Frau berühren – unter einer Bedingung! Und wenn er diese Bedingung nicht erfüllen kann, ist ihm keine Ausnahme gestattet. Die Bedingung ist die, dass er einfach nur ein Spiegel bleiben sollte, er darf keine Bewertung, keine Haltung einnehmen, wie: ›Diese Frau ist schön‹ – das wäre eine Bewertung. ›Diese Frau ist angenehm‹ – das wäre eine Bewertung. Er sollte ein Spiegel bleiben, dann sind ihm diese Ausnahmen gestattet. Ansonsten lässt du die Frau besser im Brunnen; jemand anderer wird sie retten. Rette du erst dich selbst!«

Er sagt damit, ein Meditierender sollte ein reiner Spiegel sein – in jeder Situation, in der sich im Geist irgendein Wunsch, ein Begehren, Begierde, Ehrgeiz oder Besitzergreifen zu regen beginnt. Und was bewirkt das? Nur ein Spiegel zu sein bedeutet, dass du einfach nur bewusst bist. Im reinen Gewahrsein kann der Geist dich nicht nach unten in den Schlamm, in die Gosse ziehen. In Gegenwart von Bewusstheit ist der Geist absolut machtlos in Bezug auf Wut, Hass und Eifersucht. Und weil der Verstand dann absolut machtlos ist, wird dein ganzes Sein in tiefer Stille verweilen – in dem Frieden, der über alles Verstehen hinausgeht.

Natürlich hat dieser Friede, diese Stille, diese Freude, diese Seligkeit auch Auswirkungen auf das Gehirn. Dieser Zustand löst bestimmte Gehirnwellen mit veränderten Frequenzen aus, und die Wissenschaftler können diese Wellenmuster ablesen und kommen dann auf die Idee: »Wenn wir solche Wellenmuster im Menschen mit Hilfe von technischen Geräten erzeugen können, wird es uns möglich, die Tiefe eines Gautama Buddha herbeizuführen.«

Seid nicht albern! All diese technischen Geräte können gut und hilfreich sein. Sie werden keinen Schaden anrichten und können euch zumindest einen Vorgeschmack von Frieden und Stille geben, wenn auch nur sehr oberflächlich. Das ist doch immerhin schon etwas für Leute, die sich noch nie richtig entspannen konnten! Den Durstigen ist selbst das schmutzigste Wasser nicht schmutzig. Den Durstigen ist selbst schmutziges Wasser ein großer Segen.

Du kannst also ruhig damit experimentieren, aber vergiss nicht: Es hat nichts mit Meditation zu tun. Eine kleine Erholungspause, ein bisschen Entspannung – daran ist nichts verkehrt. Wer aber auf die Idee kommt, dies für Meditation zu halten, kann damit tatsächlich Schaden anrichten. Dann werden sich die Leute mit diesen technischen Hilfsmitteln begnügen, mit dieser oberflächlichen Stille, in dem Glauben, dies sei alles und sie hätten schon alles erreicht.

Diese *Mindmachines* können ganz hilfreich sein, aber man sollte den Leuten klarmachen: »Es ist nur eine mechanische Vorrichtung, die das Denken ein wenig zur Ruhe bringt. Dieser mentale Frieden ist aber noch nicht das Wahre. Wirklicher Frieden tritt erst ein, wenn das Denken völlig schweigt, und das lässt sich nicht von außen erreichen, nur von innen. In eurem Innern habt ihr die Intelligenz und das Verstehen, die dieses Wunder bewirken.«

Für Leute, die sich nicht entspannen können, die kaum ein paar Momente lang Ruhe finden können, weil ihr Verstand ununterbrochen plappert – dafür sind diese technischen Hilfsmittel, diese Feedbackgeräte gut. Aber es sollte ganz klar sein, dass dies nichts mit Meditation zu tun hat, sondern nur eine mechanische Vorrichtung ist, die der Entspannung dient und ein oberflächliches Gefühl von Stille erzeugt. Wenn diese Stille eine Sehnsucht weckt, die wahre, innere Stille zu finden, die authentische Quelle des Friedens, dann erweisen sich diese technischen Hilfsmittel als wahre Freunde, und ihr Einsatz stellt kein Hindernis dar, sondern ist eine Brücke.

Du kannst also den Menschen eine kleine Geschmacksprobe von dem geben, was diese Geräte ermöglichen, aber mach ihnen keine falsche Vorstellung davon, dass es sich dabei um Meditation handle. Sag ihnen, dies sei nur ein blasses Echo des Wirklichen. Wer wirkliche Meditation erfahren will, muss sich auf eine tiefes inneres Suchen einlassen, ein tief greifendes Verständnis über die Verstandesaktivität und Bewusstheit von den raffinierten Winkelzügen des Verstandes entwickeln, um schließlich den Verstand beiseitelassen zu können. Dann wird der Verstand nicht mehr dazwischentreten – zwischen die Existenz und dich, und die Türen sind offen.

Meditation ist die höchste Erfahrung von Glückseligkeit. Sie kann weder durch Drogen noch durch Apparate oder sonstige äußere Einflüsse hervorgerufen werden.

3

Selbst, Nicht-Selbst und Reinkarnation

Soweit es mich betrifft, sollt ihr mir kein einziges Wort glauben; ihr müsst es selbst erfahren. Ich gebe euch nur Methoden, mit denen ihr zu der Erfahrung gelangen könnt.

Ihr müsst meditativer werden. Gott und Reinkarnation, Himmel und Hölle spielen überhaupt keine Rolle. Es geht ausschließlich darum, dass ihr wach werdet. Meditation weckt euch auf, gibt euch Augen – und was immer ihr dann sehen werdet, könnt ihr nicht abstreiten.

Es scheint mir, dass der christliche Begriff der Seele genau das Gleiche ist, was du mit dem inneren Beobachter meinst. Warum hat Jesus nicht über die Möglichkeit der Reinkarnation der Seele geredet? In diesem Punkt unterscheiden sich ganz offensichtlich die östlichen von den westlichen Religionen. Kannst du etwas dazu sagen?

Jesus wusste sehr wohl Bescheid über Reinkarnation. In den Evangelien finden sich an vielen Stellen indirekte Hinweise darauf. Erst kürzlich habe ich Jesus zitiert, als er sagte: »Ehe Abraham ward, bin ich.« Und Jesus sagt auch: »Ich komme wieder.« Man findet tausenderlei indirekte Anspielungen auf die Reinkarnation. Er wusste also sehr wohl darüber Bescheid. Es gibt aber einen anderen Grund, weshalb er nicht davon redete und nicht darüber predigte.

Jesus war in Indien gewesen. Und er hatte mit eigenen Augen gesehen, wie sich die Theorie der Reinkarnation dort praktisch auswirkte. In Indien wurde Reinkarnation schon nahezu 5000 Jahre vor Jesus gelehrt. Und es ist nicht nur eine theoretische Lehre, sondern eine Tatsache. Diese Theorie basiert auf der Wahrheit: Der Mensch lebt unzählige Leben. So lehrten es Mahavira, Buddha, Krishna, Rama; alle Religionen Indiens sind sich darin einig. Das ist erstaunlich, weil sie sich sonst in gar nichts einig sind, aber in diesem einen Punkt stimmen sie alle überein.

Die Hindus glauben an Gott und die Seele. Die Dschainas glauben überhaupt nicht an Gott, nur an die Seele. Und die Buddhisten glauben weder an die Seele noch an Gott. Aber was die Reinkarnation betrifft, stimmen sie alle überein – sogar die Buddhisten, die an keine Seele glauben, stimmen darin überein! Aber seltsam, was reinkarniert sich dann? Nicht einmal die Buddhisten konnten das Phänomen der Reinkarnation leugnen, obwohl sie die Existenz der Seele abstreiten. Sie sagen, es gebe zwar keine Seele, aber Reinkarnation, die gebe es. Ohne die Seele war es äußerst schwierig, einen Beweis für die Reinkarnation zu liefern – geradezu unmöglich. Aber sie fanden einen Weg, sehr ausgefeilt und schwer fassbar, aber dennoch kamen sie damit der Wahrheit ganz nahe, vielleicht am allernächsten von allen.

Es ist leicht nachvollziehbar, die Existenz einer Seele anzunehmen: Wenn man stirbt, bleibt der Körper auf der

Erde zurück, und die Seele tritt in einen anderen Körper ein, in einen neuen Mutterschoß. Das erscheint einfach, eine logische, kalkulierbare Sache. Doch Buddha sagt, es gebe keine Seele, sondern nur Kontinuität. Etwa so, wie wenn du abends eine Kerze anzündest, die du morgens auslöschst ... Da stellt sich die Frage, ob es dasselbe Licht ist, das du abends angezündet hast? Nein, es ist nicht dasselbe Licht, aber eine Kontinuität ist vorhanden. Die Kerze, die du abends angezündet hast ... von ihrer Flamme ist nichts mehr da, denn die Flamme verschwindet ständig, und eine andere Flamme tritt an ihre Stelle. Der Wechsel vollzieht sich so schnell, dass du die Lücken mit bloßem Auge nicht sehen kannst, aber mit Hilfe technischer Geräte kann man die Lücken nachweisen: Die eine Flamme geht aus, eine andere taucht auf, geht wieder aus, und eine neue taucht auf. Dazwischen muss es kurze Pausen geben, die für uns mit bloßem Auge nicht wahrnehmbar sind.

Buddha sagt, genau wie die Kerzenflamme nicht wirklich dieselbe ist – weil sie ständig wechselt, obwohl sie in einem anderen Sinne dieselbe ist, weil es sich um dasselbe Kontinuum handelt –, genau wie bei dieser Flamme, gibt es auch keine Seele im Sinne einer gleichbleibenden Einheit, sondern nur etwas Analoges zur Flamme, die sich ständig wandelt wie ein Fluss.

Buddha hält nichts von Substantiven, er hält nur was von Verben, und da gehe ich mit ihm konform. Er ist hier der Wahrheit am allernächsten gekommen – zumindest, was den sprachlichen Ausdruck angeht, ist er am tiefgründigsten.

Aber weshalb haben Jesus, Moses, Mohammed – die Quellen aller drei Religionen, die außerhalb Indiens entstanden –

nie geradeheraus über Reinkarnation geredet? Aus einem bestimmten Grund: Es hatte damit zu tun, dass Moses davon wusste ... denn es gab ständige Kontakte zwischen Ägypten und Indien. Es wird vermutet, dass Afrika einmal zu Asien gehörte und der Kontinent sich allmählich verschoben und wegbewegt hat. Indien und Ägypten waren ursprünglich näher miteinander verbunden, weshalb es auch so viele Ähnlichkeiten gibt. Und darum überrascht es auch nicht, dass die Menschen in Südindien von schwarzer Hautfarbe sind. Die Bevölkerung hat Anteile afrikanischen Bluts in ihren Adern, sie ist negroid – nicht völlig, aber wenn Afrika einmal mit Asien verbunden war, haben sich zweifellos Arier und Schwarzafrikaner miteinander vermischt, und so wurde Südindien schwarz.

Moses hat also mit Sicherheit vieles von Indien gewusst. Vielleicht überrascht es dich, aber Kaschmir erhebt den Anspruch, dass sowohl Moses als auch Jesus dort begraben seien. Ihre Grabstätten befinden sich bis heute dort – ein Grabstein für Moses und ein Grabstein für Jesus.

Moses und Jesus waren also Zeugen davon, wie sich die Reinkarnationslehre in Indien ausgewirkt hatte. Aufgrund der Reinkarnationslehre machte sich in Indien eine große Lethargie breit: Es gibt keinen Grund zur Eile. Indien hat kein Zeitgefühl, selbst heute nicht. Obwohl jeder eine Armbanduhr trägt, gibt es kein Zeitgefühl. Wenn jemand sagt: »Ich komme um fünf Uhr abends zu Ihnen«, kann es alles Mögliche bedeuten. Er kann um vier aufkreuzen, er kann um sechs aufkreuzen oder gar nicht – und man nimmt es ihm nicht übel! Nicht, dass diese Person ihr Versprechen nicht halten will, aber es gibt einfach kein Zeitgefühl. Wie kannst du ein Zeitgefühl haben, wenn die ganze Ewigkeit zur Verfügung steht! Wenn es so viele Leben gibt, wozu sich beeilen? Man kann sich Zeit lassen; früher oder später wird man schon ankommen.

Die Reinkarnationslehre hat Indien sehr lethargisch und träge gemacht. Sie hat bewirkt, dass Indien kein Zeitgefühl entwickelte. Sie hat dazu beigetragen, dass das Aufschieben zur Devise wurde. Und wenn du etwas auf morgen verschieben kannst, bleibst du heute einfach so, wie du immer warst, und das Morgen kommt nie. Und Indien weiß, wie man die Dinge nicht nur auf morgen, sondern sogar auf das nächste Leben verschiebt.

Moses und Jesus waren beide in Indien gewesen, und sie wussten Bescheid. Mohammed hat Indien nie besucht, aber er wusste es auch, weil Indien nahe genug lag und ein ständiger Austausch zwischen Indien und Arabien stattfand. Also hat jeder der drei für sich entschieden, es sei besser, den Leuten zu sagen: »Es gibt nur ein Leben, und dies ist eure letzte Chance! Die erste und die letzte, und wenn ihr sie verpasst, dann ist es für immer.« Mit dieser Strategie kann man in den Menschen eine intensive Sehnsucht erzeugen, eine Sehnsucht, die es ermöglicht, dass sie leichter transformiert werden.

Somit erhebt sich die Frage: Waren Mahavira, Buddha und Krishna sich dessen gar nicht bewusst? War ihnen nicht klar, dass die Reinkarnationslehre Lethargie erzeugt? Sie versuchten, eine völlig andere Strategie anzuwenden. Jede Methode hat ihre eigene Zeit; wenn sie einmal eingesetzt wurde, kann sie nicht immerfort weiter wirken. Die Menschen gewöhnen sich daran.

Als Buddha, Mahavira und Krishna diese Strategie der Reinkarnationstheorie anwandten, versuchten sie es aus einem völlig anderen Blickwinkel heraus. Indien war zu jener Zeit ein sagenhaft reiches Land. Es galt als das goldene Land der Welt, das reichste überhaupt. Und das wahre Problem in einem reichen Land, sein größtes Problem ist die Langeweile. Das spürt man jetzt im Westen, und alle verwestlichten Länder sind in der gleichen Situation: Langeweile ist zum größten Problem geworden. Die Menschen sind total gelangweilt, sie haben das Leben so satt, dass sie am liebsten sterben möchten.

Krishna, Mahavira und Buddha machten sich diese Situation zunutze. Sie sagten den Leuten: »Das ist gar nichts, die Langeweile eines einzigen Lebens ist gar nichts! Ihr habt schon so viele Leben hinter euch! Und vergesst nicht: Wenn ihr nicht auf uns hört, werdet ihr noch unzählige weitere Leben durchleben müssen, und ihr werdet euch immer und immer und immer wieder langweilen. Es ist immer das gleiche Rad von Leben und Tod, das sich ständig weiterdreht.«

Sie haben die Langeweile in solch düsteren Farben ausgemalt, dass sogar Leute, die schon von einem einzigen Leben gelangweilt waren, tatsächlich tief in die Religion einstiegen. Man musste dieses ewige Leben und Sterben loswerden können, man musste aussteigen können aus dem Rad, diesem Teufelskreis von Geburt und Tod! Darum war die Strategie damals relevant.

Später verarmte Indien. Und als das Land arm wurde, verschwand die Langeweile. Einem Armen ist nie langweilig, wohlgemerkt. Nur ein Reicher kann sich die Langeweile leisten; sie ist das Privileg der Reichen. Für einen Armen ist es bis heute unmöglich, Langeweile zu empfinden; er hat dafür keine Zeit. Den ganzen Tag muss er arbeiten, und wenn er nach Hause kommt, ist er so müde, dass er gleich einschläft. Er braucht nicht all die vielen Unterhaltungen – Fernsehen und Kino und Musik und Kunst und Museen –, all das braucht er nicht, er kann es nicht haben. Seine einzige Unterhaltung ist der Sex: ein Geschenk der Natur, von Haus aus mitgeliefert. Deshalb produzieren die armen Länder viel mehr Kinder als die reichen. Sex ist die einzige Unterhaltung, die sie haben.

Wenn ihr die Bevölkerung in den armen Ländern reduzieren wollt, liefert ihnen mehr Unterhaltung! Gebt ihnen Fernsehapparate, Radios, Kinos – alles, was sie vom Sex ablenkt.

Ich habe über amerikanische Paare gehört, sie seien so fernsehsüchtig, dass sie sogar beim Liebemachen weiter fernsehen. Die Liebe wird zur Nebensache, das Fernsehen kommt zuerst. Sie wollen um keinen Preis das Programm verpassen, das gerade läuft.

Ein armes Land kennt nur eine einzige Unterhaltung, weil es sich keine andere leisten kann; es kann sich nur die natürlichste, von der Natur vorgesehene Unterhaltung leisten. Also produziert ein armes Land immer mehr Kinder, und es wird immer dichter und dichter bevölkert. Sie haben das Leben nicht satt. Was für ein Leben denn? Bevor man das Leben sattbekommt, muss man überhaupt erst mal eines haben! Man muss erst genug Geld gehabt haben, ehe man es satt wird. Man muss erst viele Frauen gehabt haben, ehe man von ihnen genug hat. Man muss erst viel erlebt haben, ehe man mit der Welt fertig ist.

Als Indien arm wurde, bot die Reinkarnationslehre eine

Ausflucht, eine Hoffnung. An die Stelle der Langeweile trat die Hoffnung, die Möglichkeit, im nächsten Leben eine neue Chance zu bekommen. »In diesem Leben bin ich arm. Kein Grund zur Sorge! Es gibt so viele Leben. Im nächsten Leben werde ich mich ein bisschen mehr bemühen, dann werde ich reicher sein. In diesem Leben habe ich eine hässliche Frau. Kein Grund zur Sorge; es gibt nicht nur ein Leben. Beim nächsten Mal werde ich denselben Fehler nicht noch einmal machen! Dieses Mal muss ich leiden, wegen meiner früheren Karmas. Aber in diesem Leben werde ich nichts Unrechtes tun, damit ich das nächste Leben genießen kann.« So konnte man sich vertrösten und das Leben aufschieben.

Jesus erkannte das. Diese Strategie funktionierte nicht mehr, wie sie beabsichtigt gewesen war. Die Verhältnisse hatten sich geändert. Also musste Jesus nach einer anderen Methode greifen: Es gibt nur ein einziges Leben – wenn du also religiös sein willst, wenn du meditieren willst, wenn du ein Suchender sein willst, dann sei es *jetzt sofort* – denn das Morgen ist ungewiss. Vielleicht gibt es gar kein Morgen.

Das hat letztlich dazu geführt, dass der Westen so zeitbesessen geworden ist. Alle haben es eilig. Diese Eile, diese Hetzjagd geht auf das Konto der christlichen Religion. Auch diese Strategie hat versagt. Keine Methode kann ewig funktionieren.

Meine Erfahrung ist die, dass eine bestimmte Methode nur funktioniert, solange der Meister am Leben ist, denn er ist die Seele davon. Er bringt es zuwege, dass sie funktioniert. Sobald der Meister nicht mehr da ist, wird die Methode nicht mehr angewandt, oder man fängt an, sie auf eine neue Weise zu interpretieren.

Im Westen hat diese Strategie völlig versagt, und jetzt ist sie zum Problem geworden. Die Menschen sind ständig gehetzt, voller Spannung und Sorge, weil es für sie nur ein Leben gibt. Jesus wollte, dass sie daran denken: »Es gibt nur ein Leben, darum erinnert euch an Gott!« Und was tun sie? Wenn es nur ein Leben gibt, wollen sie essen, trinken und fröhlich sein, denn das Leben ist kurz. Man muss es auskosten, so gut man kann. Man muss den ganzen Lebenssaft aus ihm herauspressen! Und wen kümmert's, was am Tag des Jüngsten Gerichts passiert? Wer weiß, ob das Jüngste Gericht überhaupt existiert?

So ist im Westen eine große Hetzjagd entstanden, ein Gerangel um alles, was es in diesem einen Leben zu erlangen gilt.

Mary und John leben beide in einem großen Apartmenthaus in New York. Eines Tages laufen sie sich über den Weg und verlieben sich sofort ineinander, aber sie sprechen sich nicht an. Das geht sechs Monate lang so weiter, bis John es eines Tages nicht mehr aushält und Mary auf einen Drink zu sich einlädt. Zögernd sagt sie ja, und sobald sie in seinem Apartment ankommen und die Tür hinter sich zumachen, rennen sie ins Schlafzimmer und werfen sich aufs Bett.

Ein paar Minuten später sagt John mit heiserer Stimme: »Hör mal, das tut mir sehr leid. Aber wenn ich gewusst hätte, dass du noch Jungfrau bist, hätte ich mir mehr Zeit genommen.«

Mary antwortet: »Wenn ich gewusst hätte, dass du mehr Zeit hast, hätte ich den Slip natürlich ausgezogen.«

So eilig hatten sie's! Das reinste Tempofieber, immer schneller und schneller. Wen kümmert's, wo du hinwillst? Hauptsache schnell! Und immer rasantere Fahrzeuge müssen her!

Und für diese ganze Manie ist die Strategie, die Jesus anwandte, mitverantwortlich. Zu seiner Zeit hat sie funktioniert. Er sagte ständig zu seinen Leuten: »Gebt acht! Der Tag des Jüngsten Gerichts ist ganz nah! Noch in diesem Leben werdet ihr das Ende der Welt sehen, und ein anderes Leben gibt es nicht. Und wenn ihr es verpasst, kommt ihr für alle Ewigkeit in die Hölle!« Damit erzeugte er ein psychisches Klima, das funktionierte, solange er lebte, und noch einige Zeit danach, weil seinen engsten Jüngern noch etwas von jenem Klima, einer gewissen Aura Jesu, anhaftete. Aber danach erzeugte es genau die entgegengesetzte Wirkung.

So entstand die weltlichste Kultur, die die Welt je gesehen hat. Dabei war das Motiv dahinter gewesen, die Menschen durch die Vorstellung von einem einzigen Leben so wach und bewusst zu machen, dass sie nach Gott suchen und streben und alle anderen Wünsche und Beschäftigungen zurückstellen würden. Ihr ganzes Leben würde eine Einheit werden, ein konzentriertes Forschen und Suchen nach Gott. Das war der Wunsch, der dieser Strategie zugrunde lag. Letztlich ist aber dabei herausgekommen, dass die Menschen absolut weltlich geworden sind, denn es gibt ja nur dieses eine Leben und sonst nichts, und darum muss man es genießen, was das Zeug hält! Genießt hier und jetzt, und verschiebt nichts auf morgen!

Die indische Strategie scheiterte, weil die Menschen lethargisch wurden. Sie funktionierte aber bei Buddha, denn er schuf tatsächlich eine der größten religiösen Bewegungen auf der Welt. Tausende von Menschen entsagten ihrem weltlichen Leben und wurden *Sannyasins.* Das heißt, dass sie ihre gesamte Energie der Suche nach der Wahrheit widmeten, denn Buddha schuf ein solches Klima der Langeweile, dass man Angst hatte, sich ewig langweilen zu müssen, wenn man seine Chance verpasste.

Doch später geschah das genaue Gegenteil, und so wird es immer sein. Die Meister können nur missverstanden werden. Und die Leute sind so clever, so schlau, dass sie immer Wege finden, die ganze Methode zunichtezumachen.

Jesus wusste also sehr wohl Bescheid, dass das Leben ewig ist und die Reinkarnation eine Tatsache. Er sprach nur indirekt davon, vielleicht erwähnte er es vor seinen engeren Schülern, aber nicht vor der Menge. Und ich denke, er tat es deshalb, weil er am Beispiel Indiens sehen konnte, dass die Methode nicht funktioniert hatte und etwas anderes versucht werden musste.

Ich kreiere hier sehr viele verschiedene Methoden, weil andere versagt haben. Ich weiß auch ganz genau, dass meine Methoden nur funktionieren werden, solange ich hier bin. Sie sind genauso zum Scheitern verurteilt, wie jede andere Methode zum Scheitern verurteilt war. Ich lebe nicht in einem Wolkenkuckucksheim, zu denken, dass meine Methoden für immer so bestehen bleiben, wie ich sie geschaffen habe. Wenn ich nicht mehr hier bin, werden die Leute anfangen, sie zu verfälschen. Aber das ist ganz natürlich, das muss man akzeptieren. Darüber brauche ich mir keine Sorgen zu machen.

Darum an die, die jetzt hier sind: Bitte seid wachsam und benutzt diese Methoden so intensiv, wie ihr nur könnt. Solange ich hier bin, werden diese Methoden wunderbar funktionieren. In meinen Händen können sie großartige Grundlagen für eure innere Transformation sein, aber wenn meine Hände einmal nicht mehr sichtbar sind, werden dieselben Methoden in die Hände von Schriftgelehrten und Experten geraten, und dann wird sich wieder die gleiche Geschichte wiederholen wie in der Vergangenheit.

Seid achtsam, seid aufmerksam. Verschwendet nicht eure Zeit.

Ein Freund von mir, ein Informatiker, der eine Doktorarbeit über künstliche Intelligenz geschrieben hat, behauptet, der Mensch sei ein biochemischer Computer und nicht mehr. Buddha sagt, wir seien »Ansammlungen«, zusammengesetzt aus vielen Komponenten, und es gebe kein Selbst, keine Seele, keinen Geist und kein »Ich«. Das scheint mit dem Standpunkt meines Freundes übereinzustimmen. Kannst du mir bitte helfen? Ich habe das Gefühl, dass diesen Ansichten etwas fehlt, aber ich kann es selbst nicht erkennen.

Der Mensch ist zweifellos ein Biocomputer – aber auch noch etwas mehr.

Für die meisten Menschen trifft es zu, dass sie nur Biocomputer sind und nicht mehr. Normalerweise ist man nur Körper und Geist, und beides sind Ansammlungen verschiedener Komponenten. Solange man nicht in die Meditation eintaucht, kann man dieses »Noch-etwas-mehr«, nämlich das, was Körper und Geist transzendiert, nicht finden.

Die Psychologie, insbesondere die Verhaltenspsychologie, studiert den Menschen seit mehr als einem halben Jahrhundert, aber sie studiert immer den gewöhnlichen Menschen, und so wird ihre Grundthese natürlich in sämtlichen Studien bestätigt. Der gewöhnliche Mensch, der unbewusste Mensch, ist nicht mehr als ein Körper-Geist-Agglomerat. Der Körper ist der äußere Aspekt des Geistes, der Geist ist der innere Aspekt des Körpers. Beides wird geboren, und beides wird eines Tages wieder sterben.

Aber da gibt es noch etwas mehr. Dieses »Etwas-mehr« macht einen Menschen zum Erwachten, zu einem Erleuchteten, einem Buddha, einem Christus. Aber ein Buddha oder ein Christus stehen einem Pawlow, Skinner, Delgado und anderen für ihre Studien nicht zur Verfügung. Ihre Studien beschränken sich daher immer auf den unbewussten Menschen, und wenn man den unbewussten Menschen untersucht, wird man natürlich überhaupt nichts Transzendentales an ihm finden. Das Transzendentale existiert im unbewussten Menschen nur als ein Potenzial, als eine Möglichkeit, die noch nicht verwirklicht wurde. Es ist noch nicht real vorhanden, darum kann man es nicht zum Gegenstand einer Studie machen.

Man kann es nur an einem Buddha untersuchen – aber selbst dann ist eine solche Untersuchung aus naheliegenden Gründen sehr schwierig, wenn nicht unmöglich, denn das, was man an einem Buddha untersuchen würde, wäre wiederum nur sein Verhalten. Wenn man bereits überzeugt ist, dass da »nicht mehr« ist, wenn man bereits diese Schlussfolgerung gezogen hat, dann wird man sogar im Verhalten eines Buddhas nur die mechanischen Reaktionen und nicht seine

Spontaneität wahrnehmen können. Um diese Spontaneität sehen zu können, müsst ihr selbst eintauchen in die Meditation.

Die Psychologie kann erst dann zu einer wirklichen Psychologie werden, wenn Meditation zu ihrer Grundlage geworden ist. Das Wort »Psychologie« bedeutet »Wissenschaft von der Seele«. Allerdings ist die heutige Psychologie noch keine Wissenschaft von der Seele.

Buddha hat zweifellos die Existenz des Selbst, das Ego, das »Ich« geleugnet. Er hat aber nicht die Seele geleugnet, denn »Selbst« und »Seele« sind nicht gleichbedeutend. Er leugnet das Selbst, denn das Selbst existiert nur im unbewussten Menschen. Der unbewusste Mensch braucht eine bestimmte Vorstellung von »Ich«, sonst hätte er gar kein Zentrum. Er kennt nicht sein wahres Zentrum. Er muss sich ein falsches Zentrum erfinden, damit er in der Welt wenigstens funktionieren kann. Er könnte sonst unmöglich funktionieren. Er braucht irgendeine Vorstellung von »Ich«.

Bestimmt kennst du den berühmten Ausspruch von Descartes: *Cogito, ergo sum* – »Ich denke, also bin ich.«

Ein Professor, der die Philosophie von Descartes unterrichtete, wurde einmal von einem Studenten gefragt: »Herr Professor, ich denke – aber wie weiß ich, dass ich bin?«

Der Professor tat, als würde er sich suchend im Hörsaal umblicken. »Wer stellt diese Frage?«, sagte er.

»Ich«, antwortete der Schüler.

Man braucht also irgendeine Vorstellung von »Ich«, sonst wird es unmöglich zu funktionieren. Und weil wir das wahre »Ich« nicht kennen, ersetzen wir es durch ein falsches »Ich« – etwas Erfundenes, eine zusammengebastelte Fiktion.

Buddha leugnet das Selbst, weil für ihn das »Selbst« nur ein anderer Name für das Ego ist, mit einer leicht spirituellen Färbung. Ansonsten ist da kein Unterschied. Er gebraucht lieber das Wort *anatta. Atta* bedeutet »Selbst«, und *anatta* bedeutet »Nicht-Selbst«. Er leugnet aber nicht die Seele. In der Tat, erst wenn du das Selbst komplett fallen lässt, kannst du die Seele erkennen. Doch darüber sagt Buddha nichts, denn darüber lässt sich nichts sagen.

Buddhas Ansatz ist der Weg der Negation, *via negativa*. Er sagt: »Du bist nicht der Körper, du bist nicht der Geist, du bist nicht das Selbst.« Er verwirft Schicht um Schicht, weist alles von sich. Er verwirft alles, was du dir ausdenken kannst, bis so gut wie nichts mehr übrig ist. Aber darüber sagt er gar nichts, was schließlich übrig bleibt; denn das ist deine Wirklichkeit – ein reiner Himmel ohne Wolken, ohne Gedanken, ohne Identität, ohne Emotion, ohne Wunsch, ohne Ego – nichts bleibt übrig. Alle Wolken sind verschwunden … nur der reine Himmel.

Es lässt sich nicht ausdrücken, nicht benennen, nicht definieren. Darum schweigt er still. Er weiß, wenn er irgendetwas darüber sagen würde, kämest du sofort wieder zu deiner alten Vorstellung zurück. Würde er sagen: »Es gibt eine Seele in dir« – was würdest du darunter verstehen? Du würdest denken, er meint das Gleiche wie die Bibel, wenn du ein Christ bist. Ein Hindu würde denken: »Er nennt es Seele, was wir das Selbst nennen, aber er meint das Gleiche. Vielleicht das Höchste Selbst, das spirituelle Selbst; nicht das gewöhnliche Ego«. Aber egal, ob spirituell oder nicht spirituell: Diese Vorstellung, ein getrenntes Wesen zu sein, darum geht es in Wirklichkeit. Buddha bestreitet, dass du eine vom Ganzen abgetrennte Einheit seist. Du bist eins mit der organischen Einheit der Existenz, darum ist es überflüssig, von deiner Getrenntheit zu reden. Selbst das Wort »Seele« würde dir ein gewisses Bild von Getrenntheit vermitteln. Du könntest es nur auf deine eigene, unbewusste Weise verstehen.

Dein Freund meint also, dass der Mensch ein biochemischer Computer ist und nicht mehr. Aber wie kann ein biochemischer Computer so etwas sagen? Wie kann ein biochemischer Computer das Selbst oder die Seele leugnen? Weder ein Biocomputer noch irgendein anderer Computer hat auch nur die geringste Vorstellung von einem Selbst oder Nicht-Selbst. Aber dein Freund hat eine solche Vorstellung. Also kann er nicht bloß ein biochemischer Computer sein. Ein biochemischer Computer ist völlig außer Stande, eine Doktorarbeit über künstliche Intelligenz zu schreiben! Oder denkt er, eine künstliche Intelligenz könne eine Doktorarbeit über künstliche Intelligenz schreiben? Dazu braucht es noch etwas mehr.

Ist es verkehrt zu denken, dass Buddha mit dem Standpunkt deines Freundes übereinstimmt? Keineswegs. Buddhas Erfahrung entspringt der Meditation. Ohne Meditation kann sich kein Mensch eine Vorstellung davon machen, wovon Buddha eigentlich redet. Die Beobachtung deines Freundes erfolgt vom Standpunkt des wissenschaftlichen Betrachters: Es ist nicht seine Erfahrung, sondern seine Beobachtung. Er studiert biochemische Computer, künstliche Intelligenz, aber von außen. Und wer ist es, der das studiert?

Kannst du dir vorstellen, dass zwei Computer sich gegenseitig studieren? Der Computer kann nur das wissen, was man ihm eingegeben hat; mehr hat er nicht zur Verfügung. Ihm wurden bestimmte Informationen gegeben, und er speichert sie in seinem Gedächtnis – denn das ist sein Datenspeicher. Damit kann er wahre Wunder vollbringen, was die Mathematik angeht. Ein Computer ist ein viel besserer Rechner als jeder Albert Einstein. Aber eines kann der Computer nicht: meditieren. Oder kannst du dir einen Computer vorstellen, der einfach nur still dasitzt und nichts tut – und der Frühling kommt, und das Gras wächst von allein? …

Es gibt viele Qualitäten, die für einen Computer unerreichbar sind. Ein Computer kann zum Beispiel nicht lieben! Selbst wenn man viele Computer in einen Raum stellt, wird sich keiner von ihnen verlieben! Ein Computer kann keine Schönheit erleben. Ein Computer kennt keine Glückseligkeit. Ein Computer kann keine Bewusstheit haben. Ein Computer ist unfähig, die Stille zu spüren. Das alles sind Qualitäten, die beweisen, dass der Mensch der »künstlichen Intelligenz« etwas voraus hat.

Künstliche Intelligenz vermag wissenschaftliche Arbeiten, mathematische Berechnungen mit höchster Genauigkeit und Schnelligkeit zu erledigen, denn sie ist eine Maschine. Doch eine Maschine kann sich niemals dessen bewusst sein, was sie tut. Ein Computer kann keine Langeweile empfinden, ein Computer kann keine Sinnlosigkeit empfinden, ein Computer kann keine Angst erleben. Ein Computer kann sich nicht auf die Suche nach der Wahrheit machen, er kann nicht der Welt entsagen und ein Suchender werden, er kann nicht in die Berge oder ins Kloster gehen. Ein Computer hat keine

Möglichkeit, sich etwas vorzustellen, was über das Mechanische hinausgeht. Und alles, was im Leben von Bedeutung ist, ist jenseits von Mechanik.

Wie kann man zwischen erleuchteter Selbstliebe und Egomanie unterscheiden?

Es gibt da einen feinen, aber sehr klaren Unterschied, gar nicht schwierig: Wenn du an Egomanie leidest, wird es dir mehr und mehr Leid einbringen. Das Leid ist der Hinweis, dass man krank ist.

Die Egomanie ist eine Krankheit, ein Krebsgeschwür der Seele. Die Egomanie erzeugt mehr und mehr Spannung in dir, mehr und mehr Krampf. Sie erlaubt dir überhaupt nicht mehr, dich zu entspannen. So wird sie dich allmählich in den Wahnsinn treiben.

Selbstliebe ist genau das Gegenteil von Egomanie. In der Selbstliebe gibt es kein Selbst, nur Liebe. In der Egomanie gibt es keine Liebe, nur Selbst. In der Selbstliebe fängst du an, dich immer mehr zu entspannen. Ein Mensch, der sich selbst liebt, ist völlig entspannt. Jemand anderen zu lieben, kann eine gewisse Spannung erzeugen, weil mit dem Partner nicht immer Harmonie herrscht. Der Andere hat seine eigenen Vorstellungen, der Andere ist eine Welt für sich. Dadurch besteht immer die Möglichkeit, dass man aneinandergerät und dass es kracht. Es gibt viele Anlässe für ein Donnerwetter, denn der Andere lebt in seiner eigenen Welt. Es ist ein ständiges unterschwelliges Gerangel.

Aber wenn du dich selbst liebst, gibt es keinen Anderen. Dann gibt es keinen Konflikt – nur reine Stille, unermessliche Freude. Du bist allein; nichts kann dich stören. Der Andere wird überhaupt nicht gebraucht. Und in meinen Augen ist nur jemand, der einer so tiefen Selbstliebe fähig geworden ist, auch fähig, andere zu lieben. Wenn du dich selbst nicht lieben kannst, wie willst du andere lieben können? Zuerst muss es im eigenen Hause passieren, in dir selbst, bevor es sich auf andere ausdehnen kann.

Die Menschen versuchen, andere zu lieben, und sind sich dabei überhaupt nicht bewusst, dass sie noch nicht einmal sich selbst lieben können. Wie kannst du dann andere lieben? Was man nicht hat, kann man mit niemandem teilen. Du kannst anderen nur das geben, was schon in dir ist.

Der erste und grundlegende Schritt in Richtung Liebe ist also die Selbstliebe – aber es ist kein Selbst darin. Lass mich das erklären.

Das »Ich« entsteht erst im Gegensatz zum »Du«. »Ich« und »Du« gehören immer zusammen. Das »Ich« kann in zwei verschiedenen Dimensionen existieren. Die eine ist die des »Ich-Es«: du und dein Haus, du und dein Auto, du und dein Geld – »Ich-Es«. Bei diesem »Ich« der »Ich-Es«-Beziehung ist dein »Ich« fast wie ein Ding. Es ist nicht bewusst; es schläft tief und fest. Dein Bewusstsein ist nicht vorhanden. Dann bist du wie die Dinge – ein Ding unter Dingen: ein Teil deines Hauses, ein Teil deines Mobiliars, ein Teil deines Geldes.

Ist dir das schon aufgefallen? Ein Mensch, der sehr gierig nach Geld ist, nimmt mit der Zeit die Eigenschaften des Geldes an. Er wird wie das Geld. Er verliert seine spirituelle Qualität, seine Seele. Er reduziert sich zu einem Ding. Wenn du das Geld liebst, wirst du wie das Geld. Wenn du dein Haus liebst, wirst du mit der Zeit zu einem materiellen Ding. Was man liebt, das wird man. Liebe ist Alchemie. Gib acht, dass du nicht das Falsche liebst, denn es wird dich transformieren! Nichts verwandelt dich so wie die Liebe. Darum liebe das, was dich emporhebt, zu höheren Dimensionen führt. Liebe das, was über dich hinausweist.

Das ist das ganze Anliegen der Religion: deiner Liebe ein Objekt wie Gott zu geben, damit du nicht abstürzen kannst. Du sollst höher steigen.

Die eine Art von »Ich« existiert also als »Ich-Es«. Die andere Art existiert als »Ich-Du«. Wenn du einen Menschen liebst, entsteht dieses andere »Ich« in dir, das »Ich« der »Ich-Du«-Beziehung. Wenn du einen Menschen liebst, wirst du menschlich.

Aber wie ist es mit der Selbstliebe? – Da ist weder ein »Es« noch ein »Du«. Dann verschwindet das »Ich«, weil das »Ich« nur im Zusammenhang mit »Es« oder »Du« existieren kann. »Ich« ist die Gestalt, »Es« und »Du« fungieren als Umfeld. Wenn das Umfeld verschwindet, verschwindet auch das »Ich«. Wenn du allein bist, dann *bist* du, aber ohne das »Ich«. Du fühlst dich nicht als »Ich«. Du bist einfach ein tiefes »Bin«. Üblicherweise sagen wir: »Ich bin«. Im Zustand der tiefen Liebe zu dir selbst verschwindet das »Ich« und nur das »Bin«, das reine Sein, die reine Existenz, bleibt übrig. Das wird dich mit unendlicher Seligkeit erfüllen. Es macht aus dir einen Jubelgesang, ein Freudenfest.

Diesen Unterschied kannst du problemlos feststellen.

Wenn du immer unglücklicher wirst, befindest du dich auf dem Trip des Egomanen. Wenn du immer ruhiger, stiller, glücklicher und gesammelter wirst, schreitest du auf einem anderen Weg voran – dem Weg der Selbstliebe.

Auf dem Ego-Trip wirst du destruktiv für andere, denn das Ego versucht immer, auf Kosten des »Du« zu leben und es zu vernichten. Gehst du aber in Richtung Selbstliebe, dann verschwindet das Ego. Und wenn das Ego verschwindet, lässt du den Anderen so sein, wie er oder sie ist. Du gibst ihm totale Freiheit. Wenn du ohne Ego bist, kannst du den Menschen, den du liebst, nicht in ein Gefängnis stecken, kannst ihm keinen Käfig bauen. Dann lässt du ihn frei fliegen, wie einen Adler hoch oben am Himmel. Dann lässt du ihm die Freiheit, er oder sie selbst zu sein. Du lässt ihn völlig frei.

Liebe gibt völlige Freiheit. Liebe *ist* Freiheit – Freiheit für dich selbst und Freiheit für das Objekt deiner Liebe. Ego ist Versklavung – Versklavung für dich selbst und Versklavung für dein Opfer.

Das Ego kann dir aber verborgene Streiche spielen. Es ist sehr gerissen, und seine Wege sind raffiniert: Es kann sogar in der Maske der Selbstliebe auftreten.

Dazu will ich dir eine kleine Geschichte erzählen:

Mulla Nasruddins Gesicht hellte sich auf, als er den Mann wiedererkannte, der vor ihm die Stufen zur U-Bahn hinabstieg. Er klopfte dem Mann so herzhaft auf die Schulter, dass dieser beinahe umfiel, und dabei rief er: »Mensch, Goldberg! Jetzt hätte ich dich beinahe nicht erkannt! Mann, du hast ja mindestens 30 Pfund zugelegt, seit ich dich zuletzt gesehen habe! Und die Nase hast du dir auch operieren lassen! Und ich schwöre, du bist mindestens zehn Zentimeter gewachsen!«

Der andere Mann schaute ihn finster an und sagte

eisig: »Verzeihen Sie, mein Herr, aber ich heiße nicht Goldberg.«

»Na so was!«, sagte Mulla Nasruddin. »Du hast sogar deinen Namen geändert?«

Das Ego ist unheimlich schlau und selbstgerecht. Es redet sich immer heraus. Wenn du nicht sehr gut aufpasst, kann es sich sogar hinter der Selbstliebe verstecken. Dann wird es das Wort »Selbst« als Schutzschild benutzen. Es wird sagen: »Ich bin dein Selbst.« Das Ego kann sein Gewicht verändern, seine Größe verändern, seinen Namen verändern. Und weil es nur eine Vorstellung ist, hat es damit überhaupt kein Problem: Es kann kleiner werden, es kann größer werden. Es ist ja nur dein Fantasieprodukt.

Also pass auf! Wenn du wirklich in der Liebe wachsen willst, ist große Achtsamkeit nötig. Jeder Schritt muss mit viel Bewusstheit getan werden, damit das Ego keine Schlupflöcher findet, in denen es sich verstecken kann.

Dein wahres Selbst ist weder »Ich« noch »Du«, es ist weder »Du« noch der Andere. Dein wahres Selbst ist ganz und gar transzendental. Was du »Ich« nennst, ist nicht dein wahres Selbst. »Ich« ist etwas, das du der Wirklichkeit übergestülpt hast. Wenn du jemanden »Du« nennst, sprichst du nicht das wahre Selbst von ihm an. Du hast ihm nur wieder ein Etikett aufgedrückt. Wenn alle Etiketten wegfallen, bleibt das wahre Selbst übrig. Und das wahre Selbst ist etwas, das du mit allen anderen teilst. Das wahre Selbst ist eins mit dem Universum.

Deshalb können wir sagen, dass wir alle am gemeinsamen Sein teilhaben; wir sind Teile voneinander. Unsere wahre

Realität ist Gott. Wir mögen wie Eisberge auf dem Ozean dahintreiben und getrennt erscheinen, doch wenn wir schmelzen, bleibt nichts von uns übrig. Dann verschwinden die Konturen, verschwinden die Begrenzungen, und der Eisberg wird nicht mehr da sein. Er wird eins sein mit dem Ozean.

Das Ego ist ein Eisberg. Lass ihn schmelzen. Lass ihn dahinschmelzen in tiefer Liebe, sodass er sich auflöst und du eins wirst mit dem Ozean.

Ich habe gehört ...

Der Richter sagte mit strenger Miene: »Mulla, deine Frau behauptet, du hättest sie mit einem Baseballschläger auf den Kopf geschlagen und die Treppe hinuntergeworfen. Was hast du zu deiner Verteidigung vorzubringen?«

Mulla Nasruddin rieb sich die Nase und überlegte. Schließlich sagte er: »Euer Ehren, ich denke, in diesem Fall gibt es drei Seiten: die Geschichte meiner Frau, meine Geschichte und die Wahrheit.«

Da hat er wohl Recht, denn er sagt damit: »Man denkt, die Wahrheit hätte zwei Seiten, aber in diesem Fall hat sie drei Seiten.« – Und damit liegt er völlig richtig. Es gibt deine Geschichte, meine Geschichte und die Wahrheit: »Ich« und »Du« und die Wahrheit.

Die Wahrheit ist weder »Ich« noch »Du«. Ich und Du sind eine anmaßende Projektion auf die unermessliche Wahrheit. »Ich« ist nicht wahr, »Du« ist nicht wahr – aber beides ist nützlich und zweckmäßig in dieser Welt. Ohne »Ich« und »Du« ließe sich die Welt nur schwer bewältigen. Gut, benutze es, aber es sind nur Hilfsmittel der äußeren Welt. In Wirklichkeit gibt es weder »Du« noch »Ich«.

Da existiert irgendetwas oder irgendjemand oder irgendeine Energie, die grenzenlos ist und keine Trennlinien kennt. Daraus kommen wir und darin verschwinden wir wieder.

Ich habe dich sagen hören, dass Buddha nicht über Gott geredet hat, weil er nicht zu beweisen ist. Aber schon im nächsten Atemzug redet er von anderen Leben und Reinkarnation. Wie passt das zu den wissenschaftlichen Tatsachen? Buddha sagt, es gibt keine Seele. Was bleibt dann nach dem Tod? Was ist Reinkarnation? Ich habe so eine vage Vorstellung, dass das, was bleibt, das Formlose sein könnte. Kann dies aber eine individuelle Ausprägung haben? Dieselbe Welle wird nicht wiedergeboren.

Diese Frage ist äußerst bedeutsam. Einer der grundlegendsten Beiträge Buddhas zum menschlichen Bewusstsein ist der Begriff des *Nicht-Selbst*. Das ist eine sehr komplexe Sache. Um das verstehen zu können, musst du sehr still und aufmerksam zuhören, denn es widerspricht allen Denkschablonen, auf die du programmiert wurdest.

Zunächst einige Gleichnisse, um dir eine Vorstellung zu geben, was Buddha mit »Nicht-Selbst« meint. Dein Körper ist ein Hautsack. Die Haut definiert die Umrisse deines Körpers, sie definiert, wo du aufhörst und wo die Welt anfängt. Die Haut bildet die Grenze zu dem, was dich umgibt. Sie ist deine äußere Hülle, die dich vor der Welt schützt und gleichzeitig von ihr trennt. Durch bestimmte Öffnungen ermöglicht sie es dir, in die Welt hinauszutreten oder die Welt in dich hereinzulassen. Ohne Haut könntest du nicht existieren. Du wärest ohne Grenzen zu allem, was dich umgibt. Aber du bist nicht deine Haut. Und außerdem verändert sich die Haut ständig.

Wie eine Schlange, die wieder und wieder aus ihrer alten Haut herausschlüpft, häutest auch du dich immer wieder. Die Physiologie sagt, der Mensch würde in einer Lebensspanne von 70 Jahren fast zehn Mal vollständig seine Haut wechseln. Allerdings geht dieser Prozess so langsam vor sich, dass man sich dessen nie bewusst wird. Die Veränderung in jedem Augenblick ist so winzig, dass du es gar nicht merkst; deine Sinne sind nicht so feinfühlig. Die Veränderung ist sehr subtil. Du häutest dich ständig, und trotzdem hältst du dich für diesen Körper, als wäre er immer der gleiche. Es ist aber nicht der gleiche Körper; es ist ein Kontinuum.

Am ersten Tag im Schoß deiner Mutter warst du nur eine kleine Zelle, für das bloße Auge unsichtbar. Das war zu diesem Zeitpunkt deine Außenhaut, das war dein Körper. Dann fingst du an zu wachsen. Und neun Monate später wurdest du geboren – mit einem völlig anderen Körper! Wenn du dich plötzlich als Neugeborenes wiederfändest, gerade einen Tag alt, würdest du dich nicht wiedererkennen, so sehr hast du dich verändert! Aber trotzdem meinst du, der Gleiche zu sein. Auf eine Weise bist du der Gleiche, denn du bist das, was ständig da ist. Auf eine andere Weise bist du nicht der Gleiche, weil du dich kontinuierlich veränderst.

Und wie eine Haut ist auch das Ego. Die Haut, deine

äußere Hülle, hält deinen Körper innerhalb bestimmter Umrisse, einer bestimmten Struktur, einer Begrenzung. Das Ego hält den Inhalt deines Verstandes innerhalb bestimmter Grenzen. Das Ego ist wie eine innere Hülle, durch die du weißt, wer du bist. Ohne sie wärest du verwirrt und wüsstest nicht mehr, wo du bist, wo die Grenze ist zwischen dir und dem Anderen.

Die Vorstellung des Ich, des Selbst, des Ego definiert dich und verleiht dir eine zweckmäßige Begrenzung. Sie schafft eine eindeutige Trennung zwischen dir und dem Anderen. Aber sie ist auch wie eine Haut, eine subtile Hülle, die den gesamten Inhalt deiner Psyche, deines Denkens und Fühlens, in sich birgt: Erinnerungen, Vergangenheit, Wünsche, Pläne, Zukunft, Gegenwart, Liebe, Hass, Wut, Traurigkeit, Glück – alles ist darin enthalten wie in einem großen Sack. Aber du bist auch nicht das Ego. Auch das Ego wandelt sich ständig, noch mehr als die körperliche Haut. In jedem Moment ist es anders.

Buddha verwendet dafür das Gleichnis einer Flamme. Das Licht einer Lampe wird angezündet: Du siehst die Flamme, wie sie flackert und sich ständig wandelt – sie bleibt nie gleich. Wenn du die Lampe am Morgen ausbläst, ist die Flamme nicht dieselbe, die du angezündet hast. Während der ganzen Nacht hat sie sich ständig erneuert.

In jedem Augenblick verschwindet die Flamme im Rauch und wird durch eine neue Flamme ersetzt. Doch dieser Wechsel geht so schnell, dass du die Lücke nicht sehen kannst, den Moment, in dem die eine Flamme verschwindet und die nächste kommt. Auch diese verschwindet wieder und die nächste kommt. Die Bewegung ist so rasch, dass man die

Lücke dazwischen nicht wahrnimmt. Das Licht brennt kontinuierlich, aber es ist nicht dieselbe Flamme. Und trotzdem scheint die Flamme identisch zu sein, aufgrund der Kontinuität. Aus der Flamme wird ständig eine neue Flamme geboren.

Es ist so, wie du aus deinen Eltern geboren wurdest – als Kontinuität. Du bist nicht mit ihnen identisch, bist weder dein Vater noch deine Mutter. Aber gleichzeitig bist du sowohl dein Vater als auch deine Mutter, weil du dieselbe Tradition fortsetzt, dieselbe Linie, dasselbe Erbe.

Buddha sagt, das Ich sei eine Kontinuität, keine Substanz. Ein Kontinuum – wie die Flamme, wie der Fluss, wie der Körper.

Nun stellt sich folgendes Problem … Nehmen wir einmal an, der Mensch stirbt, und mit seinem Tod verlöscht alles – und es bleibt vielleicht nur eine Flamme. Wenn nun Buddha behauptet, der Mensch werde wiedergeboren, stellt sich aber die Frage: Wer wird da wiedergeboren?

Wieder sind Gleichnisse hilfreich: Hast du schon einmal ein großes Haus brennen sehen? Oder warst du Zeuge eines Waldbrandes? Dabei lässt sich das Phänomen beobachten, dass die Flammen einfach von einem Baum zum nächsten springen. Die Flamme hat keine Substanz; es ist nur eine Flamme. Sie hat keine materielle Grundlage; es ist reine Energie, ein bestimmtes Quantum an Energie. Sie springt einfach von einem Baum zum nächsten und steckt ihn in Brand.

Oder wenn wir eine Fackel anzünden, indem wir sie in die Nähe einer brennenden Fackel halten: Was geschieht da? Die Flamme springt über, von der brennenden Fackel auf die andere, noch nicht brennende Fackel. Es ist ein Sprung, ein Quantensprung. Die reine Flamme springt über und setzt damit eine neue Kontinuität in Gang.

Oder gerade so, wie du mir jetzt zuhörst, kannst du ein Radio einschalten und wirst plötzlich ein bestimmtes Programm von einem Sender hören, das soeben im Äther übertragen wird. Dazu brauchst du nur einen Empfänger. Wenn ein Empfänger vorhanden ist, kannst du etwas empfangen, das aus London oder Moskau oder Peking gesendet wird.

Es wird keine Substanz übertragen, nur Gedankenwellen, die von Peking nach Berlin überspringen ... Gedankenfrequenzen, keine Substanz. Du kannst sie nicht in der Hand halten, kannst sie nicht sehen, aber dennoch sind sie vorhanden, weil dein Radiogerät oder dein Fernseher sie auffängt.

Nun sagt Buddha, dass beim Sterben eines Menschen die angehäuften Wünsche seines ganzen Lebens, die gesammelten Erinnerungen seines ganzen Lebens, all seine Gedanken- und Handlungsmuster, die Karmas seines ganzen Lebens als Energiewellen in einen neuen Schoß überspringen. Es ist tatsächlich wie ein Sprung – und das gleiche Wort verwenden auch die Physiker. Sie nennen es »Quantensprung« – ein Überspringen reiner Energie ohne jegliche Substanz.

Buddha war der erste Quantenphysiker. Einstein kam erst 25 Jahrhunderte später, aber sie sprechen die gleiche Sprache. Und ich behaupte nach wie vor, dass Buddha völlig wissenschaftlich ist. Seine Sprache ist die der modernen Physik. Er war seiner Zeit um 25 Jahrhunderte voraus.

Wenn ein Mensch stirbt, verschwindet der Körper, der materielle Anteil löst sich auf. Der immaterielle Anteil, der psychisch-mentale Anteil ist eine Schwingung, und diese

Schwingung wird freigesetzt. Sie wird »gesendet«, und wenn ein passender Mutterschoß zum Empfang dieser Schwingung bereit ist, kann sie dort eintreten.

Da ist nichts, was weiterbesteht, kein Selbst, kein Ego, das weiterbesteht. Es ist nicht notwendig, dass irgendeine Substanz weiterbesteht. Es ist ein reiner Energieschub. Man muss betonen, dass es wieder der gleiche Sack, die gleiche Hülle des Ego ist, die diesen Sprung vollzieht. Das alte Haus ist unbewohnbar geworden, der alte Körper nicht mehr lebensfähig. Die alte Begierde, die Lust nach Leben – Buddha verwendet das Wort *tanha* (dt.: Lebenslust) – ist noch wach und brennt weiter. Und genau dieses Begehren nach Leben löst den Sprung aus.

Nun sagt die moderne Physik: »Es gibt keine Materie.« Siehst du diese total stabile Wand hinter mir? Sie ist undurchdringlich, und wenn du versuchst, sie zu durchdringen, wirst du dich verletzen. Doch die moderne Physik sagt, da sei nichts Festes, nichts von Substanz. Es sei lediglich reine Energie, die sich aber mit solch einer ungeheuren Geschwindigkeit bewegt, dass dadurch die Illusion entsteht, die Wand sei fest. Es entsteht nur der Anschein von Festigkeit.

Wenn du einen rotierenden Ventilator beobachtest, kannst du die Rotorflügel gar nicht sehen. Es sind nur drei Flügel, aber sie rotieren so schnell, dass sie wie eine feste Scheibe, eine kreisförmige Platte aussehen. Die Abstände zwischen den Flügeln sind nicht sichtbar. Könnte man die Luft, die von einem Ventilator bewegt wird, genauso schnell bewegen, wie die Elektronen sich bewegen, also mit einer ungeheuren Geschwindigkeit, dann würde man von dem Luftpolster getragen, ohne herunterzufallen. Du könntet dich draufsetzen, wie ich auf meinem Sessel sitze, und würdest keine Bewegung spüren, weil es so schnell geht.

Genauso ist es auch mit meinem Sessel, und das Gleiche spielt sich unter dir mit dem Fußboden ab. Von wegen Marmorboden – das ist nur der Anschein! Die Energieteilchen bewegen sich so schnell, dass ihre Bewegung, ihre Geschwindigkeit, die Illusion einer Substanz erzeugt. Die Substanz existiert aber gar nicht, nur reine Energie existiert. Deshalb sagt die heutige Wissenschaft, dass Materie gar nicht existiert, nur immaterielle Energie existiert.

Darum bezeichne ich Buddha als durch und durch wissenschaftlich. Er redet nicht von Gott, aber er redet vom immateriellen Nicht-Selbst. So wie die moderne Wissenschaft die Idee der Substanz aus ihrer Metaphysik ausgeklammert hat, so hat Buddha die Idee des Selbst aus seiner Metaphysik ausgeklammert. Selbst und Substanz sind Korrelate. Es ist kaum zu glauben, dass die Wand nicht-substanziell ist, und ebenso schwer fällt es zu glauben, dass kein Selbst in dir vorhanden ist.

Ein paar Dinge, um dies noch mehr zu verdeutlichen. Ich will nicht behaupten, dass du es dann verstehen wirst, aber es wird das Ganze etwas klarer machen.

Du gehst, gehst spazieren, machst einen Morgenspaziergang. Der sprachliche Ausdruck stellt uns vor ein Problem, wenn wir sagen: »Du gehst«. In unserer Sprache selbst liegt das Problem. Sobald wir sagen, dass jemand geht, gehen wir davon aus, dass da jemand ist, der geht – der Spaziergänger. Nun stellt sich die Frage: Wie ist Gehen möglich, wenn es keinen Gehenden gibt?

Denn genau das sagt Buddha: Es gibt keinen Gehenden,

nur das Gehen. Das Leben, sagt Buddha, besteht nicht aus Dingen, das Leben besteht aus Ereignissen. Und genau dasselbe sagt auch die moderne Wissenschaft: Es gibt nur Prozesse, keine Dinge – nur Ereignisse.

Selbst zu sagen, dass das Leben existiert, stimmt nicht. Es existieren nur Tausende und Abertausende von Lebensprozessen. »Leben« ist nur eine Idee. So etwas wie »das Leben« gibt es gar nicht.

Am Himmel siehst du eines Tages schwarze Wolken sich auftürmen, und schon gibt es Blitz und Donner. Wenn es blitzt, kannst du fragen: »Was steckt hinter den Blitzen? Wer macht sie? Was ist ein Blitz?« Natürlich wirst du sagen: »Ein Blitz ist einfach ein Blitz. Da steckt niemand dahinter. Es ist ein Vorgang. Es ist nicht so, dass da etwas wäre, was die Blitze hervorbringt. Es blitzt einfach.«

Die Dualität wird erst durch unsere Sprache geschaffen. Du gehst – Buddha sagt, da ist nur »Gehen«. Du denkst – Buddha sagt, da ist nur »Denken«, kein Denker. Der *Denker* wird erst durch die Sprache geschaffen. Weil wir eine Sprache verwenden, die auf Dualität beruht, macht sie aus allem eine Dualität.

Während du denkst, tummelt sich da ein Schwarm von Gedanken – in Ordnung! Aber da ist kein Denker. Wenn du das wirklich verstehen willst, musst du tief meditieren, um an den Punkt zu kommen, wo das Denken verschwindet. In dem Moment, wo das Denken verschwindet, wirst du dich wundern: Der Denker ist ebenfalls verschwunden. Mit dem Denken verschwindet auch der Denker. Er existierte nur scheinbar, weil der ständige Gedankenstrom diesen Anschein erweckte.

Du siehst einen Fluss. Existiert der Fluss wirklich, oder ist er nur Bewegung? Gäbe es den Fluss auch ohne die Bewegung? Würde man die Bewegung wegnehmen, so würde auch der Fluss verschwinden. Es gibt also keinen Fluss, der in Bewegung ist, sondern der Fluss ist nichts anderes als »*Flussen*«.

Die Schwierigkeit rührt von der Sprache her. Vielleicht wurde Buddha aufgrund der sprachlichen Struktur gerade in Ländern wie Japan, China und Birma so wichtig und konnte nur dort so starke Wurzeln schlagen, weil diese Länder eine völlig andere Sprache haben. Es ist sehr wichtig zu verstehen, warum er für das chinesische Denken, die chinesische Mentalität so wichtig wurde. Wieso konnte China ihn verstehen, und Indien nicht? China hat eine andere Sprache, und sie passt absolut zur buddhistischen Gedankenwelt. Die chinesische Sprache ist nicht dualistisch. Die chinesische, koreanische, japanische, birmanische Sprache ist völlig anders aufgebaut als Sanskrit, Hindi, Englisch, Griechisch, Latein, Französisch, Deutsch – sie haben eine völlig andere Struktur.

Als die Bibel zum ersten Mal ins Birmanische übersetzt wurde, gab es viele Schwierigkeiten, weil etliche Sätze sich überhaupt nicht übersetzen ließen. In der Übersetzung geht der ganze Sinn verloren. Zum Beispiel kann ein so einfacher Satz wie »Gott ist« nicht ins Birmanische übersetzt werden. In der Übersetzung wird daraus: »Gott wird«. Man kann »Gott ist« nicht übersetzen, weil es im Birmanischen keine Entsprechung für das Wort »*ist*« gibt – denn *ist* impliziert etwas Statisches.

Wir können sagen: »Der Baum ist«, aber auf Birmanisch muss es heißen: »Der Baum wird«, nicht *ist*. Es gibt keine Entsprechung für *ist*. Der Baum *wird*. In dem Moment, da du sagst, dass der Baum *ist*, hat der Baum sich schon verändert. Es ist nicht mehr der gleiche Baum, warum also sagst du *ist*? Das macht aus ihm etwas Statisches. Er ist aber nicht statisch, sondern ein flussähnliches Phänomen. Ich muss sagen: »Baum ist im Werden« oder: »Baum ist werdend«, aber auf Birmanisch wird daraus: »Baum werdend«. Das *ist* wird fehlen. »Der Fluss ist« – übersetzt wird daraus auf Birmanisch: »Fluss bewegend«. Die genaue Übersetzung auf Birmanisch würde lauten: »Fluss *flussend.*«

Zu sagen: »Gott werdend«, macht aber die Sache total schwierig, weil die Christen das so nicht sagen können. Gott ist vollkommen; er kann nicht »werden«. Er ist kein Prozess, er hat kein Wachstumspotenzial; er ist schon angekommen. Er ist das Absolute. Was soll das heißen: »*Werden*«? Werden ist nur möglich, wenn etwas unvollkommen ist. Gott ist vollkommen, er kann nichts werden. – Wie soll man das also übersetzen? Sehr schwierig.

Doch Buddha konnte auf Anhieb in die Gedankenwelt der Birmanen, Chinesen, Japaner, Koreaner eindringen; er wurde sofort angenommen. Die strukturelle Eigenart ihrer Sprachen machte es möglich; sie konnten Buddha ganz leicht verstehen.

Das Leben läuft nur in Ereignissen, Geschehnissen ab. Essen geschieht, aber kein Esser ist da. Beobachte dich mal beim Essen. Gibt es den Esser? Wie ist das, wenn du dich hungrig fühlst? Hunger geschieht, aber da ist keiner, der hungrig ist. Du isst etwas: Essen geschieht, aber da ist keiner, der ein Esser ist. Dein Hunger wird gestillt, und du fühlst dich satt: Sättigung geschieht, aber da ist keiner, der satt ist.

Laut Buddha besteht das Leben aus Ereignissen. Leben

bedeutet zu leben. Leben ist kein Nomen, sondern ein Verb. Alles besteht aus Verben. Beobachte, und du kannst es sehen: Alles ist Werden; nichts ist statisch.

Der englische Physiker Eddington sagte einmal, die englische Sprache habe ein paar Wörter, die absolut unrichtig seien, zum Beispiel: *rest*, »Ruhe«. Nichts sei jemals in Ruhe. Der ganze Begriff sei falsch, weil es in der Realität dazu keine Entsprechung gebe. Oder hast du je etwas »in Ruhe« gesehen? Selbst wenn du »in Ruhe« bist, ist es kein Ruhezustand, sondern ein Vorgang, etwas ist am Ruhen, »ruhend«. Es geschieht etwas; du atmest noch!

Wenn du Ruhe brauchst, legst du dich hin und entspannst dich. Aber da ist keine Ruhe, kein Stillstand. Es passiert ganz viel, tausenderlei Dinge ereignen sich. Hast du je etwas gesehen, was »in Ruhe« war? Unmöglich! Ruhe existiert nicht. Selbst bei einem Toten gibt es keine »Ruhe«; der Körper setzt seine Prozesse weiter fort.

Manchmal kommt es vor – du hast vielleicht noch nie davon gehört –, aber dort, wo Menschen ihre Toten in der Erde begraben, bei den Muslimen, den Christen, ist es vorgekommen, dass einem Toten noch der Bart wuchs, dass sein Haar länger wurde, die Nägel noch weiterwuchsen, obwohl die Person bereits tot war!

Wie unheimlich! Ein verstorbener Mann wird rasiert und in sein Grab gelegt, und als sechs Monate später das Grab geöffnet wird, hat er einen Bart! Was soll man dazu sagen? Ist er nun tot oder lebendig? Du würdest einen großen Schreck bekommen. Du wirst nach Hause rennen, und dieses Gesicht wird dich in der Nacht verfolgen. Was ist da los? Wie ist es möglich, dass einem Toten noch der Bart wächst? Und wenn sein Bart noch wachsen kann, ist er wirklich tot oder nur scheintot?

Leben geschieht in Millionen von Vorgängen. Selbst wenn dein Ego von dieser Station verschwindet, wenn es von diesem Flughafen abhebt und in einem anderen Schoß landet, gehen viele Prozesse noch weiter. Nicht alle Prozesse hören auf, denn es gibt viele Prozesse, die nichts mit dem Ego zu tun haben. Sie hängen nicht vom Ego ab – dein Ego kann dahingehen, aber sie gehen noch weiter. Die wachsenden Haare, die wachsenden Nägel haben nichts mit deinem Ego zu tun.

Und unmittelbar nachdem dein Ego sich verabschiedet hat, werden Millionen winziger Mikroben aktiv und fangen an zu arbeiten und ihre Aufgabe zu erfüllen. Es geht zu wie auf einem Marktplatz! Auf diese Art wird es total lebendig in dir. Da wird etwas los sein! Unzählige Mikroben rasen durch die Gegend, laufen von hier nach da, treffen sich und lieben sich, heiraten und sterben, und das alles wird ganz von allein passieren! Sobald du den Körper verlässt, wird er zu einem Landeplatz für viele andere Wesen, die schon darauf warten und sagen: »Bitte geh jetzt! Lass uns hereinkommen.«

Das Leben ist ein kontinuierlicher Prozess – und nicht nur *ein* Prozess, sondern viele Prozesse, ein Kontinuum.

Buddha sagt, die ganze Vorstellung vom Selbst käme von der Sprache. Du empfindest Hunger. In der Sprache sagen wir dann: »Ich bin hungrig.« Die Sprache erschafft die Vorstellung von einem »Ich«. Wie soll man es sonst sagen? Genau genommen kannst du nur sagen: »Hunger!« Wenn du sagst: »Ich bin hungrig«, kommt etwas absolut Falsches mit dazu. »Hunger« – das genügt.

Beobachte deine Prozesse, und du wirst es wahrnehmen.

Wenn du heute hungrig wirst, beobachte: Ist da wirklich jemand, der hungrig ist, oder ist da nur Hunger? Und ist es nur die sprachliche Gewohnheit, die die Realität verzerrt und eine Trennung schafft, sodass du das Gefühl bekommst: »Ich bin hungrig«?

Der Buddhismus hat als erste Religion der Welt gezeigt, wie stark die Religionen und Philosophien in ihren sprachlichen Strukturen verwurzelt sind. Wenn du deine Sprache besser verstehen lernst, wirst du auch deine inneren Prozesse besser verstehen lernen. Buddha war der erste Linguist, und seine Erkenntnisse sind von enormer Bedeutung.

»Du sagst, dass Buddha nicht über Gott geredet hat, weil er nicht zu beweisen ist ...«

Ja, er hat nicht über Gott geredet, weil es keinen Beweis für Gott gibt. Und außerdem hat er nicht über Gott geredet, weil es den Gott, den ihr für existent haltet, gar nicht gibt. Euer Gott entspringt wieder demselben alten Trugschluss vom Selbst. Weil ihr meint, ein Selbst zu haben, muss das ganze Universum ein Selbst haben. Und weil ihr ein Selbst habt, muss das Universum ein *Höchstes Selbst* haben. Dieses Höchste Selbst nennt ihr dann »Gott«.

Buddha bestreitet, dass ihr ein Selbst habt. Das Universum *ist*, aber es gibt darin kein Höchstes Selbst ... Millionen von Prozessen, aber kein Höchstes Selbst. Es hat kein Zentrum; alles ist Peripherie.

Das ist sehr schwer zu fassen – außer, du meditierst. Deshalb lässt Buddha sich auf keine metaphysischen Diskussionen ein. Er sagt nur: »Meditiere.« In der Meditation werden diese Dinge ganz klar. Wenn das Denken aufhört, siehst du plötzlich: Der Denker ist verschwunden. Es war ein Schatten. Und wenn der Denker verschwunden ist, wer sagt oder fühlt dann: »Ich bin«? Es gibt kein »Ich« mehr. Du bist ein leerer Raum. Buddha nennt es *Anatta*, den leeren Raum des Nicht-Selbst. Es ist eine unbeschreibliche Erfahrung.

»... aber schon im nächsten Atemzug redet er von anderen Leben und Reinkarnation.«

Er redet davon, und damit hatten die Buddhisten schon immer ein Problem. Buddha ist so wissenschaftlich, dass er die Tatsachen unmöglich verdrehen kann. Wäre er nicht ein so wissenschaftlich denkender Mensch, sondern bloß ein Metaphysiker, dann hätte er entweder das indische »Selbst«, *Atman*, übernommen, um seine Philosophie logisch konsistent zu machen, oder er hätte die Idee der Reinkarnation fallen gelassen, weil beides zusammen einen Widerspruch darstellt. Er ist aber ein solch wissenschaftlicher Denker, dass er der Wirklichkeit nicht seine eigenen Vorstellungen aufzwingt. Er konstatiert einfach eine Tatsache. Wenn es widersprüchlich ist, wird er sagen: »Es mag widersprüchlich sein, aber so ist es eben.«

Dasselbe geschieht in der modernen Physik. Als die Wissenschaftler (im vorigen Jahrhundert) zum innersten Kern der Materie gelangten, waren sie völlig verwirrt, denn die Elektronen verhielten sich auf völlig unlogische Weise. Nun kann man die Elektronen nicht zwingen, sich logisch zu verhalten, man kann sie nicht zur Universität schicken, damit sie die Logik des Aristoteles lernen, man kann ihnen nicht sagen: »Ihr verhaltet euch unlogisch, also benehmt euch gefälligst! So ist es nicht richtig!« – So etwas kann man nicht sagen. Wenn sie sich unlogisch verhalten, verhalten sie sich eben unlogisch. Das muss man einfach kapieren. Es lässt sich nicht ändern.

Und diese Unlogik war wirklich ein großes Ding, es war keine Lappalie! Ein und dasselbe Elektron verhält sich mal wie eine Welle und mal wie ein Teilchen! Beides zusammen war völlig unvereinbar mit Euklid und Aristoteles. Wie konnten diese Elektronen sich nicht an Euklid und Aristoteles halten? Was fiel ihnen eigentlich ein? Hatten sie noch nie etwas von euklidischer Geometrie gehört?

Das ist elementare Geometrie, wie wir sie alle in der Schule gelernt haben: Ein Punkt kann keine Linie sein, und eine Linie kann kein Punkt sein. Eine Linie besteht aus vielen aneinandergereihten Punkten. Demnach kann ein einzelner Punkt sich nicht wie eine Linie verhalten, sonst würde es die ganze Geometrie über den Haufen werfen. Du zeichnest einen Punkt, und dann gehst du zur Toilette, und wenn du wiederkommst, ist es eine Linie! Was machst du dann?

Aber genau so spielt es sich im innersten Kern der Materie ab. Man beobachtet, und plötzlich ist das, was eben noch wie ein Punkt aussah, eine Linie! Und es ist so ein Sprung, dass man es nicht einmal mitbekommt, wann daraus eine Linie wird. In einem Augenblick ist es ein Punkt, im nächsten eine Linie. Aber nicht wie ein Punkt, aus dem eine Linie hervorwächst. Es ist ein Sprung, ganz plötzlich, völlig unlogisch. Würde es langsam wachsen, wäre das noch verständlich: Vielleicht ist es wie ein Samenkorn, aus dem ein Spross und schließlich ein Baum wird. Gut, das könnten wir noch verstehen. Zu einem Zeitpunkt ist es ein Same, zu einem anderen Zeitpunkt wächst es, und allmählich wird daraus ein Baum. Das könnten wir nachvollziehen.

Wenn ein Punkt langsam zu einer Linie würde, wäre das verständlich für uns. Aber so ganz unvermittelt? Und nicht nur unvermittelt, sondern, was noch unlogischer ist: Zwei Beobachter können zum selben Zeitpunkt hinschauen, und der eine sieht es als Punkt und der andere als Linie. Was soll man davon halten? Der eine Beobachter sieht es als Samen, und der andere sieht es als Baum? Im selben Augenblick!

Die ganze westliche Wissenschaft war aus der griechischen Logik hervorgegangen. Und nun rebellierten diese Elektronen gegen Aristoteles! Sie wollten sich um keinen Preis eines Besseren belehren lassen! Die Wissenschaftler zogen sämtliche Register, weil der Verstand sich mit Macht an seine eigenen Konzepte und Strukturen klammert. Er lässt nicht so leicht los und kapituliert nicht vor diesen dummen Elektronen!

Zwei bis drei Jahrzehnte lang herrschte große Verwirrung unter den Wissenschaftlern. Sie bemühten sich sehr, einen Weg zu finden, um irgendwie zu erklären, was da geschah – oder es zumindest hinwegzureden. Schließlich mussten sie aber die Tatsache eingestehen und akzeptieren. So entstand die »Quantenphysik«. Man musste erst einen Namen erfinden für etwas, das so absolut unlogisch war, dass es noch nicht einmal ein Wort dafür gab. Und wenn man die Wissenschaftler fragt: »Wie könnt ihr das erklären? Das ist doch unlogisch!«, dann sagen sie: »Es ist unlogisch, aber so ist es eben. Wir können daran nichts ändern. Wir müssen auf die Realität hören. Wenn die Realität unlogisch ist, dann stimmt wohl etwas nicht mit unserer Logik, ganz einfach. Wir können die Logik ändern, aber nicht die Realität.«

So geschah es auch, als Buddha geboren wurde. Als er

zum innersten Kern des so genannten »Selbst« gelangte, war er ebenfalls verwirrt. Was nun? Da war kein Selbst, und dennoch gab es die Reinkarnation. Wäre er kein so großer Wissenschaftler gewesen, sondern nur ein gewöhnlicher Philosoph, dann hätte er das Ganze einfach verdrängt. Er hätte sich wahrscheinlich dafür entschieden, diese Tatsache lieber zu verschweigen. Es wäre eine einfache Entscheidung gewesen zu sagen, dass es keine Reinkarnation gibt, weil es kein Selbst gibt ...

Das haben jene, die nicht an die Seele glauben, schon immer gesagt. Die Atheisten, die Materialisten haben schon immer gesagt, dass es kein Selbst gibt: Wenn du stirbst, dann stirbst du einfach. Nichts überlebt, und es gibt keine Wiedergeburt. Das ist einfach und logisch. Aber es gibt auch die Anhänger des Eternalismus, des Ewigkeitsglaubens, die Theisten, all die Leute, die an *Atman*, das Selbst, glauben. Sie sagen: Du wirst sterben, aber nur der Körper stirbt. Dein Selbst, dein Zentrum wird überleben. Deine Seele, *Atman*, wird überleben; sie ist ewig. Auch das ist logisch.

Buddha ist total unlogisch. Und er ist deshalb unlogisch, weil er absolut darauf besteht, die Tatsachen der Realität nicht zu leugnen. Er betont: Was auch immer die Realität offenbart, darauf müssen wir hören. Wir sind nicht dazu da, der Realität unsere eigenen Vorstellungen aufzuzwingen. Wer sind wir denn, dass wir die Wirklichkeit bezwingen wollen? Wenn eine Tatsache unlogisch aussieht, dann muss etwas verkehrt sein an unserer Logik, unserer Sprache, unserer ganzen Art zu denken. Das müssen wir ändern, statt die Realität zu verdrängen, der Wirklichkeit aus dem Weg zu gehen. Buddha erscheint uns als der absurdeste aller Denker dieser Welt, wegen seiner absolut absurden Aussage: »Es gibt dich nicht, aber du wirst wiedergeboren.«

Du kannst selbst sehen, wie absurd es ist: Wenn es dich nicht gibt, wie sollst du da wiedergeboren werden? Und er antwortet darauf: »Das kann ich nicht sagen. Ich weiß nur eines: Du existierst nicht, und doch wirst du wiedergeboren – das habe ich selbst erkannt, das habe ich gesehen. Und wenn du es auch sehen willst, dann meditiere. Tauche tiefer ein in dein Sein, so wie ich in mein Sein eingetaucht bin, und dann wirst auch du sehr verwundert sein, und sehr verwirrt. Doch mit der Zeit wirst du dich in der Wirklichkeit einleben. Dann wird sich deine ganze Sprache verändern.«

Buddha veränderte die ganze Sprache, die ganze philosophische Sprechweise. Es hatte noch nie einen so originären Menschen gegeben. Er war nahezu unverständlich, denn er sprach nicht dieselbe Sprache wie die anderen, und er brachte neue Visionen auf die Welt.

Menschen, die nicht an die Seele glauben, gibt es schon seit ewigen Zeiten; sie sind nichts Neues. Marx sagte überhaupt nichts Neues. Schon seit Jahrtausenden gab es Atheisten, die die Seele leugneten, die Wiedergeburt leugneten. Aber auch Mahavira oder Patanjali sagten überhaupt nichts Neues, denn es hatte auch immer schon Menschen gegeben, die an die Seele und an die Reinkarnation glaubten.

Buddha brachte eine wirklich neue, originäre Vision, als er sagte: »Es gibt keine Seele, und dennoch gibt es die Reinkarnation.« Das ist ein Quantensprung.

Wenn ich sage, dass Buddha ein Wissenschaftler ist, meine ich dies wirklich so. Und jeder, der die Sprache der modernen Physik versteht, der versteht auch Buddha. In der Tat, Buddha zu verstehen, ohne die moderne Physik zu nahezu unmöglich. Zum ersten Mal lieferte d Physik eine Parallele zu ihm. Heisenberg, Planck un stein lieferten eine parallele Sicht zu Buddhas Vision: Di Materie ist verschwunden; es gibt nur noch Energie, ohne ein Selbst, ohne jegliche Substanz. Und Buddha sagt das Gleiche: *Anatta*, das Nicht-Selbst.

»Wie passt das zu den wissenschaftlichen Tatsachen?«

Es passt vollkommen. Mit deiner Frage, wie das zu den wissenschaftlichen Tatsachen passt, gehst du im Grunde von der Wissenschaft des 19. Jahrhunderts aus und lässt die moderne Physik und die jüngsten Entwicklungen unberücksichtigt. Demnach ist das, was du unter Wissenschaft verstehst, veraltet, orthodox, überholt. Die Wissenschaft hat sich enorm verändert. Wenn Newton wiederkäme, würde er überhaupt nichts mehr begreifen, so radikal hat sich die Wissenschaft verändert, und so erstaunlich sind ihre Erkenntnisse. Die Wissenschaftler reden heute wie Metaphysiker, wie Mystiker. Sie reden jetzt nicht mehr wie Mathematiker, sondern wie Mystiker und Dichter.

»Ich habe so eine vage Vorstellung, dass das, was bleibt, das Formlose sein könnte.«

Nein, intellektuell kannst du es nicht verstehen, denn das, was du das Formlose nennst, hat wieder eine bestimmte Form. Wie kannst du dir das Formlose vorstellen? Das Wort an sich ist okay, aber sobald du versuchst, dir das Formlose vorzustellen, nimmt es sofort eine Form an – denn nur eine Form ist vorstellbar. Das Formlose ist nicht vorstellbar. Es ist ein leeres Wort.

Du kannst Gott das Formlose nennen, soviel du willst, aber du kannst es dir niemals vorstellen. Und selbst jene, die von einem formlosen Gott reden: Wenn sie zum Gottesdienst gehen, werden sie unweigerlich eine Form anbeten. Dann gibt es da eine Statue, ein Ritual, einen Gott, eine Göttin, irgendeine Form. Selbst ein Mann wie Shankara, der ständig von *Nirguna* redet, dem Formlosen ohne Attribute, wird bei seiner Andacht *Saguna* anbeten, dasjenige, was Form und Attribute besitzt, weil es einfach nicht möglich ist, sich etwas Formloses vorzustellen. Begrifflichkeit bezieht sich immer auf die Form. Was du dir vorstellen kannst, hat allein schon dadurch, dass du es dir vorstellen kannst, eine Form. Dann ist es eben eine vage Vorstellung.

Du sagst: *»Ich habe so eine vage Vorstellung, dass das, was bleibt, das Formlose sein könnte.«* Nein, es ist keine Sache eines vagen Verstehens. Mit dem Intellekt kommst du dem nicht näher. Verstandesmäßig gibt es da keinen Weg. Nur meditativ, existenziell gibt es einen Weg. Mit dem Intellekt kannst du es nicht begreifen. Bewege dich einfach mehr in Richtung Meditation, dann wird sich eine neue Dimension der Sicht öffnen.

Keiner hat Meditation so sehr betont ins Zentrum gerückt wie Buddha. Seine ganze Methode besteht aus Meditation.

Und was ist Meditation? Meditation bedeutet, nach und nach gedankenfrei zu werden; nicht einzuschlafen, sondern wach zu bleiben und dennoch frei von Gedanken zu sein. Sobald die Gedanken verschwinden, ist alles kristallklar: Der Denker war nur ein Nebenprodukt des Gedankenstroms. Er war ein Bündel von Gedanken, nichts anderes. Er hatte keine gesonderte Existenz.

Dann wirst du gehen, ohne dass ein Gehender da ist. Dann wirst du essen, ohne dass ein Essender da ist. Dann wirst du schlafen, ohne dass ein Schlafender da ist. Dann wirst du leben, aber da ist keiner, der lebt. Dann wirst du sterben, aber da ist keiner, der stirbt. Dann bist du leerer Raum, in dem sich Millionen von Vorgängen ereignen. Das Leben strömt darin mit all seinen Prozessen, doch du bleibst davon völlig unberührt. Du bist wie der offene Himmel ... und die Wolken kommen und gehen.

Einer der schönsten Namen, die man Buddha gegeben hat, ist *Tathagata.* Es bedeutet: »Wie gekommen, so gegangen.« Da war niemand, der gekommen war, und niemand, der ging – nur Kommen und Gehen. Das ist die Bedeutung von *Tathagata* – nur ein Prozess des Kommens und des Gehens. Keiner, der kam oder ging.

Die Zen-Meister haben immer gesagt, dieser Mann habe nie existiert. Dieser Mensch, den wir Gautama Buddha nennen, hat nie existiert. Gewiss, er kam, und er ging auch wieder, aber er hat nie existiert. Genau wie ein Traumvorgang: Ein Traum kommt und vergeht wieder, und morgens weißt du, dass er gar nicht existiert hat.

Wenn du dich erst einmal als leeren Raum verstehst, in dem vieles passiert, dann wirst du davon unberührt sein. Dann wirst du furchtlos, weil es nichts zu verlieren gibt und weil da niemand ist, der irgendetwas verlieren könnte. Dann bist du nicht mehr voller Lebenslust, weil keine Vorstellung von einem Selbst mehr vorhanden ist. Dann hast du keine Angst vor dem Tod, und du lechzt nicht nach dem Leben.

Dann denkst du nicht an die Vergangenheit, und du projizierst nicht in die Zukunft. Dann *bist* du einfach – so rein wie der unendliche Himmel da draußen wirst du auch zu einem reinen Himmel innen. Und das Einswerden dieser beiden Himmel, des inneren und des äußeren, das nennt Buddha *Nirwana*.

Du fragst: *»Ich habe so eine vage Vorstellung, dass das, was bleibt, das Formlose sein könnte. Kann dieses aber eine individuelle Ausprägung haben?*

Nein, es hat keine individuelle Ausprägung.

»Dieselbe Welle wird nicht wiedergeboren.«

Das ist wahr. Und wenn du ganz genau hinschaust … geh an den Fluss oder ans Meer und schau mal den Wellen zu. Du wirst dich wundern, etwas Neues zu sehen, woran du noch nie gedacht hast: Wenn es so aussieht, als würde eine Welle auf dich zukommen, kommt eigentlich gar nichts. Die Welle kommt nicht zu dir. Du siehst sie auf dich zukommen, aber im Grunde bewegt sie sich gar nicht. Eine Welle trägt dazu bei, dass Wellen sich Seite an Seite erheben. Die nächste Welle hilft einer neuen Welle, sich zu erheben. Es geschieht aber so schnell, dass ein Trugbild entsteht, eine Illusion. Du meinst, es sei ein und dieselbe Welle, die auf dich zukommt. Es kommt aber nichts.

Wenn eine Welle entsteht, erzeugt ihr Aufprall weitere Wellen. Gleich daneben entsteht eine weitere Welle, durch den Aufprall stößt die erste Welle eine zweite Welle an, stößt die zweite eine dritte, die dritte eine vierte Welle an. So entstehen die Wellen. Das gibt dir die Illusion, als würde dieselbe Welle auf dich zukommen. Sie kommt nie. Auch wenn du eine Welle weit weg am Horizont auftauchen und näher kommen siehst, so bleibt sie doch dort und trifft nie bei dir ein.

Wenn du ein Stück Treibholz in die Mitte des Flusses wirfst, wird es zu dir kommen, aber lass dich davon nicht täuschen: Die Welle kommt nicht. Sobald eine Welle hochgeht, bewegt sich das Treibholz zur nächsten Welle; die nächste Welle geht hoch, und es bewegt sich zur dritten Welle. Durch das Heben und Senken des Wassers gelangt das Treibholz an den Strand, aber die Wellen selbst kommen nie an. Das ist eine wissenschaftliche Tatsache. Es erscheint nur so, als würden die Wellen ankommen.

Stimmt also, genau das sagt Buddha: *»Dieselbe Welle wird nicht wiedergeboren.«* Er sagt damit nicht, dass *du* wiedergeboren wirst; er sagt nur, dass eine Wiedergeburt stattfindet.

Aber in gewisser Weise können wir auch sagen: Du wirst wiedergeboren, denn es ist eine Kontinuität da, ein und dieselbe Welle: Welle A erzeugt Welle B, Welle B erzeugt Welle C – es ist eine Kontinuität. Kontinuum ist das richtige Wort. Es stammt ebenfalls aus der modernen Physik: Kontinuum.

Buddha nennt es *Santati*. So wird dir ein Kind geboren, das in gewisser Weise *du* bist, aber auch nicht du, nicht vollkommen du. Es wird seine eigene Persönlichkeit haben, aber du hast die Welle angestoßen. Die Energien von Vater und Mutter haben eine neue Welle angestoßen. Die alte Welle wird verschwinden – Vater und Mutter werden einmal sterben –, aber die neue Welle wird weitergehen, und diese Welle wird andere Wellen hervorbringen, auf ihre eigene Art und zu ihrer Zeit.

Santati, ein Kontinuum. Nicht *du* wirst geboren, nur deine Wünsche werden wiedergeboren. Weil es dich gar nicht gibt, kannst du nicht geboren werden. Darum, sagt Buddha, wirst du nicht wiedergeboren, wenn du das Wünschen aufgibst. Darum wird es, wenn du die ganze Sinnlosigkeit des Wünschens durchschaust und mit dem Wünschen aufhörst und das Begehren beendest, keine Wiedergeburt mehr für dich geben.

Dann wirst du zuerst ein *Srotapanna* – einer, der in den Strom eintritt. Du beginnst zu verstehen, wie die Dinge sind, was die Dinge sind: Lebensvorgänge ohne Selbst. Das bedeutet *Srotapanna:* in den Strom einzutreten, in die Vorstellung des Strömens einzutreten. Zu wissen, dass das Leben ein Fluss ist, nicht statisch, sondern dynamisch. Keine Dinge, sondern Ereignisse. Eine Dynamik, ein Energiephänomen.

Und je tiefer du dich diesem Strom überlässt, wirst du allmählich ein *Skridagamin* – einer, der nur noch einmal wiedergeboren wird. Du verstehst, aber dein Verständnis ist noch nicht umfassend. Und schließlich wirst du ein *Anagamin* – einer, der nicht wiedergeboren wird. Du hast das ganze Phänomen verstanden. In diesem Verstehen liegt die Befreiung.

Wenn du nicht mehr wiedergeboren zu werden brauchst, wirst du ein *Arhat* – einer, der es erreicht hat, der angekommen ist. Jetzt verwende ich eine nicht-buddhistische Sprache, Achtung! Ich muss hier eine Sprache verwenden, die nicht aus dem Buddhismus kommt, mit Begriffen wie: »einer, der angekommen ist«. Es lässt sich nicht anders ausdrücken. Verstehe bitte, wenn ich sage: »einer, der angekommen ist«, dass niemand da ist, der ankommt, nur eine Ankunft, ja nicht einmal eine »Ankunft«, nur *Ankommen.*

Buddhas Vision ist sehr existenziell, und nichts ist so befreiend wie Buddhas Vision. Wenn du an eine Seele glaubst, kannst du die Welt loslassen, aber du wirst dir das Paradies wünschen – weil du dein Selbst nicht loslässt. Das Wünschen verlagert sich nur in eine andere Dimension. Du hast die Habgier aufgegeben, aber nicht wirklich, denn eine subtile Gier – nach dem Paradies – bleibt bestehen.

Seht euch das Paradies der Muslime oder Christen oder Hindus an – es erscheint so weltlich, so profan! Alles, was diese Religionen euch hier verbieten, steht dort zur Verfügung – und zwar reichlich! Sie sagen: »Trinkt keinen Alkohol!«, aber im muslimischen Paradies, *Firdaus,* gibt es Bäche von Wein. Man braucht ihn nicht zu kaufen, braucht keine Lizenz dafür; er ist frei erhältlich – man kann einfach reinspringen! Man kann darin baden, kann darin schwimmen. – Also, was soll das?

In muslimischen Ländern ist die Homosexualität so verbreitet, dass sogar im Paradies dafür gesorgt ist. Es gibt dort nicht nur wunderschöne Mädchen, sondern auch wunderschöne Knaben. Also, das ist nicht schön, aber so funktioniert der gewöhnliche Verstand ...

Alles, worauf man hier verzichtet hat ... dort drüben gibt es umso mehr davon! Seht ihr die Logik dahinter? Schöne Frauen – *Apsaras* heißen sie bei den Hindus, *Huris* bei den Muslimen. Und neben den *Huris* gibt es noch die *Gilmis*, schöne Knaben, hübsche Jünglinge, denn es landen ja auch Homosexuelle im Himmel, und was würden die sonst machen?

Buddha sagt: Solange ihr nicht das Selbst aufgebt, werdet ihr immer wieder nur die gleichen Torheiten begehen. Euer Paradies ist nichts als eine Projektion der diesseitigen Welt.

Die gleiche Welt, nur ein wenig modifiziert, ein wenig verschönert, ein bisschen schöner dekoriert. Hier auf Erden altern die Frauen und werden unansehnlich. Im Paradies, im Hindu-Himmel, werden sie nie alt; sie bleiben ewig jung, ewig 16. Das muss ihnen schon längst zum Hals heraushängen – mit 16 stecken zu bleiben und nie älter zu werden!

Insgeheim wünscht sich aber jede Frau, ewig 16 zu sein. Was hier nicht möglich ist, im Jenseits kann man es haben! Hier werden die Frauen ab 16 nur mit Widerwillen älter. Dann feiern sie ihren Geburtstag nur noch alle drei oder vier Jahre. Aber das ist der heimliche Wunsch: ewige Schönheit zu besitzen, und hier im Diesseits ist es unmöglich. Nicht einmal mit all den wissenschaftlichen Errungenschaften, den Geräten, Cremes, der Schönheitschirurgie und all dem Drum und Dran ist es möglich. Jeder muss altern.

Im Paradies – der Hindus, Muslime, Christen, Juden – ist dieses Wunder geschehen! Gott hat ein wunderbares, ummauertes Gartenparadies für euch vorbereitet. Er wartet auf euch. Wenn ihr tugendhaft seid, wenn ihr ihm gehorcht, werdet ihr dafür ungeheuer belohnt werden. Wenn ihr aber ungehorsam seid, dann zur Hölle mit euch! Hier existiert also das Selbst als Zentrum des Wünschens, und Gott existiert als das Zentrum der Wunscherfüllung.

Buddha sagt: »Beides existiert nicht, also lasst beides sausen! Weder Gott noch das Selbst existiert. Behaltet die Wirklichkeit im Auge, verliert euch nicht im Wünschen. Gebt eure Fantasien auf, hört auf zu träumen – und seht das, was ist.« Es gibt nur diese flüchtige Welt der Vorgänge – diese flussähnliche Welt, diesen Strudel der Wirklichkeit, in dem alles vergänglich und wandelbar und nichts von Dauer ist.

Deshalb besteht Buddha so sehr darauf, dass es kein Selbst gibt, denn ihr versucht ständig, etwas in euch dauerhaft zu machen. Ihr sagt: »Zugegeben, der Körper verändert sich, die Welt verändert sich, die Beziehungen verändern sich und werden morsch – aber das Selbst, allein das Selbst ist ewig! Zugegeben, diese sichtbare Welt verändert sich – aber der unsichtbare Gott, er ist ewig!« Ihr wünscht euch so dringend etwas Ewiges, dass ihr anfangt, daran zu glauben. Es ist euer Wunsch, dass das Ewige existieren soll.

Buddha sagt: »Nichts ist ewig. Alles ist vergänglich, alles ist im Fluss.« Wenn du das verstehst, wird dieses Verstehen dich befreien.

Vergiss nicht, wenn andere von Befreiung reden, reden sie von Befreiung *für* das Selbst. Wenn Buddha von Befreiung redet, redet er von Befreiung *vom* Selbst. Und das ist ein absolut radikaler Standpunkt. Nicht *du* wirst befreit, sondern es ist eine Befreiung *von dir.*

Die einzige Freiheit, die Buddha als wahre Freiheit akzeptiert, ist die Freiheit *von dir.* Ansonsten wird dein Verstand seine Spiele nur immer weiterspielen. Er wird immer neue Wünsche auf immer neue Leinwände projizieren. Nichts wird sich ändern. Du kannst die Projektionsflächen wechseln. Du kannst vom Marktplatz verschwinden und dich in einen Tempel setzen – aber nichts wird sich ändern; dein Verstand wird die gleichen Wünsche projizieren, nur diesmal auf Himmel und Hölle.

Sieh dir diesen Verstand an! Sieh dir seine Begierden an. Beobachte, werde bewusst. Wieder und wieder werde ich dich daran erinnern müssen, denn ich rede in einer nichtbuddhistischen Sprache. Wenn also Buddha sagt, dass du bewusst werden sollst, so meint er: »*Sei Bewusstheit.*« Da ist niemand, der bewusst wird; da ist nur Bewusstheit.

Dann wirst du nicht wiedergeboren. Wenn du an der Vorstellung vom »Ich« festhältst, wirst du im Kontinuum weitermachen. Wenn du die Vorstellung vom Selbst loslässt, verschwindet das Kontinuum. Das Ich löst sich auf.

Das bedeutet *Nirwana*. Genauso, wie du eine Lampe ausschaltest und das Licht erlischt und verschwindet, genauso kannst du deinen wünschenden Verstand und all sein Unglück ausschalten, und das Rad der Wiedergeburt bleibt stehen, und das ganze Leiden hört auf. Mit einem Schlag bist du nicht mehr da.

Das bedeutet aber nicht, dass nichts mehr da ist. Sonst gäbe es keinen Unterschied zwischen einem Atheisten und einem Buddha. Es gibt aber einen enormen Unterschied. Buddha sagt, dass *du* aufhörst, und zum ersten Mal waltet die Wirklichkeit. Aber er gibt dem keinen Namen, weil dies sich nicht benennen lässt. Ihm einen Namen zu geben, hieße es zu verfälschen. Zu sagen, dass es existiert, hieße ihm nicht gerecht zu werden. So bleibt er lieber still und schweigt sich darüber aus. Er weist auf den Weg der Erfahrung. Er spinnt nicht und webt keine Philosophie drum herum.

Gibt es etwas, um das ein Sucher bitten muss, oder geschieht alles von selbst?

Alles geschieht von selbst, aber ein Sucher muss aufpassen, dass er den Zug nicht verpasst.

Der Zug kommt von selbst, aber du musst wach sein. Um

dich herum geschieht so vieles. 24 Stunden am Tag, im Wachen wie im Schlafen, sollst du aufmerksam sein, bei allem, was geschieht. Und je mehr du wach bist, umso mehr wirst du dich wundern: Es geschehen die gleichen Dinge wie zuvor, aber mit einem anderen Sinn, mit einer tieferen Bedeutung.

Die Rosenblüte ist die gleiche Rose, aber nun strahlt sie, umhüllt von einer neuen Aura, die du vorher nie bewusst wahrgenommen hattest, in einer neuen Schönheit. Es scheint, als hättest du bisher nur das Äußere der Rose wahrgenommen, und jetzt kannst du plötzlich ihr Innenleben sehen. Du hattest den Palast immer nur von außen betrachtet; nun hast du seine intimsten Kammern betreten. Und der Mond – du hast ihn schon Hunderte Male gesehen, aber wenn du ihn jetzt anschaust, ganz still und friedlich und meditativ, bemerkst du eine Schönheit, die du vorher nie bemerkt hattest, eine Schönheit, die normalerweise nicht vorhanden ist, eine Schönheit, für die du einen intuitiven Blick entwickeln musst. Und in der Stille, in dem Frieden, wächst diese Intuition.

Es geschah einmal etwas sehr Bedeutsames. Der indische Dichter Rabindranath Tagore übersetzte *Gitanjali*, einen seiner kleinen Gedichtbände, ins Englische *(Offering of Songs)*. Er erhielt dafür den Nobelpreis. In Indien war das kleine Büchlein schon mindestens 15 Jahre lang erhältlich gewesen. Ein Buch muss dem internationalen Sprachstandard entsprechen und internationale Anerkennung gewonnen haben, um für den Nobelpreis in Frage zu kommen. Rabindranath war selbst ein wenig besorgt, dass er es übersetzen sollte, denn es ist immer eine heikle Sache, wenn man Poesie in eine andere Sprache übersetzt. Prosa zu übersetzen ist einfach, denn sie gehört zum Marktplatz; Gedichte zu übersetzen ist hingegen ungeheuer schwierig. Sie gehören zur Welt der Liebe, zur Welt der Schönheit, zur Welt des Mondes und der Sterne.

Es ist eine heikle Angelegenheit. Und jede Sprache hat ihre eigenen, kaum übersetzbaren Nuancen. Obwohl hier also der Dichter selbst seine Dichtung übersetzte, hatte er seine Zweifel an der Übersetzung. Er zeigte sie C. F. Andrews, einem christlichen Missionar, einem sehr berühmten Mann jener Tage, der ein äußerst belesener, kultivierter, feinsinniger Mann war.

Andrews schlug vier Änderungen vor. Er sagte: »Alles andere ist wunderbar, aber an vier Stellen ist es grammatikalisch nicht korrekt.« Also folgte Rabindranath seinem Rat und änderte die vier Stellen.

Der irische Dichter Yeats, der mit Rabindranath befreundet war, organisierte in London ein Treffen englischer Dichter für eine Lesung von Rabindranaths Übersetzung. Alle waren hellauf begeistert von der Schönheit dieser Texte, die für die westliche Welt etwas absolut Neues darstellten. Nur Yeats, der damals der prominenteste Dichter Englands war, sagte: »Es ist alles wunderbar, aber an vier Stellen kommt es mir so vor, als hätte jemand, der kein Dichter war, etwas verändert.«

Rabindranath traute seinen Ohren nicht. Er sagte: »Welche vier Stellen?«

Und Yeats wies genau auf die vier Stellen hin, die Rabindranath auf den Rat von C. F. Andrews hin geändert hatte. Rabindranath fragte: »Was stimmt denn nicht mit diesen Zeilen?«

Yeats sagte: »Da ist nichts falsch, grammatikalisch ist es korrekt. Aber vom poetischen Standpunkt … Derjenige, der diese Änderungen vorgeschlagen hat, kennt die Grammatik sehr gut, aber er hat keine Ahnung von Poesie. Das ist ein Kopfmensch, aber kein Herzensmensch. Der Fluss ist unterbrochen, als wäre er an einen Felsen gestoßen.«

Rabindranath erzählte ihm: »Ich hatte C. F. Andrews gebeten, es noch einmal durchzusehen; es sind seine Worte. Ich werde Ihnen die Worte sagen, die ich vorher an diesen Stellen verwendete.« Und als er diese Worte einfügte, sagte Yeats: »Das sind genau die richtigen Worte, auch wenn sie vielleicht grammatikalisch falsch sind. Die Grammatik ist nicht so wichtig. Wenn es um die Poesie geht, ist die Grammatik unwichtig. Bitte machen Sie die Änderungen rückgängig und verwenden Sie Ihre eigenen Worte.«

Ich habe es immer schon so gesehen, dass es eine Qualität des Kopfes und eine Qualität des Herzens gibt. Die beiden Wege müssen nicht immer zusammengehen. Wenn es geschieht, dass der Kopf mit dem Herzen nicht übereinstimmt, dann hat der Kopf Unrecht. Ob er zustimmt oder nicht, spielt überhaupt keine Rolle. Das Einzige, was zählt, ist, dass das Herz sich wohlfühlt, dass es mit sich im Frieden ist, in stiller Harmonie mit allem.

Wir werden auf Intellekt trainiert, darum vermag der Kopf sich so gut durchzusetzen. Aber keiner achtet auf das Herz. Im Gegenteil, es wird überall beiseitegeschoben, denn es hat auf dem Marktplatz keinen Wert. In der Welt des Ehrgeizes, in der Politik, in der Welt des Business bringt das Herz keinen Nutzen.

Aber hier bei mir ist es genau umgekehrt: Hier ist der Verstand nutzlos. Und das Herz weiß es am besten.

Alles geschieht von allein, nur muss dein Herz dafür bereit sein. Alles kommt von allein, aber wenn dein Herz verschlossen ist … Nach den geheimen Gesetzen des Lebens wird nicht einmal angeklopft an die Türen deines Herzens.

Die Existenz versteht zu warten, und sie kann warten bis in alle Ewigkeit. Es hängt also ganz von dir ab. Alles ist bereit; es kann jeden Moment geschehen. Darum öffne alle deine Türen, alle deine Fenster, damit die Existenz von überall her in dich einströmen kann. Es gibt keinen anderen Gott als die Existenz, und es gibt kein anderes Paradies als dein eigenes Sein. Wenn die Existenz dein Sein erfüllt, tritt das Paradies in dich ein – oder du ins Paradies. Das sind nur verschiedene Arten, dasselbe auszudrücken. Aber vergiss eines nicht: Es wird nichts von dir erwartet.

Jahrhundertelang haben euch alle Religionen einzureden versucht, dass ihr dieses und jenes tun müsst. Dass ihr euch selber quälen müsst, dass ihr allen Vergnügungen entsagen müsst, dass ihr gegen euren Körper kämpfen müsst, dass ihr der Welt entsagen müsst. In den buddhistischen Schriften gibt es 33 000 Regeln, die ein Suchender befolgen sollte. Es ist geradezu unmöglich, sich diese Regeln zu merken, und sie zu befolgen ist völlig ausgeschlossen! Bei mir gibt es keine einzige Regel, die zu befolgen wäre. Nur ein grundsätzliches Verständnis:

Dies ist *dein* Leben – genieße es! Lass seine Melodie in dir erklingen, lass es zu einem Tanz in dir werden. Du musst nichts anderes tun, als offen und empfänglich zu sein. Und es werden Blumen auf dich herabregnen.

4

Schicksal, Bestimmung und Karma

Die Existenz schenkt dir die Geburt als Tabula rasa. Kein Schicksal ist darauf geschrieben; es gibt keine Bestimmung in der Art, dass alles was du tust, vorherbestimmt wäre.

Die Existenz ist Freiheit. Schicksal ist Sklaverei. Freiheit bedeutet, dass es an dir liegt zu entscheiden, was geschehen soll. Schicksal ist eine irreführende Hypothese.

Vertrauen ist etwas völlig anderes. Vertrauen ist nicht Schicksal. Vertrauen bedeutet einfach: »Was auch immer geschieht, ich gehöre zur Existenz, und die Existenz kann mir nicht absichtlich feindlich gesinnt sein. Wenn ich manchmal das Gefühl habe, dass es so ist, muss ein Missverständnis meinerseits vorliegen.«

Ist unser Leben vorherbestimmt oder nicht?

Dies ist kein persönliches Problem; es ist eine philosophische Frage.

Unser Leben ist einerseits vorherbestimmt und andererseits nicht. Meine Antwort lautet: Sowohl ja als auch nein. Und beide Antworten gelten für sämtliche Fragen, die das Leben betreffen.

In gewisser Weise ist alles vorherbestimmt. Alles, was an dir physisch ist, alles Materielle, alles Mentale ist vorherbestimmt. Aber es ist etwas in dir, das bleibt immer unbestimmt und unvorhersehbar. Dieses Etwas ist dein Bewusstsein.

In dem Maße, wie du mit deinem Körper und deiner materiellen Existenz identifiziert bist, wirst du durch Ursache und Wirkung vorherbestimmt sein. Dann bist du eine Maschine. Bist du aber nicht mit deiner materiellen Existenz identifiziert – weder mit dem Körper noch mit dem Intellekt – und erlebst dich als etwas Getrenntes, etwas anderes, das über dem Körper-Geist steht und ihn transzendiert, dann ist dieses transzendente Bewusstsein nicht vorherbestimmt. Es ist spontan und frei. Bewusstsein bedeutet Freiheit; Materie bedeutet Versklavung. Es hängt also ganz davon ab, wie du dich definierst. Wenn du sagst: »Ich bin nur dieser Körper«, dann ist alles an dir vollkommen vorherbestimmt.

Wenn jemand behauptet, der Mensch sei nur der Körper, so kann er nicht gleichzeitig behaupten, der Mensch sei nicht vorherbestimmt. Normalerweise glauben diejenigen, die nicht an das Bewusstsein glauben, auch nicht an Vorherbestimmung. Menschen dagegen, die religiös sind und an das Bewusstsein glauben, sind gewöhnlich jene, die an die Vorherbestimmung glauben. Was ich sage, klingt daher widersprüchlich, ist aber dennoch wahr.

Ein Mensch, der das Bewusstsein kennt, kennt auch die Freiheit. Deshalb kann nur ein spiritueller Mensch sagen, dass es keine Vorherbestimmung gibt. Diese Erkenntnis kommt erst, wenn du die Identifikation mit dem Körper vollkommen aufgelöst hast. Wenn du das Gefühl hast, nur ein materielles Dasein zu besitzen, dann ist keine Freiheit möglich. Auf der materiellen Ebene ist keine Freiheit möglich. Materie kann nicht frei sein; sie ist der Verkettung von Ursache und Wirkung unterworfen.

Sobald ein Mensch Bewusstsein erlangt, Erleuchtung erlangt, gelangt er völlig außerhalb der Sphäre von Ursache und Wirkung. Er wird absolut unvorhersagbar. Man kann nichts über ihn sagen. Von da an lebt er jeden einzelnen Augenblick für sich genommen. Er lebt ein »atomares Dasein«.

Dein Dasein ist ein flussähnlicher Ablauf, bei dem jeder Schritt von der Vergangenheit bestimmt wird. Deine Zukunft ist keine wirkliche Zukunft; sie ist ein bloßes Nebenprodukt der Vergangenheit. Sie ist ein Ergebnis der Vergangenheit, die deine Zukunft bestimmt, formt, ausformuliert und konditioniert. Darum ist deine Zukunft vorhersagbar.

B. F. Skinner hat behauptet, der Mensch sei ebenso berechenbar wie alles andere. Die einzige Schwierigkeit bestünde darin, dass wir noch nicht die Mittel entwickelt hätten, seine Vergangenheit vollständig zu kennen. Sobald wir seine komplette Vergangenheit kennen würden, könnten wir alles über ihn voraussagen. In Anbetracht der Menschen, mit denen Skinner arbeitete, hatte er völlig Recht, denn sie waren alle in höchstem Maße berechenbar. Bei seinen Experimenten mit Hunderten von Menschen fand er heraus, dass sie alle mechanisch waren und dass nichts in ihnen existierte, was man »Freiheit« nennen könnte.

Aber seine Studien waren begrenzt. Kein Buddha ist jemals zu ihm ins Labor gekommen, um die Experimente mitzumachen. Wenn auch nur ein einziger Mensch frei wäre, wenn nur ein einziger Mensch nicht mechanisch, nicht vorhersagbar wäre, würde Skinners ganze Theorie in sich zusammenfallen. Wenn auch nur ein einziger Mensch in der gesamten Menschheitsgeschichte sich als frei und nicht berechenbar erweist, dann sind alle Menschen potenziell frei und unberechenbar.

Die Möglichkeit der Freiheit hängt davon ab, ob du deinen Körper oder dein Bewusstsein an die erste Stelle setzt. Wenn dein ganzer Lebensstrom nur nach außen fließt, ist alles vorherbestimmt. Oder ist da auch noch etwas Inneres in dir? Darauf solltest du keine vorformulierte Antwort geben. Sage nicht: »Ich bin die Seele.« Solltest du das Gefühl haben, dass nichts in dir ist, dann sei ehrlich. Diese Ehrlichkeit ist der erste Schritt in Richtung innerer Freiheit des Bewusstseins.

Wenn du tiefer nach innen gehst, kannst du fühlen, dass alles zum Äußeren gehört. Dein Körper ist von außen gekommen, deine Gedanken sind von außen gekommen, sogar dein »Selbst« wurde dir von anderen gegeben. Deshalb hast du so große Angst vor der Meinung anderer Leute, denn sie haben die absolute Macht über dein Selbst. Sie können ihre Meinung über dich jederzeit ändern. Dein Selbst, deinen Körper, deine Gedanken hast du von anderen bekommen. Aber was ist innen? Du bestehst aus Schichten um Schichten von äußeren Dingen, die du angesammelt hast. Wenn du mit dieser Persönlichkeit identifiziert bist, die dir von anderen gegeben wurde, dann ist alles vorherbestimmt.

Werde dir bewusst, was alles von außen auf dich zukommt, und beginne, dich nicht mehr damit zu identifizieren. Dann wird irgendwann der Moment kommen, in dem das Äußere komplett von dir abfällt. Dann wirst du dich in einem Vakuum befinden. Dieses Vakuum ist der Übergang, die Tür zwischen dem Äußeren und dem Inneren. Vor diesem Vakuum, vor dieser Leere haben wir solche Angst, dass wir uns an die angesammelten äußeren Eindrücke klammern. Es braucht Mut, sich von den herandrängenden äußeren Dingen loszusagen und in dem Vakuum zu verweilen und dem standzuhalten. Wenn du nicht genug Mut aufbringst, wirst du herausgehen und nach dem Erstbesten greifen, nur um die Leere nicht fühlen zu müssen. Doch dieser Augenblick des Verweilens im Vakuum – das ist Meditation. Wenn du mutig genug bist und in diesem Augenblick verweilen kannst, wird dein ganzes Sein sich bald automatisch nach innen wenden.

Wenn du dich außen an nichts festhalten kannst, wendet sich dein ganzes Sein nach innen. Dann weißt du zum ersten Mal, dass du etwas bist, das über alles hinausgeht, wofür du dich je gehalten hast. Nun bist du verändert; du wendest dich vom Werden zum *Sein*. Dieses Sein ist frei, es kann von nichts bestimmt werden. Es ist absolute Freiheit. Die Verkettung von Ursache und Wirkung ist hinfällig geworden.

Deine Handlungen sind immer auf vergangene Handlungen bezogen. Handlung A hat eine Situation erzeugt, in der B möglich wurde; B erzeugt eine Situation, in der C aufblüht. Deine Handlungen sind immer mit vergangenen Handlungen verknüpft, und das geht zurück bis zum anfanglosen Anfang und immer weiter bis zum endlosen Ende. Nicht nur die eigenen Handlungen bestimmen dich, sondern auch die Handlungen deines Vaters und deiner Mutter; sie bilden eine Kontinuität mit deinen Handlungen. Deine Gesellschaft, deine Geschichte, alles, was je zuvor geschah, bezieht sich irgendwie auf dein gegenwärtiges Tun. Die gesamte Geschichte kommt in dir zur Blüte. Alles, was je geschah, ist mit deiner Handlung verbunden, demnach ist deine Handlung offensichtlich vorbestimmt. Sie ist ein winziger Teil des Gesamtbildes. Die Geschichte ist eine so vitale, lebendige Kraft und deine individuelle Handlung ein so kleiner Bestandteil davon.

Marx hat gesagt, dass es nicht das Bewusstsein sei, das die gesellschaftlichen Verhältnisse bestimme, sondern umgekehrt: Die Gesellschaft und ihre Verhältnisse bestimmen das Bewusstsein. Und es ist nicht so, dass bedeutende Menschen eine bedeutende Gesellschaft hervorbringen, sondern eine bedeutende Gesellschaft bringt bedeutende Menschen hervor. Und in gewisser Weise hat er Recht, denn du bist nicht der Urheber deiner Handlungen. Hinter deinen Taten steht die gesamte Geschichte; du bist nur der Ausführende.

Der gesamte Evolutionsprozess steht hinter der Hervorbringung deiner biologischen Zellen. Diese Zellen in dir können zum Bestandteil eines neuen Menschen werden. Du magst denken, du seist der Vater eines Kindes geworden, aber du warst nur eine Bühne, auf der sich die gesamte biologische Evolution ausagierte und dich zum Agieren zwang. Der Akt der Fortpflanzung ist so machtvoll, weil er über dich hinausgeht; es ist der gesamte Evolutionsprozess, der durch dich hindurch agiert.

Das ist die eine Art, wie Handlungen ablaufen: in enger Beziehung zu anderen, vergangenen Handlungen. Wenn aber ein Mensch erleuchtet wird, zeigt sich ein neues Phänomen: Seine Handlungen stehen nicht mehr in Bezug zu vergangenen Handlungen. Nun steht jede Handlung ausschließlich in Bezug zu seinem Bewusstsein. Sie hat ihren Ursprung in seinem Bewusstsein, nicht mehr in der Vergangenheit. Darum ist ein erleuchteter Mensch nicht vorhersagbar.

Skinner meint, wir könnten im Vorhinein wissen, was d tun wirst, wenn deine vergangenen Handlungen bekannt wären. Das alte Sprichwort: »Man kann ein Pferd zum Wasser führen, aber man kann es nicht zum Trinken zwingen«, sei falsch, sagt er. Man könne es sehr wohl dazu zwingen. Man könne ein Klima herstellen, in dem das Pferd gezwungen ist zu trinken. Das Pferd kann gezwungen werden. Und auch du könntest gezwungen werden, denn deine Handlungen sind von den Situationen, von den Umständen abhängig. Aber selbst wenn man einen Buddha zum Fluss führen würde, so könnte man ihn nicht zum Trinken zwingen. Je mehr man versuchte, ihn zu zwingen, umso weniger wäre es möglich. Keine noch so große Hitze könnte ihn dazu veranlassen; selbst wenn 1000 Sonnen auf ihn herabschienen, wäre da nichts zu machen. Ein Buddha hat einen anderen Handlungsursprung. Er wird nicht von anderen Handlungen determiniert; er steht in Verbindung mit dem Bewusstsein.

Daher meine ständige Betonung, dass du bewusst handeln sollst. Dann handelst du von Augenblick zu Augenblick. Dann steht es außer Frage, irgendwelche Handlungen einfach nur fortzusetzen. Du bist frei. Dann erst handelst du wirklich, und niemand kann sagen, wie du dich entscheiden wirst.

Gewohnheiten sind mechanisch, sie wiederholen sich. Je öfter du etwas wiederholst, umso effizienter wirst du damit. Effizienz bedeutet, dass keine Bewusstheit mehr nötig ist. Eine effiziente Schreibkraft braucht sich nicht mehr anzustrengen; das Tippen funktioniert von allein, auch unbewusst. Selbst wenn sie über etwas anderes nachdenkt, geht das Tippen weiter. Der Körper tippt, auch ohne die bewusste

'erson. Effizienz bedeutet, eine Sache so gut
dass man sie mühelos tun kann. Freiheit ent-
:r auch die Möglichkeit von Mühe und An-
ne Maschine kann keine Fehler machen. Um
en zu können, muss man bewusst sein.

Dei... andlungen knüpfen immer an frühere Handlungen an; insofern sind sie also vorherbestimmt, bereits festgelegt. Deine Kindheit bestimmt deine Jugend, deine Jugend bestimmt dein Altwerden, deine Geburt bestimmt deinen Tod – alles ist irgendwie festgelegt und vorherbestimmt. Buddha pflegte zu sagen: »Sorge für die Ursache, und die Wirkung wird eintreten.« Das bezieht sich auf die Welt von Ursache und Wirkung, in der alles festgelegt ist.

Wenn du mit ungeteiltem Bewusstsein handelst, entsteht eine grundsätzlich andere Situation. Dann geschieht alles von Augenblick zu Augenblick. Das Bewusstsein ist ein Strom, nichts Statisches. Es ist das Leben selbst, darum wandelt es sich ständig. Es ist lebendig. Es weitet sich immer weiter aus und ist immer wieder neu und frisch und jung. Dann sind alle deine Handlungen spontan.

Das erinnert mich an eine Zen-Geschichte ...

Ein Zen-Meister stellte seinem Schüler eine spezielle Frage. Die Antwort war genau, wie sie sein sollte. Am nächsten Tag stellte der Meister dieselbe Frage noch einmal. Der Schüler sagte: »Aber diese Frage habe ich doch gestern schon beantwortet!«

Der Meister sagte: »Jetzt frage ich dich wieder.« Der Schüler wiederholte die gleiche Antwort. Der Meister sagte: »Du weißt es also nicht!«

Der Schüler sagte: »Aber gestern habe ich genauso geantwortet, und du hast mit dem Kopf genickt. Daraus schloss ich, dass die Antwort richtig war. Weshalb hast du jetzt deine Meinung geändert?«

Der Meister sagte: »Alles, was wiederholt werden kann, kommt nicht aus dir. Deine Antwort kam aus dem Gedächtnis, nicht aus dem Bewusstsein. Wüsstest du es wirklich, dann würde deine Antwort heute ganz anders lauten, denn es hat sich viel verändert. Ich bin nicht mehr derselbe, der dir gestern diese Frage stellte. Die ganze Situation ist anders. Du bist ebenfalls anders – aber du gibst die gleiche Antwort. Ich musste dir die Frage noch einmal stellen, nur um zu sehen, ob du die Antwort wiederholen würdest. Man kann nichts wiederholen.«

Je lebendiger du bist, umso weniger wiederholst du dich. Nur ein Toter kann immer gleich sein, widerspruchsfrei und absolut beständig. Leben ist Unbeständigkeit, Wandelbarkeit, Inkonsequenz. Leben ist Freiheit. Freiheit kann nicht konsequent sein. Konsequent in Bezug auf was? Nur in Bezug auf die Vergangenheit kannst du konsequent sein.

Ein Erleuchteter ist nur konsequent in Bezug auf sein Bewusstsein; er ist nie konsequent in Bezug auf seine Vergangenheit. Er handelt mit ungeteilter Aufmerksamkeit. Auf diese Weise bleibt nichts offen, wird nichts ausgelassen oder übergangen. Im nächsten Augenblick ist die Handlung abgeschlossen; sein Bewusstsein ist wieder frisch. Das Bewusstsein ist immer voll dabei, egal welche Situation eintritt. Und jede seiner Handlungen vollzieht sich in völliger Freiheit, als wäre er zum ersten Mal in dieser speziellen Situation.

Darum habe ich deine Frage sowohl mit Ja als auch mit Nein beantwortet. Es hängt alles ganz von dir ab, je nachdem, ob du Bewusstsein bist oder die angesammelten Erfahrungen deines körperlichen Daseins.

Religiosität verleiht Freiheit, denn Religiosität verleiht Bewusstsein. Je mehr materielles Wissen die Wissenschaft anhäuft, umso größer wird die Versklavung der Welt. Alle Phänomene der materiellen Ebene beruhen auf Ursache und Wirkung: Aus dem Wissen über Vorgegebenes resultiert ein bestimmtes Geschehen – alles wird vorhersehbar.

In den nächsten Jahrzehnten werden wir erleben, wie der gesamte Kurs der Menschheit auf vielfältige Weise festgelegt wird. Die größtmögliche Katastrophe, die auf uns zukommen könnte, ist nicht der nukleare Krieg. Er kann nur Zerstörung bringen. Die eigentliche Katastrophe droht uns von verschiedenen Zweigen der psychologischen Wissenschaft. Sie wird lernen, wie der Mensch psychologisch vollkommen kontrolliert werden kann. Weil wir so unbewusst sind, kann unser Verhalten mit vielfältigen Methoden auf vorhersehbare Weise manipuliert werden.

So wie wir sind, ist alles an uns im Voraus festgelegt. Der eine Mensch ist Hindu, ein anderer Muslim – das ist vorherbestimmt. Da ist keine Freiheit. Die Eltern haben darüber bestimmt, die Gesellschaft bestimmt darüber. Ein Mensch ist Arzt, ein anderer Ingenieur – damit ist ihr Verhalten bereits festgelegt. Unser ganzes Denken und Verhalten wird bereits jetzt ständig überwacht und gesteuert, dabei sind die Methoden noch relativ primitiv. Mit Hilfe neuer Techniken wird es möglich sein, unser Verhalten in einem solchen Maße zu beeinflussen, dass bald niemand mehr wird sagen können, dass es eine Seele gibt. Wenn jede deiner Reaktionen vorausbestimmt ist, welche Bedeutung hätte dann noch die Seele?

Durch die Körperchemie lassen sich deine Reaktionen steuern. Wenn du Alkohol zu dir nimmst, verhältst du dich anders. Deine Körperchemie verändert sich, und du benimmst dich anders. Es gab einmal Zeiten, in denen die höchste Technik im Tantra darin bestand, berauschende Substanzen zu sich zu nehmen und dabei vollkommen bewusst zu bleiben. Wenn ein Adept bei dieser Prüfung bewusst blieb, obwohl alles darauf angelegt war, dass er die Bewusstheit verlor, nur dann wurde er im Tantra als erleuchtet anerkannt, sonst nicht. Welchen Sinn hätte das Bewusstsein, wenn man es über die Körperchemie verändern kann? Wenn eine Injektion dich unbewusst machen kann, was bedeutet dann Bewusstsein überhaupt? Dann wäre eine chemische Droge stärker als dein eigenes Bewusstsein. Tantra sagt, dass es möglich ist, jedes Rauschmittel zu transzendieren und bewusst zu bleiben. Obwohl ein Reiz erfolgt, bleibt die Reaktion aus.

Auch Sex ist ein chemisches Phänomen: Eine bestimmte Menge von einem bestimmten Hormon erzeugt in dir sexuelles Begehren. Du *wirst* zum Begehren. Kann sein, dass du das bereust, wenn sich deine Körperchemie wieder normalisiert hat, aber jede Reue ist zwecklos. Sobald die Hormone ins Spiel kommen, wirst du dich wieder genauso verhalten. Darum hat Tantra auch mit Sex experimentiert. Erst wenn du in einer sexuell stimulierenden Situation kein sexuelles Begehren mehr fühlst, bist du frei davon. Dann hast du die Körperchemie weit hinter dir gelassen. Der Körper ist da, aber du bist nicht mehr sein Sklave.

Wut ist ebenfalls nur Chemie. Vielleicht macht die Biochemie dich demnächst zu einem wutfreien oder sexfreien Wesen – aber das macht noch keinen Buddha aus dir! Buddha war keineswegs unfähig, Wut zu zeigen. Er war dazu durchaus in der Lage, aber er empfand dabei keine Gefühle von Wut.

Wenn deine Körperchemie gesteuert wird, bist du nicht in der Lage, Wut zu empfinden. Die chemischen Voraussetzungen, unter denen Wutgefühle entstehen, sind dann nicht gegeben. Es fehlt die Wirkung der Wut. Oder, wenn deinem Körper die Geschlechtshormone entzogen würden, könntest du sexuell nichts mehr empfinden.

Aber im Grunde geht es nicht darum, ob du sexuell erregt wirst oder nicht, ob du wütend wirst oder nicht. Worum geht es also? Wie kannst du in einer Situation bewusst bleiben, die deine Unbewusstheit voraussetzt? Wie kannst du bewusst sein in einer Situation, die durch Unbewusstheit entsteht?

Wenn eine solche Situation eintritt, dann meditiere darüber. Hier ergibt sich eine großartige Gelegenheit! Wenn du Eifersucht fühlst, meditiere darüber. Dies ist der richtige Moment: Deine Körperchemie arbeitet in dir. Sie lässt dich unbewusst werden, sie wird bewirken, dass du dich wie ein Verrückter aufführst. Jetzt sei bewusst! Lass die Eifersucht da sein, unterdrücke sie nicht, aber bleibe bewusst. Sei ihr Zeuge.

Wenn Wut da ist, sei ihr Zeuge. Wenn sexuelle Gefühle da sind, sei ihr Zeuge. Lass alles passieren, was in dir passiert, und beginne, die ganze Situation meditativ zu erleben. Dann wirst du mit der Zeit sehen: Je tiefer deine Bewusstheit wird, umso weniger wird dein Verhalten fremdbestimmt sein. Du wirst frei. Nichts anderes bedeutet *Moksha*, Befreiung. Es bedeutet ein so freies Bewusstsein, dass es durch nichts fremdbestimmt werden kann.

Ist der Grad des spirituellen Fortschritts vorherbestimmt? Oder ist unser Leben einfach nur eine Serie von Herausforderungen und Möglichkeiten mit völlig ungewissem Ausgang?

Die Essenz ist vorbestimmt; die Persönlichkeit ist nur zufällig. Was du *bist*, ist vorbestimmt; was du zu sein *scheinst*, ist nur zufällig. Dass du Hindu oder Christ bist, ist ein Zufall. Dass du Mann oder Frau bist, ist ein Zufall. Dass du Deutscher oder Inder bist, ist ein Zufall. Dass du Schwarzer oder Weißer bist, ist ein Zufall. Aber dein *Sein*, das bloße Dasein, ist vorbestimmt.

Trachte danach, das zu finden, was vorbestimmt ist, und gib dich nicht allzu viel mit dem Unwesentlichen und Zufälligen ab.

Deine Nase ist ein bisschen zu lang oder ein bisschen zu kurz? Mach dir nicht zu viele Gedanken darüber; es ist rein zufällig. Deine Haut ist pigmentiert, du bist ein Schwarzer? Oder deine Haut ist nicht pigmentiert? – Solche Dinge sind keinen Pfifferling wert. Kümmere dich nicht darum; es ist einfach unwesentlich.

Trachte danach, das zu finden, was absolut vorherbestimmt ist. Und das ist deine Wesensnatur, deine Essenz.

Aber du verlierst dich im Nebensächlichen. Du legst zu viel Wert auf Nebensächlichkeiten, machst dir viel zu viele Gedanken darüber. Damit verschwendest du deine ganze Zeit und Energie. Du beschäftigst dich so viel mit unwesentlichen Dingen, dass du dabei das Wesentliche vergisst.

Das ist der Zustand eines Menschen, der schläft: immer auf das Unwesentliche fokussiert. Ständig in Gedanken an Geld, an Macht, an das Haus, an das Auto, an dieses und jenes … Aber du achtest nie auf das, was eigentlich dein innerstes Wesen ausmacht, was du bist. Dieser innerste Kern ist absolut vorbestimmt. In der Außenwelt gibt es nichts Vorbestimmtes. In der Innenwelt ist alles vorbestimmt. Schenke dem mehr Aufmerksamkeit! Darum geht es bei *Sannyas*: Es ist eine Hinwendung zum Wesentlichen und eine Abkehr vom Unwesentlichen.

Ich sage nicht, dass du nicht essen sollst, dass du nicht in einem Haus leben sollst, nein. Das bedeutet es nicht. Lebe in einem Haus, aber messe dem nicht allzu viel Wert bei. Zum Leben muss man essen. Also iss, aber mache das Essen nicht zu deinem Lebensinhalt. Es gibt Leute, die ununterbrochen ans Essen denken.

Geld ist notwendig, aber mache es nicht zu deinem Gott! Benutze es, wenn du es hast. Und wenn du keines hast, dann nutze das Nichthaben, denn auch das hat seine schönen Seiten. Wenn du Geld hast, kannst du einen Palast besitzen. Dann nimm ihn richtig in Besitz. Und wenn du kein Geld hast, werde zu einem Vagabunden, der unter dem freien Himmel lebt. Das hat seine eigene Schönheit. Wenn du Geld hast, benutze es, aber lass dich nicht vom Geld benutzen. Wenn du kein Geld hast, erfreue dich an der Armut. Der Reichtum hat seinen eigenen Reichtum, aber auch die Armut hat ihren Reichtum. Es gibt vieles, was nur ein Armer genießen kann, aber niemals ein Reicher. Es gibt vieles, was nur ein Reicher genießen kann, aber niemals ein Armer. Nutze die Gelegenheit … Wenn du reich bist, freue dich über das, was ein Reicher genießen kann. Wenn du arm bist, freue dich über das, was ein Armer genießen kann.

Aber was macht ihr? – Ihr macht genau das Gegenteil: Wenn ihr reich seid, sehnt ihr euch nach Dingen, die nur die Armen genießen können. Und wenn ihr arm seid, sehnt ihr euch nach Dingen, die nur die Reichen genießen können. Das ist töricht. Ich kann darin keine Intelligenz erkennen.

Ich wohnte einmal bei einem Freund. Er war der Rektor der Universität, ein alter Mann, ein Trinker, fast immer berauscht, aber er war ein sehr guter Mensch, wie Trinker es meistens sind. Ein sehr freundlicher, höflicher, liebevoller Mensch.

Einmal in der Nacht, er hatte wieder zu viel getrunken, saßen wir noch zusammen. Plötzlich bekam er Angst. Er geriet so in Panik, dass er mir auftrug: »Bitte schreibe sofort einen Brief an die Polizeibehörde: Sie sollen zwei *Intelligence Officers-* (Geheimdienstbeamte) hierherschicken.«

Ich schrieb den Brief, aber dabei machte ich einen Fehler. Ich schrieb an den Polizeikommissar: »Bitte schicken Sie zwei *intelligente* Beamte.«

Der alte Trinker las den Brief und fing an zu lachen: »Intelligente Beamte? Wer hätte je davon gehört? Schreib ›Intelligence‹ Beamte, nicht ›intelligente‹ Beamte.«

Es ist nahezu unmöglich, einen intelligenten Beamten zu finden, weil es nahezu unmöglich ist, einen intelligenten Menschen zu finden. Intelligenz ist Mangelware.

Wenn du Geld hast, genieße es. Solange du welches hast, lebe wie ein König! Aber ich sehe Menschen, die viel Geld haben und wie Bettler leben. Sie sparen für die Zukunft, aber wenn sie es verlieren, denken sie: »Warum habe ich die Gelegenheit nicht genutzt? Ich hätte mein Leben genießen können!«

Die Armen träumen oft von einem Leben in Palästen, dabei könnten sie sich über den Baum freuen, unter dem sie wohnen! Das Gezwitscher der Vögel, die Sonne, die Luft... Einem Armen steht die Welt viel mehr offen! Der Arme hat das Privileg des tiefen Schlafes, während dem Reichen der Schlaf zur Last wird. Er hat perfekte Schlafzimmer, bequeme Matratzen – nur schlafen kann er nicht! Dann denkt er voller Neid an die Bettler auf der Straße, die überall gut schlafen und schnarchen können, während er wach liegt.

Wenn du gut schlafen kannst, schlafe gut. Wenn du komfortable Matratzen hast, genieße es – und leide an deiner Schlaflosigkeit! Aber tue es mit Intelligenz.

Wie kommt es, dass die ehrlichen, sanften und gutherzigen Menschen leiden und benachteiligt werden, während die gerissenen, habgierigen und hartherzigen Menschen erfolgreich sind und großes Ansehen genießen? Liegt es an ihrem Karma aus früheren Leben, an ihrem Schicksal?

Es ist nicht nötig, an ein Schicksal zu glauben. Es ist nicht nötig zu glauben, dass die Menschen wegen ihres Karmas leiden, wegen ihrer schlechten Handlungen in früheren Leben. Die Realität ist, dass die guten Menschen, die netten Menschen, die tugendhaften Menschen von Natur aus leiden müssen. Man kann nicht alles haben im Leben! Wenn du

Güte hast, freue dich; wenn du Tugend hast, freue dich; wenn du Freundlichkeit hast, freue dich!

Welchen Grund gäbe es, die gerissenen Schlitzohren zu beneiden, dass sie Premierminister werden, und die üblen Schurken zu beneiden, dass sie reich werden? Die Schlechten werden zwangsläufig im Wettrennen gegen die Guten gewinnen, wenn es dabei ums Geld geht, wenn es ein Wettrennen um Macht, Prestige, Ansehen ist. Doch im Wettlauf um inneren Frieden, Stille, Ruhe, Gelassenheit, Besonnenheit, meditatives Bewusstsein und Göttlichkeit können die Schlechten gar nichts erreichen und nirgendwo hinkommen. Ich sehe darin kein Problem. Hättest du diese Frage jemand anderem gestellt, hätte er dir die früheren Leben als Erklärung geliefert, denn für Logiker und Theologen gibt es offenbar nur diese eine Möglichkeit.

Sie haben euch erzählt, gute Menschen sollten nicht leiden, aber schlechte Menschen sollten leiden. Im Leben sieht man aber gerade das Gegenteil: Die Guten leiden, und die Schlechten sind obenauf und freuen sich. Da müssen die Theologen natürlich ihre Fiktionen über frühere Leben, Glauben und Karma erfinden – alles frei erfundene, betrügerische Dinge. Die Wirklichkeit ist ganz einfach: Güte hat nichts mit Geldverdienen zu tun. Güte verdient etwas viel Wertvolleres: inneren Frieden.

Der Tugendhafte muss sich über profane Dinge nicht den Kopf zerbrechen. Er wird keinen Palast besitzen, aber er wird in seiner Hütte glücklicher leben als jeder König in seinem Palast. Der Tugendhafte wird nicht imstande sein, einen Palast zu erwerben, aber es wird ihm gelingen, Glückseligkeit zu erlangen. Der Schlitzohrige schafft es, in den Palast zu kommen, doch er verliert darüber seinen inneren Frieden. Er verliert vollkommen den Kontakt zu sich selbst.

Für mich ist es ganz einfach: Wenn du die innere Welt und innere Reichtümer willst, dann sei gut, sei tugendhaft, sei freundlich, und beneide nicht jene armen Kerle, die nur so clever sind, dass sie viel Geld machen und alle möglichen kriminellen Taten begehen können, um zu hohen Ämtern und Berühmtheit zu gelangen. Willst du etwa beides? Willst du Geld *und* Meditation? Da verlangst du zu viel. Irgendetwas musst du auch den Schlitzohren übrig lassen! Sie geben sich solche Mühe! Und innerlich leiden sie so sehr. Du leidest vielleicht äußerlich, aber sie leiden innerlich – und das ist ein viel größeres Leiden, als du es kennst.

Ich sehe also keine Notwendigkeit, das Leben durch fiktive Theorien zu erklären. Das Leben ist eine einfache Rechnung: Du bekommst das, was du verdienst. Verlange nicht nach Dingen, die deinem Wesen nicht entsprechen, dann ist es kein Problem. Dann siehst du es nicht mehr so, dass die Tugendhaften leiden. Nein, eine tugendhafte Person leidet nicht. Ein tugendhafter Mensch ist einfach glücklich und genießt jeden Augenblick. Und wenn er leidet, dann ist er nicht tugendhaft, sondern ein Feigling. Im Grunde ist er ein Durchtriebener, hat aber nicht den Mut dazu. Er will die gleichen Dinge wie die Schlitzohren, aber er hat nicht den Mut zu dieser Gerissenheit, noch ist er clever genug, um ein Schlitzohr zu sein. Schlitzohrigkeit ist eine Kunst.

Die Schlitzohren sollen ruhig das bekommen, womit sie umgehen können. Die Schlechten sollen das haben, was sie managen können. Aber die Guten brauchen nicht neidisch zu sein, denn sie haben die wahren Schätze des innersten

Seins. Sie sollten Mitgefühl haben und diese armen, schlitzohrigen Politiker und Superreichen durchschauen. Sie sollten die innere Armut, innere Dunkelheit und innere Hölle, in der sie leben, erkennen und Mitgefühl für sie empfinden, aber keinen Konkurrenzneid!

Könnte man nicht argumentieren, dass man sich besser nicht in das Karma und seine natürlichen Kräfte von Ursache und Wirkung einmischen sollte? Oder bringt uns die Existenz gerade jetzt diese Möglichkeit in Reichweite, als weiteren Schritt in der Welt- und Seelenevolution?

Argumentieren könnte man alles, aber Argumente führen nirgendwohin. Du könntest so argumentieren, aber was bringt dir das? Du kannst argumentieren, dass man sich nicht in den natürlichen Prozess des Karmas einmischen sollte – gut, dann mische dich nicht ein. Aber dann sei glücklich in deinem Unglück, und das bist du ja nicht. Im Grunde willst du dich ja einmischen. Wenn du dem natürlichen Prozess vertrauen kannst, wunderbar! Aber dann beklage dich nicht. Dann frage nicht: »Warum ist es so?« Es ist so wegen des natürlichen Prozesses des Karmas. Du leidest? Dann ist es wegen des natürlichen Prozesses des Karmas; anders kann es gar nicht sein. Also mische dich nicht ein.

Genau das bedeutet *Kismet*, die Lehre vom Schicksal, der Glaube an das Schicksal. Dann solltest du gar nichts tun. Was auch immer geschieht, das geschieht, und du musst es akzeptieren. Das bedeutet Hingabe; du brauchst nichts mehr zu tun. Es verlangt aber ein totales Akzeptieren. Tatsächlich ist es unnötig, dich einzumischen, aber kannst du in einem solchen Zustand verharren, ohne dich einzumischen? Du mischst dich doch ständig in alles ein. Du kannst es nicht der Natur überlassen. Wenn du es ihr überlassen könntest, wäre nichts anderes nötig, und alles würde für dich geschehen. Wenn du es aber nicht dabei belassen kannst, dann mische dich ein. Und das darfst du, aber du solltest den Prozess des Einmischens besser verstehen.

Tatsächlich bedeutet Meditation, sich nicht in den Prozess des Karmas einzumischen. Sie ist vielmehr ein Sprung heraus aus diesem Prozess. Genau genommen ist Meditation Nichteinmischung, ein Sprung heraus aus dem Teufelskreis, aus dem Rad der Wiedergeburt. Der Kreis wird weitergehen, und der Prozess wird von selbst an sein Ende kommen. Du kannst ihn nicht beenden, aber du kannst dich außerhalb stellen, und wenn du erst einmal außerhalb davon bist, wird er illusorisch.

Ein Beispiel: Ramana Maharshi starb an Krebs. Seine Schüler versuchten ihn zu überreden, er solle sich behandeln lassen. Er sagte: »In Ordnung. Wenn ihr es wollt und wenn es euch glücklich macht, dann behandelt mich. Aber was mich betrifft, ist alles völlig in Ordnung.« Die Ärzte waren erstaunt, denn sein Körper litt, er hatte starke Schmerzen, aber seine Augen zeigten keinerlei Schmerz. Sein Körper litt enorm, aber er selbst litt nicht.

Der Körper gehört zum Karma, er ist Teil des mechanischen Kreislaufs von Ursache und Wirkung. Doch das Bewusstsein kann darüber hinausgehen, es kann den Körper transzendieren. Ramana war einfach nur Zeuge. Er sah, wie der Körper litt, wie der Körper sich anschickte zu sterben, aber er war nur Zeuge davon. Er mischte sich nicht ein, er griff überhaupt nicht ein. Er nahm einfach nur alles wahr, was geschah, aber er befand sich nicht in dem Teufelskreis, er war nicht identifiziert, war nicht darin gefangen.

Meditation ist keine Einmischung. In der Tat mischst du dich ständig ein, wenn du ohne Meditation lebst. Mit Meditation begibst du dich auf eine Ebene jenseits davon: Du wirst zu einem »Zuschauer auf dem Berg«. Tief unten im Tal spielen sich wie gewohnt die Ereignisse ab. Alles geht weiter, aber es gehört nicht mehr zu dir. Du bist nur ein Zuschauer. Es ist, als würde es jemand anderem passieren, oder als würde es im Traum passieren oder in einem Film auf der Kinoleinwand. Du mischst dich nicht ein. Du gehörst einfach nicht mehr zu diesem ganzen Drama; du bist herausgetreten. Du bist kein Mitspieler mehr, nur ein Zuschauer. Das ist das Einzige, was sich verändert hat.

Und wenn du nur noch Zeuge bist, wird der Körper unvermittelt alles vollenden, was noch zu vollenden ist. Wenn du viel karmisches Leid angesammelt hast und zum Zeugen geworden bist, wirst du nicht mehr wiedergeboren, aber der Körper muss in diesem Leben noch all das Leiden durchmachen, das er sonst in vielen weiteren Leben zu erleiden hätte. Darum kommt es häufig vor, dass ein Erleuchteter viele körperliche Krankheiten erleiden muss, denn für ihn gibt es keine zukünftige Geburt, kein zukünftiges Leben mehr. Dies wird der letzte Körper sein, darum müssen sämtliche Karmas abgeschlossen und der ganze Prozess vollendet werden.

Wenn wir das Leben von Jesus mit den Augen des Ostens betrachten, bekommt die Kreuzigung eine andere Bedeutung. Das westliche Denken kennt keine Aufeinanderfolge von vielen Leben, keine Wiedergeburt, keine Reinkarnation. Darum gibt es im Grunde keine sehr tief reichende Analyse der Kreuzigung. Es gibt nur den Mythos, Jesus habe für uns gelitten, sein Leiden bedeute unsere Erlösung. Aber das ist absurd. Und es wird auch nicht den Tatsachen gerecht, denn wenn das Leiden Jesu eure Erlösung bedeutet, warum ist dann immer noch so viel Leiden in der Menschheit? Die Menschheit leidet heute mehr denn je zuvor.

Nach der Kreuzigung von Jesus ist die Menschheit nicht in das Königreich Gottes gekommen. Wenn er für uns gelitten hat, wenn seine Kreuzigung eine Sühne war für unsere Schuld und Sünde, dann ist er damit gescheitert, denn die Schuld geht weiter, die Sünde geht weiter, das Leiden geht weiter. Dann war sein ganzes Leiden vergeblich. Dann hat die Kreuzigung gar nichts bewirkt.

Die christliche Religion hat nichts als diesen Mythos. Aber die östliche Analyse des Menschenlebens ermöglicht eine andere Sichtweise: Die Kreuzigung von Jesus drückt die Summe all seines Leidens aus, das er durch sein Karma angehäuft hatte. Dies war sein letztes Leben, er würde nicht mehr in einen Körper eintreten, darum musste sich das ganze Leiden kristallisieren. Es konzentrierte sich in einem einzigen Punkt: seiner Kreuzigung.

Er hat für niemand anderen gelitten – niemand kann für andere leiden. Er hat für sich selbst gelitten, für sein ganzes vergangenes Karma. Niemand anderer kann dich befreien. Du bist gefesselt durch dein eigenes Karma, wie könnte Jesus dich davon erlösen? Er kann sich selbst zu einem Sklaven machen, er kann sich selbst zu einem freien Menschen machen. Er kann nur sich selbst erlösen. Durch die Kreuzigung wurde sein karmisches Konto geschlossen. Er war fertig. Die Kette von Ursache und Wirkung hatte ihr Ende erreicht. Dieser Körper würde nicht wiedergeboren werden; er würde in keinen neuen Mutterschoß eintreten. Wäre er nicht erleuchtet worden, hätte er noch viele Leben leiden müssen. So konzentrierte sich alles in einem Punkt, in diesem einen Leben.

Du kannst dich nicht einmischen, und wenn du dich einmischst, schaffst du dir mehr Leiden. Mische dich nicht in das Karma ein, sondern gehe darüber hinaus: Werde sein Zeuge. Verstehe es als einen Traum, etwas Unwirkliches. Schau es dir einfach an, ungerührt. Lass dich nicht hineinverwickeln. Dein Körper leidet – schau dir das Leiden an. Dein Körper ist glücklich – schau es dir an und fühle es, aber identifiziere dich nicht damit. Genau das bedeutet Meditation.

Und suche keine Ausflüchte, keine Ausreden. Sage nicht, »man könnte doch argumentieren« ... Man kann über alles argumentieren. Du bist frei, das zu tun. Aber vergiss nicht: Dein Argument könnte sich als selbstmörderisch erweisen. Du kannst auch gegen dich selbst argumentieren; du kannst ein Argument finden, das dir überhaupt nicht hilft, weil es dich nicht transformieren wird, sondern ein Hindernis für dich sein wird.

Aber wir argumentieren ständig. Gerade heute kam mich ein Mädchen besuchen. Sie fragte: »Sag mir, gibt es Gott denn wirklich?« Sie war bereit zu argumentieren, dass es Gott nicht gibt. Ich betrachtete ihr Gesicht, ihre Augen. Sie wirkte angespannt und streitsüchtig, wollte sich offenbar darüber streiten. Im Grunde wollte sie, dass ich sage: »Es gibt keinen Gott.« Denn wenn es Gott gibt, dann hast du ein Problem. Wenn es Gott gibt, dann kannst du nicht bleiben, was du bist. Dann kommt eine Herausforderung auf dich zu. Gott ist eine Herausforderung. Es bedeutet, dass du dich nicht mit dir zufriedengeben kannst. Etwas Höheres als du ist möglich. Ein höherer Zustand ist möglich, ein Zustand von absoluter Bewusstheit ist möglich. Das bedeutet »Gott«.

Sie war also bereit zu argumentieren, und sie sagte: »Ich bin Atheistin und glaube nicht an Gott.«

Ich sagte ihr: »Wenn es keinen Gott gibt, wie kannst du ›nicht an ihn glauben‹? Und Gott ist bedeutungslos für dich. Dein Glaube oder Unglaube, deine Argumente für oder gegen Gott haben etwas mit *dir* zu tun. Sie haben nichts mit Gott zu tun. Wieso betrifft es dich überhaupt? Wenn es keinen Gott gibt – wieso bist du dann so weit gereist und bist zu mir gekommen, um über etwas zu streiten, was es gar nicht gibt? Vergiss ihn und vergib ihm! Geh nach Hause und verschwende nicht deine Zeit! Wenn es ihn nicht gibt, was machst du dir Gedanken darüber? Wozu diese Anstrengung, um zu beweisen, dass es ihn gar nicht gibt? Dein Bemühen sagt etwas über dich aus: Du hast Angst. Wenn es Gott gibt, dann ist es eine Herausforderung. Wenn es Gott nicht gibt, kannst du so bleiben, wie du bist. Dann wird dein Leben nicht in Frage gestellt.«

Jemand, der Angst hat vor Herausforderungen, Risiken, Gefahren, der Angst hat, sich zu verändern, Angst vor Mutation, wird immer die Existenz Gottes leugnen. Die Leugnung ist sein Verstand; die Leugnung sagt etwas über ihn, nicht über Gott.

Ich sagte ihr: »Gott ist keine Sache, die man beweisen oder widerlegen kann. Gott ist kein Objekt, über das man eine Meinung haben kann – weder dafür noch dagegen. Göttlichkeit ist ein Potenzial, das in dir liegt. Es ist nicht außen, es ist eine Möglichkeit, die in dir liegt. Wenn du dich auf den Weg machst zu dieser Möglichkeit, wird sie real. Wenn du dich nicht auf diesen Punkt zubewegst, erscheint es irreal. Und wenn du dagegen argumentierst, ist es sinnlos, sich auf den Weg zu machen. Dann bleibst du gleich. Und das erweist sich als ein Teufelskreis.

Du argumentierst, dass es Gott nicht gibt, und deswegen machst du dich nie auf den Weg in Richtung Göttlichkeit – denn es ist ein innerer Weg, eine innere Reise. Du machst dich niemals auf den Weg, denn warum solltest du dich auf den Weg machen zu einem Punkt, den es nicht gibt? So bleibst du gleich. Und wenn du gleich bleibst, wirst du mit dem Göttlichen nie in Berührung kommen, wirst ihm nie begegnen. Dann wirst du nie ein Gefühl, eine Schwingung des Jenseitigen erleben. Das ist für dich dann ein weiterer Beweis, dass es nicht existiert. Und je mehr Bestätigungen du bekommst, desto weiter bist du davon entfernt, desto mehr nimmst du davon Abstand, und die Kluft vergrößert sich noch.

Die Frage ist also nicht, ob Gott existiert oder nicht, so sagte ich ihr. Die Frage ist, ob du wachsen willst oder nicht. Wenn du wächst, wird dein gesamtes Wachstum zur Begegnung, wird deine gesamte Entwicklung zur Kommunion, wird dein gesamtes Leben zu einem Rendezvous mit dem Göttlichen. Und dann erzählte ich ihr diese Anekdote:

An einem windigen Morgen gegen Ende des Frühlings machte sich eine Schnecke daran, einen Kirschbaum hinaufzuwandern. Einige Spatzen auf einer benachbarten Eiche begannen zu lachen, denn es war noch nicht die Jahreszeit für Kirschen, und die arme Schnecke gab sich solche Mühe, nach oben zu kommen. Sie lachten auf ihre Kosten.

Dann flog ein Spatz hinunter, in die Nähe der Schnecke, und sagte: »Liebling, wohin gehst du denn? Es gibt noch keine Kirschen auf dem Baum.«

Aber die Schnecke ließ sich nicht beirren und setzte ihren Weg nach oben fort. Ohne anzuhalten, sagte sie: »Aber sie werden da sein, wenn ich ankomme. Sie werden da sein, wenn ich ankomme. Ich werde lange brauchen, bis ich oben ankomme, aber bis dahin werden die Kirschen da sein.«

Gott existiert nicht, aber bis du ankommst, wird die Göttlichkeit da sein. Sie ist nicht etwas, das schon da wäre – sie ist nie da. Sie ist ein Wachsen. Sie ist dein eigenes Wachsen. Bis du den Punkt erreichst, dass du vollkommen bewusst bist, wird die Göttlichkeit da sein. Aber argumentiere nicht darüber. Statt deine Energie mit Argumenten zu verschwenden, nutze sie lieber, um dich selbst zu transformieren.

Und von der Energie gibt es nicht so viel. Wenn du deine Energie ins Argumentieren umlenkst, kannst du ein genialer Disputierer werden. Aber das ist reine Energieverschwendung und hat einen hohen Preis, denn die gleiche Energie könnte zur Meditation werden. Du kannst ein Logiker werden, kannst dich in logischen Spitzfindigkeiten ergehen, kannst sehr überzeugende Beweise oder Gegenbeweise finden – aber du bleibst unverändert. Deine Argumente werden dich überhaupt nicht verändern.

Vergiss eines nicht: Alles, was dich verändert, ist gut. Alles, was dir Wachstum, Ausweitung, Steigerung des Bewusstseins bringt, ist gut. Alles, was dich stagnieren lässt und deinen Status quo bewahrt, ist nicht gut – es ist tödlich, selbstmörderisch.

Es gibt einen Ausspruch der Sufis, der lautet:
»Kein Mensch entgeht seinem Schicksal.
Dies ist eine Welt der Begrenzungen – gesegnet
sind jene, die ungeachtet dieser Tatsache
einen Geschmack des Grenzenlosen erhaschen.«
Ein berühmter Astrologe und Komponist,
Dane Rudhyar, der auch mit George Gurdjieff
befreundet war, sagte einmal: »Die alte Vorstellung
der Astrologie, dass den Menschen Erfahrungen
zugutekommen, ist nicht richtig. Im Gegenteil:
Die Menschen kommen ihren Erfahrungen zugute.«
Meine Beobachtung ist die, dass jeder Astrologe,
der genügend Mut aufbringt, herausfinden
wird, dass Gurdjieff Recht hatte, wenn er sagte:
»Der Mensch ist eine Maschine.«

George Gurdjieff hat Recht, wenn er sagt, dass der Mensch eine Maschine ist. Doch mit *Mensch* meint er alle, die unbewusst leben, die nicht bewusst und nicht wach sind, all jene, die nicht auf die Wirklichkeit antworten, sondern nur reagieren. 99,9 Prozent der Menschen zählen zur Kategorie der Maschinen. Nur für solche Maschinen sind astrologische Prognosen möglich.

In der Tat lassen sich nur über Maschinen Vorhersagen treffen und Garantien geben. Für eine Armbanduhr kann man fünf Jahre Garantie geben, für ein Auto kann man für eine bestimmte Zeit Garantie gewähren, weil die Leistungsfähigkeit einer Maschine bekannt ist – wie viel Arbeit sie verrichten kann und für wie lange. Sie hat einen begrenzten Funktionsradius. Und sie kann nichts von allein tun, sie kann auf Situationen nur reagieren, und die sind nahezu vorhersehbar.

Zum Beispiel tritt bei Jungen und Mädchen in einer bestimmten Altersphase die Geschlechtsreife ein. Dann wird ihre Biologie, werden die Hormone anfangen, sie mit gewaltiger Kraft zusammenzuführen. Sie werden es Liebe nennen – denn wer will schon als Maschine klassifiziert werden? Zwei Maschinen können nicht lieben, zwei Maschinen können nur sich anbaggern, zusammenkoppeln, aneinander reiben und bekriegen.

Es ist kein Zufall, dass es in fast jeder Sprache einen Ausdruck gibt wie »sich ver-lieben« oder (im Englischen) »*falling in love*«, denn es ist ein unbewusster Vorgang. Es ist ein Fall, ein Absturz. Du kannst nicht sagen, warum du einen bestimmten Menschen liebst.

Die Wissenschaft der menschlichen Biologie und Genetik ist heute so ausgereift, dass man euch Hormone injizieren kann, die eure ganze »Liebe« zum Verschwinden bringen oder aber großartige Liebhaber aus euch machen können. Das kommt aber von den Hormonen, es ist Chemie. Ihr habt keinen bewussten Anteil daran.

Es geschah in Mumbai vor etwa 20 Jahren, dass ein Astrologe mich besuchen kam. Ich sagte zu ihm: »Sie werden enttäuscht sein. Die Astrologie funktioniert bei mir nicht.«

Er sagte: »Es ist keine Frage, ob sie bei Ihnen oder sonst wem funktioniert. In der Astrologie gibt es keine Ausnahmen.«

Ich sagte: »Dann tun Sie mal eines: Schreiben Sie zwölf Dinge auf, die ich innerhalb eines Jahres tun werde. Sie behalten eine Kopie, und ich behalte eine Kopie. Und ich werde auf beide Kopien draufschreiben, dass ich diese zwölf Dinge *nicht* tun werde. Dann können wir sehen, ob Ihre Astrologie funktioniert oder nicht.«

Er erschrak ein wenig, denn diese Möglichkeit hatte er noch nicht in Betracht gezogen. Ich sagte: »Das könnte sogar so weit gehen, wenn Sie mir sagen, ich würde dieses Jahr überleben, dass ich dann sterbe, nur um Ihnen klarzumachen, dass die Astrologie bei mir nicht funktioniert!«

Er sagte: »Da muss ich Ihr Horoskop erst einmal genauer studieren. In drei Tagen komme ich wieder.«

Seither sind 20 Jahre vergangen; er kam nie wieder! Sooft ich nach Mumbai kam, ließ ich nachfragen: »Ruft den Astrologen an und fragt ihn, wann er mit dem Studium meines Horoskops fertig ist, denn inzwischen sind 20 Jahre vergangen. Hat er den Plan aufgegeben?«

Wenn du erleuchtet bist, funktioniert die Astrologie nicht bei dir. Dann kannst du lieben, kannst bewusst handeln, kannst etwas bewirken. Du hast eine gewisse »Selbstmeisterschaft« über dein Leben erlangt. Solange du unbewusst bist, weht es dich mal hierhin, mal dorthin, wie ein Blatt im Wind. Und jeder, der die menschliche Natur tiefer erforscht hat …

Es gibt viele astrologische Schulen, die seit Jahrhunderten untersuchen, wie der mechanische Mensch funktioniert. Sie sind zu bestimmten Ergebnissen gelangt, und damit liegen sie fast immer richtig. Wenn es nicht zutrifft, was sie sagen, ist der Astrologe meist nicht gut genug vorbereitet, und seine Studien der menschlichen Natur und des unbewussten Verhaltens sind noch nicht abgeschlossen.

Aber sobald du anfängst, bewusst zu werden, fängst du erst an, ein richtiger Mensch zu werden – keine Maschine. Als Gurdjieff zum ersten Mal sagte: »Der Mensch ist eine Maschine«, da waren viele schockiert. Aber er sagte die Wahrheit. Allerdings gilt diese Wahrheit nur für 99,9 Prozent der Menschen – 0,1 Prozent sind davon ausgenommen.

Gautama Buddha wurde geboren ... Das war im Osten die Zeit der größten Entfaltungsmöglichkeiten für die Genialität des Menschen. Auf allen Ebenen, auf denen der Osten aktiv war, wurde ein Gipfel, ein absoluter Höhepunkt erreicht. Das geht so weit, dass sich zum Beispiel keine einzige neue Yoga-Position mehr finden lässt, weil Patanjali sämtliche Möglichkeiten ausgeschöpft hat; seine Yoga-Wissenschaft ist vollständig. Seither sind 5000 Jahre vergangen, und Tausende haben es versucht, aber sie konnten keine neue Yoga-Stellung finden. Dasselbe gilt für die Liebesstellungen im Sex. Vatsyayana hat sämtliche möglichen – und einige unmögliche – Stellungen beschrieben. Und Shiva stellte eine vollständige Liste aller Meditationstechniken – insgesamt 112 – zusammen. Ihr könnt zwar mit neuen Kombinationen spielen, aber etwas wirklich Neues lässt sich nicht mehr finden.

Auch die Astrologie erlebte ihre Blüte. Und als Gautama Buddha, der Sohn eines großen Königs, geboren wurde, ließ der König sofort die besten Astrologen kommen. Alle vertieften sich in das Geburtshoroskop, aber keiner sagte etwas dazu.

Nur einer, ein junger Astrologe, sagte zu dem König: »Diese Männer sind deshalb so still, weil es sich hier um einen ganz außergewöhnlichen Knaben handelt. Wir können nichts Eindeutiges über ihn sagen. Es gibt zwei Möglichkeiten …« Normalerweise wird kein Astrologe so reden. Ein traditioneller indischer Astrologe bemüht sich, eine präzise Vorhersage zu machen über das, was geschehen wird. Es ist nicht üblich, verschiedene Möglichkeiten aufzuzeigen; das wäre keine astrologische Vorhersage.

Aber dieser junge Astrologe sagte: »Diese Leute sind alt und weise, deshalb sagen sie nichts. Ich bin noch jung und kann meinen Kopf hinhalten. Ich kann etwas riskieren, denn ich habe noch keinen Ruf zu verlieren. Es gibt also zwei Möglichkeiten: Entweder wird dieser Knabe ein Weltherrscher, ein Welteroberer – oder er wird ein Erleuchteter, eine erwachte, befreite Seele; aber dann wird er ein Bettler sein. Entweder wird er ein Herrscher über die ganze Welt oder ein Bettler, der eine Bettelschale in Händen hält. Es liegt nicht in unserer Macht zu sagen, was das Ergebnis sein wird.«

Und all die alten Astrologen stimmten zu: »Der junge Mann hat Recht. Wir haben geschwiegen, weil die Astrologie nicht auf diese Weise arbeitet. Es wird erwartet, dass wir sagen, was definitiv geschehen wird. Bei diesem Knaben ist das aber nicht möglich. Die Möglichkeiten sind so völlig entgegengesetzt: ein Herrscher oder ein Bettler.«

Und so geschah es.

Der König fragte all diese weisen Astrologen: »Dann sagt

mir doch, wie ich ihn schützen kann, damit er nicht die Richtung einschlägt, ein Bettler zu werden, sondern ein Weltherrscher wird. Das habe ich mir mein Leben lang gewünscht. Ich konnte es nicht verwirklichen, aber er hat das Potenzial dazu! Also sagt mir, wie ich verhindern kann, dass er ein Bettler wird.«

Sie gaben ihm ihren Rat, aber es erwies sich, dass dieser genau das Gegenteil von dem bewirkte, was sie beabsichtigten. Sie hatten vorgeschlagen: »Gib ihm jeden Luxus. Lass ihn nichts erfahren von Tod und Alter. Lass ihn nichts darüber erfahren, dass man ein Suchender, ein *Sannyasin*, sein kann. Er darf keine Zeit haben, über den Sinn des Lebens nachzudenken. Darum halte ihn ständig beschäftigt mit Gesang und Tanz, Frauen und Wein; lass ihn völlig darin eintauchen.«

Aber genau das führte zu den Schwierigkeiten … Man schirmte ihn 29 Jahre lang von der Welt ab, hielt ihn völlig unwissend über die normale Realität dieser Welt, wo Menschen krank werden, wo Menschen alt werden, wo Menschen sterben, wo es *Sannyasins* gibt, wo es Sucher nach der Wahrheit gibt … Hätte er dies alles von Anfang an kennen gelernt, so wäre er dagegen immun geworden. Er hätte von Anfang an mitbekommen, dass die Menschen alt und krank werden und dass nur einige wenige *Sannyasins* werden. So aber wurde er 29 Jahre lang von alledem völlig ferngehalten.

Und als er nach 29 Jahren mit der Welt in Kontakt kam – und eines Tages muss jeder mit der Welt in Kontakt kommen –, war dies ein großer Schock für ihn. Er traute seinen Augen kaum! Er konnte nicht glauben, dass Menschen altern, er konnte nicht glauben, dass das Leben mit dem Tod endet.

Er konnte nicht glauben, dass man ihn in Unwissenheit belassen hatte, während es Menschen gab, die den Sinn des Lebens suchten und herausfinden wollten, ob es im Menschen etwas Unsterbliches gab.

Der Schock wäre sonst nicht so groß gewesen. Für andere ist es kein so großer Schock, weil sie es von frühester Kindheit miterlebt und sich allmählich daran gewöhnt hatten. Für ihn war es allerdings ein ungeheurer Schock. Noch in derselben Nacht verließ er den Palast als *Sannyasin,* als Sucher nach der Wahrheit. Der Vater hatte ihn vor der Bettelschale bewahren wollen – aber genau diesen Weg wählte er in jener Nacht.

Möglicherweise wäre aus ihm ein Alexander der Große geworden, hätte man ihn nicht in Unwissenheit belassen. Aber in gewisser Weise war es gut so, denn Alexander der Große und Leute seines Schlages haben zum menschlichen Bewusstsein nichts beigetragen. So kam es, dass dieser einzelne Mann mit der Bettelschale die Menschheit höher emporgehoben hat als jeder andere – empor zu den Sternen, zur Unsterblichkeit, zur Wahrheit.

Bei einem solchen Menschen wird die Astrologie nicht greifen.

Es wird gut sein, es einfach hinzunehmen, dass du wie eine Maschine funktionierst. Sei deswegen nicht beleidigt, denn wenn du dich beleidigt fühlst, wirst du dich abschotten, und dann bleibst du, wie du bist.

Versuche dein Verhalten zu verstehen – ist es mechanisch oder nicht? Wie reagierst du, wenn jemand dich beleidigt? Ist deine Reaktion mechanisch oder bewusst? Überlegst du, bevor du wütend wirst? Meditierst du, hältst du einen Moment inne, ehe du antwortest? Vielleicht hat der andere ja Recht mit dem, was er sagt? Und wenn du nicht sofort wütend geworden wärest, schlagartig, ohne eine kleine Pause zu lassen, um innezuhalten, dann wärst du dem anderen vielleicht sogar dankbar gewesen, statt auf ihn wütend zu sein. Vielleicht hättest du gesagt: »Du hast Recht.«

Tatsache ist, dass diejenigen Dinge, wo jemand den Nagel auf den Kopf trifft, uns viel mehr schmerzen als Lügen – sie tun überhaupt nicht weh.

Kürzlich sah ich einen Zeitungsausschnitt: Ein westlicher Tourist, der soeben aus Tibet zurückgekommen war, hielt seine erste Pressekonferenz, und dabei sagte er: »Meine großartigste Erfahrung war mein Treffen mit Osho in Tibet.« Nun, die Menschen lügen wie gedruckt, aber wer das liest, wird es sicher glauben. Das gedruckte Wort hat eine starke Wirkung auf die Menschen. Wenige Tage zuvor gab es eine andere Meldung, in der mit absoluter Gewissheit, ohne Wenn und Aber, behauptet wurde: »Osho kommt demnächst nach Israel. Er hat beschlossen, zum Judentum zu konvertieren, und nach seiner Konvertierung zum Judaismus wird er sich als Reinkarnation des Moses offenbaren.«

Was macht man mit solchen Leuten? Man kann höchstens darüber lachen, man kann nicht einmal wütend sein. Es macht Spaß, man sollte dankbar sein für die reiche Fantasie dieser Leute. Sie halten die Welt in Schwung!

Beobachte dich bei deinen Handlungen und versuche, nichts mechanisch zu tun. Probiere immer wieder etwas Neues, was du in der gleichen Situation noch nie getan hast.

Das ist gemeint mit dem Ausspruch von Jesus: »Wenn dich jemand ins Gesicht schlägt, dann halte ihm auch die andere Backe hin.« Die wahre Bedeutung ist die, dass man nicht einfach mechanisch handeln soll. Mechanisch wäre es, wenn jemand dich schlägt, und du schlägst im Reflex zurück. Oder, wenn du ihn nicht sofort zurückschlagen kannst, wartest du den richtigen Moment dafür ab. Hingegen bedeutet, ihm die andere Backe hinzuhalten, dass du dich nicht mechanisch verhältst, sondern sehr bewusst.

Die Menschen bringen es aber fertig, alles mechanisch zu tun.

Ich habe von einem christlichen Heiligen gehört, der ständig mit dem Zitat hausieren ging: »Liebe deinen Feind, und wenn dich jemand auf eine Backe schlägt, so gib ihm auch die andere.«

Eines Tages geschah es, dass ein Mann, der auf das Christentum nicht gut zu sprechen war, diesen Heiligen alleine antraf. Er schlug ihm fest auf eine Backe und blickte dem Heiligen in die Augen … Im ersten Moment wollte der Heilige zurückschlagen, aber da er ein Heiliger war, besann er sich seiner Predigten, und außerdem erinnerte er sich, dass dieser Mann immer ganz vorne in seiner Gemeinde saß. Er wandte ihm die andere Backe zu, in der Annahme, er werde nicht zuschlagen. Doch der Mann schlug ihn noch fester als auf die erste Backe! – Da stürzte sich der Heilige auf den Mann und versetzte ihm einen Hieb auf die Nase.

Der Mann sagte: »Was tust du? Als Christ musst du deinen Feind lieben!«

Da sagte der Heilige: »Vergiss es. Jesus redet nur von zwei Backen, bei der dritten bin ich frei. Es gibt keine dritte Backe, die ich dir geben könnte. Und er hat nicht gesagt: ›Wenn dich jemand auf die zweite Backe schlägt, so gib ihm auch deine Nase!‹« Weil Jesus keine Erklärung dafür gegeben hat …

Gautama Buddha sagte in einer seiner Predigten: »Versucht so wenig wie möglich mechanisch zu reagieren. Wenn jemand euch schlägt, euch beleidigt, euch erniedrigt, sollt ihr es ihm sieben Mal vergeben. Seid bewusst.«

Jesus redete nur von einem Mal – denn ihr habt nur zwei Wangen, und eine wurde schon geschlagen; dann ist nur noch eine übrig. Er verlangte also nicht so viel. Buddha sagte sieben Mal!

Einer der Schüler stand auf und sagte: »Wie ist es mit dem achten Mal? Sieben Mal werden wir Geduld üben, aber was ist mit dem achten Mal?«

Da war sogar Buddha für einen Augenblick still. Die Unbewusstheit des Menschen ist so tief …! Er sagte: »Dann ändere es, mache daraus 77 Mal.«

Der Mann sagte: »Du kannst eine beliebige Zahl einsetzen, aber die Frage bleibt bestehen: Was ist beim 78. Mal? Wir können 77 Mal warten – und dann …?«

Du kannst dich wie ein Heiliger benehmen, aber wenn es mechanisch ist, ändert sich gar nichts.

Sei achtsam und erkenne, dass du gestern genau das Gleiche getan hast. Mache es heute ein wenig anders, denn du bist keine Maschine. Gestern hast du das Gleiche zu deiner Frau gesagt – mache es ein wenig anders, denn du bist keine Maschine. Und in den 24 Stunden eines Tages ändere ständig ein wenig dein Verhalten, dann wirst du allmählich aus dem roboterhaften Benehmen herausschlüpfen, und wahre Bewusstheit wird in dir erwachen.

Diese Bewusstheit macht dich erst wirklich zum Menschen. Vorher erweckst du nur den Anschein, menschlich zu sein, ohne es in Wirklichkeit zu sein.

5

Auf der Suche nach Freiheit

Lasst euch in Erinnerung rufen: Das Leben dürft ihr nicht für selbstverständlich nehmen. Es muss erschaffen werden, und es kann nur erschaffen werden, wenn ihr frei wählen könnt, wenn ihr aus eigenen Stücken wählen könnt. Gewiss, es besteht die Möglichkeit, dass ihr einen falschen Weg einschlagt, es gibt die Möglichkeit, dass ihr Fehler macht, dass ihr euch irrt. Aber darüber müsst ihr euch keine Gedanken machen. Fehler und Irrtümer und Umwege gehören alle mit zum Wachstum. Nur durch Fehler lernt man. Nur durch Irrwege kommt man zurück auf den richtigen Weg.

Ich habe dich einmal sagen hören, dass der Missbrauch der Freiheit großen Schaden anrichtet. Wie kann Freiheit missbraucht werden?

Die alten Philosophen haben immer die Meinung vertreten, dass die Essenz der Existenz vorausgeht: Dem Menschen ist von Geburt an vorbestimmt, was er einmal werden soll. Wie ein Same enthält er das ganze Programm in sich; es ist nur eine Frage der Entfaltung. – Darin gibt es keine Freiheit.

Das war die Einstellung aller Philosophen der Vergangenheit: Der Mensch hat ein bestimmtes Schicksal, eine Bestimmung. Man wird zu einer bestimmen Person; das ist festgelegt, das Drehbuch ist bereits geschrieben. Ihr seid euch dessen nicht bewusst – das ist eine andere Sache –, aber was immer ihr tut, tut nicht *ihr*, sondern es wird *durch* euch getan von natürlichen, unbewussten Kräften, oder von Gott.

Dies war die herrschende Einstellung, eine deterministische, fatalistische Haltung. Unter dieser Einstellung hat die gesamte Menschheit enorm gelitten, denn sie bedeutet nichts anderes, als dass es keine Möglichkeit für eine radikale Veränderung gibt. Es gibt rein gar nichts, was der Mensch zu seiner Transformation tun könnte. Alles wird genau so geschehen, wie es geschehen soll.

Am meisten hat der Osten unter dieser Einstellung gelitten. Wenn man nichts ändern kann, fängt man an, alles hinzunehmen – Sklaverei, Armut, Hässlichkeit –, man *muss* es hinnehmen. Nicht aus Verständnis oder Bewusstheit, nicht aus der Haltung, die Gautama Buddha das »Sosein«, *Tathagata,* nennt. Nein, aus schierer Verzweiflung und Hoffungslosigkeit, die sich hinter schönen Worten verbirgt. Aber die Auswirkungen sind katastrophal.

Das kann man in Indien in seiner ausgeprägtesten Form sehen: an der Armut, den Bettlern, der Krankheit, den Krüppeln, den Blinden. Und kein Mensch nimmt daran Anstoß, denn: »So ist das Leben nun einmal, so ist das Leben schon immer gewesen, so wird das Leben immer sein.« Eine tiefe Lethargie durchdringt die Seelen der Menschen.

Dieser ganze philosophische Ansatz ist aber grundlegend falsch. Es ist keine Erkenntnis, sondern ein Trostpflaster. Es dient nur dazu, die eigenen Wunden irgendwie abzudecken.

Es ist eine Rationalisierung. Und immer wenn Rationalisierungen eure Realität verbergen, könnt ihr nur in immer dunklere Bereiche der Finsternis sinken.

Was ich euch sagen will, ist dies: Die Essenz geht *nicht* der Existenz voraus. Ganz im Gegenteil, die Existenz geht der Essenz voraus! Der Mensch ist das einzige Wesen auf dieser Erde, das Freiheit besitzt.

Ein Hund wird als Hund geboren, lebt als Hund und stirbt als Hund. Da ist keine Freiheit. Ein Rose wird immer eine Rose bleiben; eine Transformation ist nicht möglich – aus ihr kann kein Lotus werden. Das ist keine Frage der Wahl, da gibt es überhaupt keine Freiheit. In diesem Punkt unterscheidet sich der Mensch grundsätzlich. Hierin besteht die Würde des Menschen, seine Sonderstellung in der Schöpfung, seine Einzigartigkeit.

Darum finde ich, dass Charles Darwin völlig danebenlag, als er anfing, den Menschen in die gleiche Kategorie zu stecken wie die Säugetiere. Den grundlegenden Unterschied hat er noch nicht einmal in Betracht gezogen. Der grundlegende Unterschied ist der, dass die Tiere alle mit einem festen Programm geboren werden. Nur der Mensch wird ohne Programm geboren. Der Mensch wird als Tabula rasa geboren, als unbeschriebenes Blatt, auf dem nichts geschrieben steht. Ihr müsst alles selber schreiben, was ihr darauf schreiben wollt. Darin besteht eure Schöpfung.

Der Mensch ist nicht bloß frei – ich sage lieber: Der Mensch *ist* Freiheit. Das ist sein Wesenskern, das ist der Urgrund seiner Seele. In dem Moment, da man dem Menschen die Freiheit verwehrt, verwehrt man ihm seinen wertvollsten Schatz, sein ureigenes Königreich. Dann ist er nur ein Bettler, und in einer viel hässlicheren Situation als die anderen Tiere, denn sie haben zumindest ihr spezielles Programm. Dann ist der Mensch einfach verloren.

Sobald verstanden wird, dass der Mensch *als* Freiheit geboren wird, können sich sämtliche Dimensionen für das Wachstum öffnen. Nun liegt es ganz bei dir, was du werden willst und was nicht. Es wird deine eigene Schöpfung sein. Dann wird aus dem Leben ein Abenteuer – keine Entfaltung, sondern ein Abenteuer, eine Forschungsreise, eine Entdeckungsfahrt. Die Wahrheit wird dir nicht im Voraus gegeben, du musst sie erst erschaffen. In gewisser Weise erschaffst du dich in jedem Augenblick selbst.

Akzeptierst du aber die Schicksalstheorie, dann ist auch das schon ein Akt der freien Entscheidung über dein Leben. Wenn du diesen Fatalismus hinnimmst, entscheidest du dich für das Leben eines Sklaven – es ist deine eigene Wahl! Dann wählst du, in ein Gefängnis zu gehen, du wählst, in Ketten gelegt zu werden, aber es ist dennoch deine freie Wahl. Du kannst aus dem Gefängnis auch wieder herauskommen.

Sannyas ist im Grunde genau das: Du akzeptierst deine Freiheit. Natürlich haben die Menschen Angst, frei zu sein, denn Freiheit ist riskant. Man weiß ja nie, was man tut, wo man sich hinbewegt, was letztendlich das Ergebnis von allem sein wird. Wenn du nicht schon vorprogrammiert hier ankommst, dann liegt die ganze Verantwortung bei dir. Diese Verantwortung kannst du niemand anderem anlasten. Letztendlich stehst du allein in dieser Existenz, vollkommen verantwortlich für dich selbst, was auch immer du bist, wer auch immer du bist. Dem kannst du nicht ausweichen; dem entgehst du nicht. Das macht Angst. Aus dieser Angst heraus haben sich die Menschen allen möglichen deterministischen Haltungen unterworfen.

Und es ist sonderbar, aber in einem einzigen Punkt stimmen die religiösen und die nicht religiösen Fatalisten überein: dass es keine Freiheit gibt. Sonst sind sie grundsätzlich verschiedener Auffassung, aber in diesem einen Punkt stimmen sie seltsamerweise überein. Die Kommunisten – die sich Atheisten und Religionslose nennen – sagen, der Mensch sei von gesellschaftlichen, wirtschaftlichen und politischen Gegebenheiten geprägt. Der Mensch ist nicht frei. Das Bewusstsein des Menschen werde durch äußere Kräfte bestimmt, sagen sie. Aber das ist die gleiche Logik! Egal, ob man die äußeren Kräfte Wirtschaftsstruktur nennt oder Geschichte, wie Hegel, oder Gott, wie es die Religionen tun. Gott, Geschichte, Ökonomie, Politik, Gesellschaft – das sind alles äußere Kräfte. Aber alle sind sich darin einig: Ihr seid nicht frei.

Hier liegt der Unterschied zu einem authentischen religiösen Menschen.

Ich sage dir: Du bist absolut frei, bedingungslos frei. Meide nicht die Verantwortung. Sie zu vermeiden, wird dir nichts helfen. Je früher du sie akzeptierst, umso besser. Dann kannst du sofort damit beginnen, dich selbst zu erschaffen. Wenn du anfängst, dich selbst zu erschaffen, kommt eine große Freude auf. Und wenn du dich vollendet hast, so wie *du* es wolltest, entsteht daraus eine ungeheure Zufriedenheit – ähnlich wie bei einem Maler, der sein Bild vollendet hat. Nach den letzten Pinselstrichen wallt in seinem Herzen eine tiefe Befriedigung empor. Eine gut vollbrachte Arbeit schenkt großen Frieden. Man hat das Gefühl, dass man an der Schöpfung selbst teilgenommen hat.

Wenn Gott ein Schöpfer ist, dann besteht das einzige Gebet darin, kreativ zu sein. Nur durch deine Kreativität kannst du teilhaben an der Kreativität der Schöpfung; eine andere Teilhabe ist nicht möglich. Es genügt nicht, darüber nachzudenken; du musst dich irgendwie einbringen. Du kannst nicht nur Beobachter sein, du musst ein Mitwirkender sein. Nur auf diese Weise bekommst du einen Geschmack vom Geheimnis der Schöpfung. Das Erschaffen eines Gemäldes, das Erschaffen von Poesie, das Erschaffen von Musik ist nichts im Vergleich zum Erschaffen von dir selbst, dem Erschaffen deines Bewusstseins, dem Erschaffen deines wahren Seins.

Aber davor haben die Menschen Angst, und dafür gibt es Gründe. Erstens ist es riskant, weil nur du allein dafür verantwortlich bist. Zweitens kannst du deine Freiheit missbrauchen, denn du kannst dich auch für das Falsche entscheiden, das du sein willst. Freiheit bedeutet, dass du sowohl das Richtige als auch das Falsche wählen kannst. Wenn du nur frei bist, das Richtige zu wählen, ist es keine Freiheit.

Das ist so wie damals, als Ford die ersten Autos produzierte – alle waren schwarz. Henry Ford soll seine Kunden in den Autosalon geführt und gesagt haben: »Sie können jede Farbe wählen, vorausgesetzt, es ist Schwarz!«

Aber was ist das für eine Freiheit? »Vorausgesetzt«, es ist richtig, vorausgesetzt, es gehorcht den Zehn Geboten, vorausgesetzt, es steht so in der *Gita* oder im *Koran*, vorausgesetzt, es entspricht Buddha, Mahavira, Zarathustra. Dann ist es doch keine Freiheit! Freiheit bedeutet grundsätzlich und ihrem Wesen nach, dass du beides kannst: das Richtige oder das Falsche wählen.

Aber die Gefahr – und damit die Angst – ist die, dass das Falsche immer leichter zu bewerkstelligen ist. Das Falsche ist eine Bergabfahrt und das Richtige eine Bergaufwanderung. Bergaufwärts geht es immer schwerer; es ist steil, und je höher du kommst, umso steiler wird es. Doch bergab geht es ganz leicht; du musst nichts tun, die Schwerkraft macht alles für dich. Du kannst einen Felsbrocken einfach vom Gipfel hinunterrollen lassen, und er wird unten ankommen. Dafür brauchst du dich nicht anzustrengen. Wenn du aber dein Bewusstsein anheben willst, wenn du in der Welt der Schönheit, Wahrheit, Glückseligkeit höher steigen willst, dann sehnst du dich nach den allerhöchsten Gipfeln, und das ist zweifellos schwierig.

Zweitens besteht, je höher du kommst, die Gefahr, dass du abstürzt, denn der Weg wird immer schmaler, und du bist umringt von dunklen Schluchten. Ein einziger falscher Tritt und du verschwindest im Abgrund. Und verschwinden wirst du. Es wäre bequemer und angenehmer, auf ebenem Boden zu wandeln und die Gipfel einfach links liegen zu lassen.

Durch die Freiheit hast du die Möglichkeit, entweder tiefer zu fallen als die Tiere oder dich höher emporzuschwingen als die Engel. Die Freiheit ist eine Leiter: Das eine Ende der Leiter reicht bis in die Hölle, das andere Ende berührt den Himmel. Es ist ein und dieselbe Leiter, und du kannst wählen, in welche Richtung du gehen willst.

Bist du nicht frei, dann kannst du, in meinen Augen, deine Unfreiheit nicht missbrauchen. Unfreiheit kann nicht missbraucht werden. Der Gefangene kann seine Situation nicht missbrauchen – er ist angekettet und kann sich nicht frei bewegen. In dieser Situation sind alle Tiere, mit Ausnahme des Menschen: Sie sind nicht frei. Sie kommen auf die Welt, um bestimmte Tiere zu sein, und das erfüllen sie – vielmehr erfüllt es die Natur; sie selbst müssen gar nichts dazutun. Ihr Leben ist keine Herausforderung. Nur der Mensch muss sich der Herausforderung stellen, einer großen Herausforderung. Aber nur sehr wenige Menschen wählen das Risiko, sich zu den Höhen aufzumachen, die höchsten Gipfel zu entdecken. Nur ein paar, der Buddha, der Christus, einige wenige. Man kann sie an den Fingern abzählen.

Warum entscheidet sich nicht die ganze Menschheit dafür, den gleichen Zustand der Seligkeit wie Buddha, den gleichen Zustand der Liebe wie Christus, den gleichen Zustand der Freude wie Krishna zu erlangen? Warum wohl? Einfach weil es allein schon gefährlich ist, sich nach diesen Höhen zu sehnen. Besser denkt man gar nicht daran. Und der beste Weg, nicht daran zu denken, besteht darin zu akzeptieren, dass es keine Freiheit für dich gibt: Es ist alles vorausbestimmt und vorher festgelegt. Es gibt ein Drehbuch, das dir vor deiner Geburt überreicht wird – du brauchst es nur zu erfüllen.

Du fragst: »*Wie kann Freiheit missbraucht werden?*«

Nur Freiheit kann missbraucht werden; Sklaverei kann nicht missbraucht werden. Darum sehen wir heute so viel Chaos auf der Welt. Das hat es noch nie in diesem Maße gegeben, aus dem einfachen Grund, weil der Mensch noch nie so frei war. In Amerika sieht man mehr Chaos als in Russland, weil die Menschen in Russland sich nicht frei entscheiden können. In Amerika herrscht die größte Freiheit, die jemals irgendwo auf der Welt zu irgendeiner Zeit in der Geschichte geherrscht hat. (Osho sagte dies 1980 – Anm. d. Übers.) Immer wenn Freiheit herrscht, bricht das Chaos aus, aber das Chaos ist es wert, denn nur aus dem Chaos werden Sterne geboren.

Meinen Leuten wird man überall auf der Welt mit Hass und Ablehnung begegnen, allein deshalb, weil sie sich für ein Leben in Freiheit entschieden haben. Und ich habe nicht die Absicht, euch irgendeine Disziplin aufzuerlegen, denn jede Disziplin ist eine subtile Art von Versklavung. Ich werde euch keine Gebote geben, denn alle Gebote, die euch irgendjemand von außen gibt, machen euch zu Gefangenen, zu Sklaven.

Ich lehre euch nur, wie ihr frei sein könnt, und dann überlasse ich es euch, was ihr mit eurer Freiheit machen wollt. Wenn ihr tiefer als die Tiere sinken wollt, ist es eure Entscheidung, und ihr habt jede Erlaubnis, das zu tun, denn es ist euer Leben. Wenn ihr euch dafür entscheidet, ist es euer Vorrecht. Wenn ihr aber die Freiheit und ihren Wert versteht, werdet ihr nicht fallen und tiefer sinken wollen als die Tiere, sondern ihr werdet über die Engel hinauswachsen wollen.

Der Mensch ist keine feste Größe, er ist eine Brücke – eine Brücke zwischen zwei Ewigkeiten: dem Tier und dem Göttlichen, dem Unbewussten und dem Bewussten. Darum wachse an Bewusstheit, wachse an Freiheit, mache jeden Schritt aus deiner freien Entscheidung heraus: Erschaffe dich selbst. Ein *Sannyasin* ist jemand, der sich selbst erschafft und dafür die ganze Verantwortung übernimmt.

Ich habe lange Zeit verzweifelt nach der spirituellen Wahrheit gesucht. Trotz der vielen – wie ich fühlte – echten spirituellen Erfahrungen blieb ich unzufrieden und verzweifelt. In letzter Zeit ist mein brennender Wunsch nach spiritueller Erfahrung und den Früchten dieser Erfahrung langsam verschwunden.
Heute genieße ich das alltägliche Leben und alles, was dazugehört – ein leckeres Essen, einen Spaziergang auf dem Lande, ein herzliches Lachen mit einem geliebten Menschen etc.
Werde ich etwa träge auf dem Weg zur Erleuchtung?
Kannst du bitte etwas über den Unterschied zwischen Einschlafen und Loslassen sagen?

Du machst es schon genau richtig. Vergiss einfach diese ganze Erleuchtung. Genieße die einfachen Dinge mit totaler Intensität. Eine einfache Tasse Tee kann zu einer tiefen Meditation werden. Wenn du das genießen kannst, den Duft des Tees, seinen Geschmack, Schluck für Schluck ... wen kümmert da Gott? Du weißt ja gar nicht, wie neidisch Gott auf dich ist, wenn er dich deine Tasse Tee trinken sieht! Oder einen Milchkaffee ... solche Dinge gibt es nicht im Garten Eden. Und seit Adam und Eva ausgezogen sind, fehlt ihm jeder menschliche Umgang. Gott lebt ganz allein mit seinen Tieren, und die haben keine Ahnung, wie man einen Tee zubereitet. Gott beneidet euch Menschen, und er bereut es zutiefst, dass er Adam und Eva hinausgeworfen hat, aber das lässt sich jetzt leider nicht mehr ändern. Die Söhne und Töchter von Adam und Eva leben viel schöner, viel reicher.

Die Erleuchtung passiert, wenn du überhaupt nicht mehr daran denkst. Du solltest noch nicht mal aus den Augenwinkeln nach der Erleuchtung schielen, für den Fall, dass sie vorbeikommt und du sie verpassen könntest. Vergiss sie einfach, und genieße dein einfaches Leben. Und alles ist so schön – warum solltest du dir unnötig Angst und Sorgen deswegen machen? Komisch, diese spirituellen Probleme! – Aber daran kannst du nichts ändern.

Wenn du dein alltägliches Leben zu einer schönen und kreativen Erfahrung machen kannst, wird alles, was du dir immer gewünscht hast, mit der Zeit von selbst geschehen.

Es gibt da eine wunderbare Geschichte …

Im indischen Bundesstaat Maharashtra gibt es einen Tempel, der Krishna geweiht ist An ihn knüpft sich eine seltsame Geschichte. In diesem Tempel gibt es eine Statue von Krishna – in Maharashtra *Bitthal* genannt –, der auf einem Ziegel steht. Das ist sonderbar, denn so etwas gibt es sonst nirgendwo, in keinem anderen Tempel: einen Gott, der auf einem Backstein steht!

Nach dieser Geschichte gab es einmal einen schönen Menschen, der sich in jeder Hinsicht des Lebens erfreute und so zufrieden und erfüllt war, dass Krishna beschloss, ihm zu erscheinen. Im normalen Leben findet man Leute, die ihr Leben lang *»Hare Krishna, Hare Rama«* singen und tanzen, denen aber weder Rama noch Krishna erscheint; keiner taucht bei ihnen auf. Dieser Mann scherte sich nicht um Krishna, Rama oder sonst irgendwen. Er lebte einfach sein Leben, aber er lebte es so, wie man es leben sollte: mit Liebe, mit Herz, mit Schönheit, mit Musik, mit Poesie. Sein Leben war an sich schon ein Segen. Deshalb beschloss Krishna, ihm einen Besuch abzustatten.

Hier kannst du sehen – dieser Mann denkt überhaupt nicht an Krishna, aber Krishna hat von sich aus das Gefühl, dieser Mann verdiene einen Besuch von ihm. Also macht er sich mitten in der Nacht zu ihm auf den Weg, um in der Stadt keinen Auflauf zu verursachen. Er findet die Tür offen und tritt ein.

Die Mutter des Mannes ist sehr krank, und er massiert ihr die Füße. Krishna tritt hinter ihn und sagt: »Ich bin Krishna, und ich bin gekommen, um dir eine Audienz, ein *Darshana*, zu gewähren.«

Der Mann sagt: »Jetzt ist das nicht die richtige Zeit. Ich massiere gerade meiner Mutter die Füße.« Währenddessen, und ohne sich umzudrehen, wer dieser Krishna überhaupt war, schob er ihm einen auf dem Boden liegenden Backstein zu und sagte, er solle sich draufsetzen, bis er mit seiner Arbeit fertig sei. Danach hätte er Zeit für ihn. Aber er ging so darin auf, seiner Mutter die Füße zu massieren – sie war dem Tode nah –, dass darüber die ganze Nacht verging, während Krishna einfach nur dasaß. Er dachte bei sich: »Das ist schon seltsam. Da singen die Leute ihr Leben lang *›Hare Krishna, Hare Rama‹*, und ich gehe nie zu ihnen. Jetzt bin ich hierhergekommen, und dieser Narr hat mich noch nicht einmal angeschaut!« Und als es allmählich hell wurde und die Sonne kurz vor dem Aufgehen war, machte Krishna sich Gedanken, dass Leute vorübergehen und ihn sehen könnten. Die Straße ging direkt am Haus vorbei, die Tür war offen, und wenn ihn jemand entdeckte, würde es bald Probleme und einen Riesenansturm von Leuten geben. So verschwand er lieber und ließ eine Steinstatue von sich selbst auf dem Backstein zurück.

Als die Mutter endlich eingeschlafen war, drehte sich der Mann um und sagte: »Wer ist der Kerl, der mich in der Nacht gestört hat?« Aber er fand nur eine Statue von Krishna. Das ganze Dorf lief zusammen – ein Wunder! Was war geschehen? Er erzählte ihnen die ganze Geschichte. Sie sagten: »Du bist ein komischer Vogel! Da taucht Krishna höchstpersönlich bei dir auf, aber du bist ein solcher Narr! Du hättest ihn zumindest bitten können, Platz zu nehmen, und hättest ihm etwas zu essen und zu trinken reichen können. Er war schließlich dein Gast!«

Der Mann sagte: »In dem Moment hatte ich nur den Ziegel bei der Hand. Und wenn ich etwas tue, dann tue ich es total und will dabei nicht gestört werden. Wenn er so darauf versessen ist, mich zu sehen, kann er ja wiederkommen. Ich habe keine Eile.«

Die Statue ist immer noch im Tempel von Bitthal und steht noch auf dem Ziegel. Aber dieser Mann war wirklich großartig; er scherte sich um keine Belohnungen oder all so was. Er war so vollkommen versunken in seiner Handlung, dass die Handlung selbst die Belohnung war. Und selbst wenn Gott erscheint, gibt es doch keine größere Belohnung als jene, die aus der Totalität des Handelns kommt.

Niemand hat die Geschichte so interpretiert, wie ich es tue, aber du kannst dich selbst davon überzeugen, dass die anderen Interpretationen alle Quatsch sind. Vergiss die ganze Spiritualität, die Erleuchtung, Gott. Diese Dinge werden sich um sich selber kümmern, es ist ihre Angelegenheit. Sie sitzen herum und warten auf Kundschaft. Du brauchst dir keine Sorgen zu machen. Mach du nur das Beste aus deinem Leben. Das ist deine Prüfung, das ist dein Gottesdienst, das ist deine Religion. Alles andere kommt von allein.

Genügt es wirklich, wenn wir einfach nur still dasitzen, nichts tun und zuschauen, wie das Gras wächst – und dabei vielleicht einschlafen? Ich habe dich sagen hören, dass wir unser Leben selbst erschaffen, unsere eigenen Höllen ebenso wie unser Leiden, und dass wir selbst dafür verantwortlich sind. Wenn es wirklich ausreicht, still dazusitzen, welchen Stellenwert haben dann eigenes »Bemühen« und »Disziplin«? Und wenn wir etwas tun, was ist dieses »Tun« eigentlich? Können wir überhaupt irgendetwas tun, oder träume ich nur, dass ich etwas tue? Irgendwie bin ich des Ganzen so müde! Kann es sein, dass ich, in einem Zustand von Lethargie und Gleichgültigkeit ende, in dem ich weder Liebe noch Schönheit sehen kann?

Die Leute, von denen die Menschheit seit je ausgebeutet wurde, haben sich großartige Philosophien, Theologien, Ordensregeln und Disziplinen ausgedacht. Ohne diesen ganzen philosophischen, theologischen und religiösen Unterbau wäre es unmöglich, die falsche Persönlichkeit am Leben zu erhalten. Das Wort *»Disziplin«* geht auf das Konto dieser Leute, das Wort *»Bemühen«* ebenfalls.

Sie haben eine Welt geschaffen, in der Arbeit, Mühe,

Anstrengung, Kampf und Leistung so sehr in den Vordergrund gerückt sind, dass nahezu alle Menschen Workaholics geworden sind – und das ist schlimmer, als Alkoholiker zu sein. Der Alkoholiker hat zumindest das Gefühl, etwas Falsches zu tun. Doch der Workaholic hat das Gefühl, das Richtige zu tun. Für ihn sind alle, die keine Workaholics sind, nur faules, nutzloses Volk. Sie haben kein Recht, überhaupt zu existieren; sie sind nur eine Belastung!

Diese Leute haben schöne Wörter kaputt gemacht und ihnen neue Begriffsinhalte und Nebenbedeutungen verliehen. Zum Beispiel: »Disziplin«. Das Wort »Disziplin« hat nicht die Bedeutung, die du gelernt hast. Das Wort Disziplin stammt aus derselben Wurzel wie *discipulus* (lat. Schüler, Lernender). Die Grundbedeutung bezieht sich also auf »die Fähigkeit zu lernen«. Ein *disciple* (engl. spiritueller Schüler, Jünger) ist jemand, der lernt, sensibler zu sein, bewusster zu sein, aufrichtiger zu sein, authentischer zu sein, kreativer zu sein. Das Leben wird zu einer wunderbaren Reise, wenn es ein Prozess ständigen Lernens und Erforschens ist. Dann ist es in jedem Augenblick aufregend, weil du in jedem Augenblick eine neue Tür öffnest, in jedem Augenblick mit einem neuen Geheimnis in Berührung kommst. Das (englische) Wort *disciple* bedeutet »einer, der lernt«, und *discipline* (Disziplin) bezeichnet den »Prozess des Lernens«.

Aber man hat dieses Wort prostituiert, sodass Disziplin gleichbedeutend wurde mit »Gehorsam«. Man hat die ganze Welt in ein Pfadfinderlager verwandelt! An der Spitze steht einer, der über alles Bescheid weiß – und deshalb braucht ihr nichts mehr zu lernen, ihr müsst nur gehorchen. So wurde die Bedeutung von »Disziplin« in das genaue Gegenteil verkehrt.

»Lernen« besteht automatisch aus Zweifeln, Hinterfragen, Skepsis, Neugier, Forschungsdrang – aber mit Sicherheit nicht darin, zu glauben und ein gläubiger Mensch zu sein, denn ein Glaubender lernt nie etwas. Dennoch hat man das Wort seit Tausenden von Jahren auf diese Weise verwendet. Und nicht nur dieses eine Wort hat man prostituiert; viele Begriffe sind prostituiert worden. In den Händen der etablierten Machtinteressensgruppen sind viele schöne Wörter so hässlich geworden, dass man sich die ursprüngliche Bedeutung des Wortes nicht einmal mehr vorstellen kann. Nach Jahrtausende langem Missbrauch …

Diese Leute wollen jeden disziplinieren in dem Sinne, wie die Menschen beim Militär diszipliniert werden. Wenn du einen Befehl bekommst, musst du ihn befolgen, ohne nach dem Warum zu fragen. Das ist aber nicht der Weg des Lernens.

Von Anfang an haben sie den Menschen Märchen in den Kopf gesetzt – zum Beispiel, dass Ungehorsam die Erbsünde sei. Adam und Eva wurden aus dem Paradies vertrieben, weil sie nicht gehorchten. Ich habe es tausendfach versucht, aber ich kann keinerlei Anhaltspunkte dafür finden, dass sie irgendeine Sünde oder ein Verbrechen begangen hätten. Sie folgten einfach ihrer Neugier! Wenn du in einem Garten bist, willst du wissen, was es dort für Früchte und Blumen gibt, was essbar ist und was nicht.

Gott trägt die Schuld daran, weil er ihnen zwei Bäume verbot. Er zeigte auf die Bäume und sagte: »Bleibt bloß weg von diesen beiden Bäumen! Der eine ist der Baum der Weisheit, der andere der Baum des ewigen Lebens.« Stellt euch mal vor, ihr seid Adam und Eva … Hat nicht Gott selbst euch dazu verführt, diese beiden Bäume genauer unter die Lupe zu nehmen? Und noch dazu Bäume der Weisheit und des ewigen Lebens! Was hatte Gott gegen diese Bäume? Wenn er ein richtiger Vater war, der euch wirklich liebt, dann hätte er euch all die Bäume gezeigt und euch Hinweise gegeben: »Dieser Baum ist giftig, esst nicht davon!« Oder: »Das ist der Baum des Todes; wenn ihr davon esst, werdet ihr sterben. Aber diese beiden Bäume hier, die sind völlig in Ordnung. Esst von ihnen, so viel ihr könnt, denn es ist äußerst erstrebenswert, weise zu sein und ein ewiges Leben zu haben.«

Jeder Vater würde seinen Kindern wünschen, dass sie Weisheit und ewiges Leben erlangen. Das muss also ein absolut liebloser Vater gewesen sein! Nicht nur lieblos, sondern – wie der Teufel es Eva zuflüsterte: »Er hat euch von diesen beiden Bäumen ferngehalten. Wisst ihr warum? Der Grund ist, wenn ihr von diesen zwei Bäumen esst, dann werdet ihr ihm ebenbürtig, und er ist eifersüchtig. Er will nicht, dass ihr göttlich werdet. Er will nicht, dass ihr Götter seid, voller Weisheit und ewigem Leben.«

Ich kann an der Argumentation des Teufels keinen Fehler erkennen. Sie ist absolut richtig. In der Tat, der Teufel war der erste Wohltäter der Menschheit. Ohne ihn gäbe es vielleicht gar keine Menschlichkeit: keinen Gautama Buddha, keinen Kabir, keinen Christus, keinen Zarathustra, keinen Laotse … Nur Büffel, Esel und Schafe, die alle zufrieden ihr Gras kauen. Und Gott wäre sehr glücklich darüber gewesen, dass seine Kinder so gut gehorchten. Aber solch ein Gehorsam ist Gift, reines Gift.

Der Teufel muss als erster Revolutionär der Welt angesehen werden. Er war der Erste, der sich Gedanken in Bezug auf Evolution, Weisheit und ewiges Leben machte. Und Gott sagte – oder zumindest behaupten das die Priester, die Rabbiner, die christlichen Pfarrer, die muslimischen *Mawlawis*, die *Ayatollahs* … seit Jahrhunderten behaupten sie, dass darin die Erbsünde bestünde. Auch das wiederum ein Wort, das prostituiert wurde: Das (englische) Wort *sin*, »Sünde«, stammt aus einer Wurzel, die »Vergessenheit« bedeutet. Es hat nichts mit »Sünde« zu tun, wie wir es zu verstehen gelernt haben. Dich selbst zu vergessen ist die einzige »Sünde« und dich deiner selbst zu erinnern die einzige Tugend. Es hat nichts mit Gehorsam, nichts mit Disziplin zu tun.

Diese Leute, die euch ausbeuten wollen – sie sind wie Parasiten, die euch jeden Tropfen Blut aussaugen. Sie sagen: »Arbeitet, arbeitet hart, seid diszipliniert und tut, was man euch sagt! Stellt keine Fragen, denn die Anweisungen kommen von einer höheren Intelligenz, als ihr sie besitzt.« Ihr Sinnen und Trachten geht sogar so weit, dass sie euch nicht einmal schlafen lassen wollen. An einigen Orten ist man dabei, ein Rundum-Unterrichtssystem zu entwickeln. Tagsüber werden die Kinder in der Schule unterrichtet, aber warum nicht auch die Nacht nutzen? Nach einiger Zeit beenden die Studenten ihr Studium an der Universität und begeben sich in die Berufswelt. Dann müssen sie tagsüber arbeiten, aber die ganze Nacht ist verschwendete Zeit, die man nutzen könnte! Es werden Methoden und Geräte entwickelt, um die Nachtzeit zum Lernen zu nutzen. Die Ohren der Kinder könnten über Kopfhörer mit einer technischen Anlage verbunden sein, die in jeder Stadt von zentraler Stelle aus kontrolliert wird, und so könnte man einen so genannten »subliminalen Unterricht« erteilen. Es stört nicht den Schlaf, denn es geschieht ganz zart und leise, so leise, dass man es nicht einmal Flüstern nennen kann. Ein Flüstern könnte den Schlaf stören; es ist leiser als ein Flüstern.

Über die Frauen wird schon lange gesagt: Wenn du willst, dass sie hören, was du sagst, dann flüstere! Sobald du anfängst, mit jemandem zu flüstern, spitzt jede Frau im Umkreis sofort die Ohren, um alles mitzubekommen, was du sagst! Wenn du aber laut redest, kräht keine Henne danach. Flüstern bedeutet, dass es etwas zu verbergen gibt, ein Geheimnis. Die Frau, mit ihrem empfindsamen Wesen, wird sofort aufmerksam und fängt alles auf, was gesagt wird. Wenn du also einer Frau etwas mitteilen willst, dann flüstere es einer anderen Person ins Ohr, und die Botschaft wird bei der Frau ankommen!

Diese subliminalen Lernexperimente verwenden einen niedrigeren Schallpegel als das Flüstern. Man hat herausgefunden, dass es den Schlaf nicht stört, nicht einmal das Träumen. Die Träume laufen auf einer bestimmten Ebene ab, der Tiefschlaf auf einer tieferen Ebene als die Träume und das subliminale Flüstern noch tiefer als der Tiefschlaf: Es dringt direkt ins Unterbewusstsein. So kann man jede Nacht acht Stunden lang alles lehren, was man lehren möchte. Und das Beste daran ist: Die Kinder merken sich alles! Sie brauchen nichts auswendig zu lernen, brauchen keine Hausaufgaben zu machen. Der Lernstoff gelangt unterschwellig in das Gedächtnissystem des Kindes.

Damit haben sie euch 24 Stunden lang im Griff! Eines Tages wird man euch sogar die Freiheit zu träumen nehmen! Die Regierung könnte entscheiden, was die Menschen träumen sollen und was nicht. Man kann Träume projizieren, so wie man Bilder auf eine Leinwand projiziert, und ihr würdet nicht unterscheiden können, ob ihr etwas träumt oder ob die Regierungsbehörden euch irgendeinen Gedanken einimpfen. Der subliminale Unterricht ist tatsächlich eine der gefährlichsten Entwicklungen, die von der Forschung betrieben werden. Er wurde schon in einigen Ländern getestet und hat sich als äußerst effektiv erwiesen.

Wenn du ins Kino gehst und die Kinoreklame vor dem Film siehst, funktioniert das ebenfalls, bedarf aber der ständigen Wiederholung. Eine neue Zigarettenmarke ... man muss sie in der Zeitung sehen, muss sie im Fernsehen sehen, muss im Radio davon hören, muss sie auf Straßenplakaten sehen, muss sie im Kino sehen – sie muss den Leuten ständig eingehämmert werden. Diese Marke ... du beachtest es gar nicht. Du liest es und vergisst es gleich wieder, aber es prägt sich ein. Und wenn du dann Zigaretten kaufen gehst, fragst du plötzlich nach dieser Marke. Aber das ist ein langer Prozess. Bisher war in der Werbung ein langfristiger Einsatz nötig. Subliminale Botschaften können diesen Prozess abkürzen – eine äußerst gefährliche Sache! Man hat damit experimentiert, in Filmen zwischen zwei Einzelbildern subliminale Werbung einzublenden. Während du den Film siehst, merkst du gar nicht, dass noch etwas anderes passiert: In einem blitzartigen Moment, so kurz, dass deine Augen es nicht wahrnehmen, taucht auf der Leinwand etwas anderes auf, während die Geschichte weitergeht ... und auf einmal hast du Durst und willst eine Coca-Cola. Du hast es nirgendwo gelesen, aber plötzlich ist es dir eingefallen. Dein Verstand hat diesen Gedanken irgendwie aufgeschnappt. Und es zeigte sich, dass an jenen Abenden, wo dieses Experiment in bestimmten Kinos lief, bis zu 70 Prozent mehr Coca-Cola verkauft wurde. Und die Leute, die nach Coca-Cola verlangten, wussten nicht, warum sie das taten; sie waren einfach durstig. In Wirklichkeit sind sie weder durstig, noch brauchen sie eine Coca-Cola, sondern es wurde ein subliminaler Reiz gegeben.

Darin liegt eine Gefahr. Es raubt dir deine Freiheit. Du bist nicht mehr frei zu wählen, du bist nur noch Befehlsempfänger. Und es wird so gemacht, dass du es nicht einmal mitbekommst, dass man dir den Befehl gegeben hat, eine Coca-Cola zu kaufen.

Auch die politischen Parteien werden das nutzen: »Deine Stimme für Ronald Reagan!« Es wird nicht mehr nötig sein, so viele Wände zu ruinieren und überall hinzuschreiben: »DEINE STIMME FÜR RONALD REAGAN!« Subliminale Botschaften im Fernsehen und im Kino werden genügen.

Es gibt Pädagogen, die propagieren, dass man die Nacht für Weiterbildung und Auffrischungskurse nutzen sollte. Zum Beispiel ein Arzt mit abgeschlossenem Studium ... Die Medizin entwickelt sich ständig weiter, aber der Arzt hinkt weit hinterher. Er verschreibt Medikamente, die nicht mehr auf dem letzten Stand sind, weil die Forschung sich weiterentwickelt und bessere Medikamente gefunden hat. Der Arzt hat nicht die Möglichkeit, ständig die neueste Literatur zu studieren, aber er könnte die Nacht dazu nutzen. Tagsüber kann er sich um seine Patienten kümmern, und in der Nacht könnte er sich die neuesten Informationen holen. Aber das heißt, den Menschen zu einem Roboter zu machen, der 24 Stunden am Tag auf Arbeit eingestellt wird – und zwar auf genau die Arbeit, die man von ihm haben will. Er würde es nicht mehr aus freiem Willen tun.

Ausbeuter dieser Art haben so schöne Wörter wie *Diszi-*

plin, *Arbeit*, *Gehorsam* derart in Verruf gebracht, dass es gut ist, diese Wörter zuzeiten aus deinem Denken zu verbannen. Arbeit ist schön, wenn sie aus deiner Liebe heraus kommt, wenn sie aus deiner Kreativität kommt. Dann hat Arbeit eine spirituelle Qualität. Disziplin ist gut, wenn sie aus deiner Lernbereitschaft, deiner Wissbegier, deiner Begeisterung und Hingabe kommt – dann ist Disziplin etwas, das in dir wächst wie eine klare Flamme, die dein Leben mit ihrem Licht erhellt. Und wenn Gehorsam aus dem Vertrauen kommt, ist es etwas Schönes – aber nicht, wenn jemand Macht über dich ausübt und dich bestraft, wenn du nicht auf ihn hörst.

Gott war nicht imstande, auch nur einen einzelnen Akt des Ungehorsams zu vergeben. Diese armen Leutchen, Adam und Eva – sie hatten doch bloß einen Apfel gegessen!

Ich habe mich einmal fünf Jahre lang hauptsächlich von Äpfeln ernährt. Meine Mutter pflegte zu sagen: »Überleg mal: Adam und Eva wurden schon wegen eines einzigen Apfels aus dem Paradies vertrieben! Und du lebst von Äpfeln!« Fünf Jahre lang aß ich kaum etwas anderes. Ich sagte zu ihr: »Ich bin halt neugierig, wohin Gott mich für meine Sünde verbannen wird. Es stehen nur zwei Orte zur Auswahl: das Paradies oder die Welt. Eigentlich kann er mich nur ins Paradies schicken. Eine andere Welt, in die er mich verbannen könnte, gibt es nicht.« Natürlich blieb Gott still. Was hätte er auch machen sollen mit einem Jungen, der von morgens bis abends sündigte – Sünde um Sünde, Apfel um Apfel? Weil das fast meine einzige Nahrung war.

Gott konnte nicht einmal eine solche Lappalie vergeben. Aber es war gar nicht der Punkt, dass Adam und Eva eine große Sünde begangen hätten. Der Punkt war, dass Gottes

Ego verletzt war. Es war eine Art Rache. Die Strafe war ein Akt der Vergeltung. Ist es nicht unglaublich, dass ihr bis heute dafür leiden müsst, dass Adam und Eva diese Sünde begangen haben? Wir wissen überhaupt nichts von diesen Leuten, wann sie lebten, ob sie überhaupt existierten. Wir haben nichts mit ihrer Tat zu tun. Und trotzdem sollen wir dafür leiden – warum? Jedes Menschenkind soll diese Vergeltung erleiden? Das ist aber nicht sehr göttlich! Gott erweist sich damit als schlimmer als der Teufel. Der Teufel scheint mehr Freundlichkeit und Verständnis bewiesen zu haben.

Die Leute, die all diese Begriffe vergiftet haben – wie Arbeit, Disziplin, Gehorsam –, sind die Priester dieses Gottes, seine Repräsentanten. Sie haben die Schönheit dieser einfachen Worte ruiniert.

Gehorsam kann auch etwas Wunderschönes sein, aber nur, wenn er aus deiner Hingabe kommt, und nicht, weil jemand einen Befehl erteilt. Er sollte aus deinem Herzen kommen.

Wenn du jemanden liebst und achtest und dich mit ihm tief verbunden fühlst, wird dein Herz immer Ja sagen. Dann verlernt es, Nein zu sagen. Selbst wenn du Nein sagen wolltest, findest du das Wort nicht mehr in deinem Wortschatz. Dann ist Gehorsam etwas Religiöses, Spirituelles.

Gibt es noch einen anderen Weg, ohne den Tod und die ganze Unsicherheit?

Zunächst einmal gibt es keinen Tod. Der Tod ist eine Illusion.

Es ist immer jemand anders, der stirbt. Du stirbst niemals.

Das heißt, der Tod wird immer von außen erlebt, aus der Sicht des Außenstehenden.

Diejenigen, die ihre innere Welt geschaut haben, sind einhellig der Meinung, dass es keinen Tod gibt. Denn du weißt nicht, was das Bewusstsein ausmacht – es ist nicht der Atem, nicht der Herzschlag, nicht der Blutkreislauf. Wenn also ein Arzt einen Menschen für tot erklärt, ist es die Schlussfolgerung eines außenstehenden Beobachters. Er sagt damit nur: »Dieser Mensch atmet nicht mehr, sein Puls hat aufgehört, sein Herz schlägt nicht mehr.« Aber sind diese drei Faktoren gleichbedeutend mit Tod? Keineswegs.

Das Bewusstsein ist nicht der Körper, nicht der Verstand, nicht das Gefühl.

Wenn also ein Mensch stirbt, ist es von dir aus gesehen ein Sterben, aber nicht für ihn. Für ihn ist es einfach ein Wechsel des Hauses; vielleicht zieht er in eine bessere Wohnung um. Doch weil er die alte Wohnung verlassen hat und du ihn dort noch suchst und nirgends findest, glaubst du, der arme Kerl sei tot. Stattdessen solltest du sagen: »Der arme Kerl ist abgehauen! Aber wo er jetzt hingegangen ist, wissen wir nicht.«

Im Grunde überschreitet die Medizin ihre Grenzen, wenn sie einen Menschen für tot erklärt. Dazu hat sie sich noch kein Recht erworben, denn sie hat noch keine schlüssige Definition gefunden, was wirklich den Tod ausmacht. Sie kann nur sagen: »Dieser Mensch atmet nicht mehr; sein Herz steht still; sein Pulsschlag schlägt nicht mehr.« Daraus den Schluss zu ziehen, dass ein Mensch tot sei, geht über das Wahrnehmbare hinaus. Da die Wissenschaft aber keine Vorstellung vom Bewusstsein hat, setzt sie den Tod des Körpers mit dem Tod des Seins gleich.

Wer das Sein kennt … und man muss nicht erst sterben, um es zu kennen – man kann einfach nach innen gehen. Ich nenne es Meditation: Du wendest dich nach innen und findest heraus, was dein Zentrum ist. In deinem Zentrum ist kein Atem, kein Herzschlag, kein Gedanke, kein Verstand, kein Herz, kein Körper – und dennoch bist *du*.

Sobald ein Mensch sich selbst erfahren hat – dass er nicht der Körper, nicht der Geist, nicht das Herz, sondern reines Bewusstsein ist –, weiß er, dass es für ihn keinen Tod gibt, weil seine Existenz nicht vom Körper abhängig ist.

Bewusstheit ist unabhängig von der Blutzirkulation. Sie ist unabhängig davon, ob das Herz schlägt oder nicht, ob der Verstand funktioniert oder nicht. Bewusstheit ist eine völlig andere Dimension; sie hat keine materielle Substanz; sie ist formlos.

Als Erstes musst du also verstehen, dass es den Tod gar nicht gibt – er wurde noch nie gefunden.

Und wenn es den Tod nicht gibt, wie kann es Unsicherheit geben? In einem unsterblichen Leben kann es keine Unsicherheit geben. Deine Unsterblichkeit ist nicht abhängig von deinem Bankkonto. Der Bettler ist ebenso unsterblich wie der Kaiser.

Was das Bewusstsein der Menschen angeht, so ist es die einzige Sphäre, wo wahrer Kommunismus herrscht: Alle haben die gleichen Eigenschaften; keiner hat etwas, das ihm verloren gehen oder weggenommen werden könnte. Da ist nichts, was zerstört oder verbrannt werden könnte.

Da ist keine Unsicherheit. Alle Unsicherheit ist nur ein Schatten des Todes.

Wenn du tief genug schaust, steht hinter jedem Gefühl

von Unsicherheit die Angst vor dem Tod. Aber ich sage dir: Es gibt keinen Tod, darum kann es auch keine Unsicherheit geben. Ihr seid unsterbliche Wesen, *Amritasya putrah.* So sagten es die Seher des alten Ostens: »Ihr seid die Söhne der Unsterblichkeit.«

Sie waren nicht so missgünstig wie Jesus Christus. Er sagte: »Ich bin der einzige Sohn Gottes.« Was für ein abartiger Gedanke ... man sollte sich schämen, ihn auszusprechen! »Ich bin der einzige Sohn Gottes!« ... Und was ist mit all den anderen? Sind das alles illegitime Kinder? Damit verurteilt Jesus die ganze Welt! Er ist Gottes Sohn, aber wessen Söhne und Töchter sind all die anderen? Und ist es nicht seltsam? Weshalb sollte Gott aufhören, sich zu reproduzieren, nachdem er einen Sohn hervorgebracht hatte? Hat er sich dabei völlig verausgabt? Oder war er gar ein Befürworter der Geburtenkontrolle?

Ich habe das den Papst gefragt, und Mutter Teresa: »Euer Gott muss ein Befürworter der Geburtenkontrolle sein. Er verwendet wohl diese Dinger, die ihr euren Leuten verbietet – Kondome und all so was. Wie wäre es sonst möglich? Nachdem er einen Sohn hervorbrachte, hätte er doch wenigstens eine Tochter zeugen können. Das wäre die natürliche Folge.«

Und in dieser ganzen Ewigkeit ... kein bisschen Vergnügen!

Die Psychologen sagen, dass arme Leute mehr Kinder produzieren, weil sie kein anderes Vergnügen haben. Um ins Kino zu gehen, braucht man Geld. Um in den Zirkus zu gehen, braucht man Geld. Um auf den Rummelplatz zu gehen, braucht man Geld. Alles, was Spaß macht, kostet Geld. Also ab ins Bett! – Das ist der einzige Spaß, für den man kein Geld braucht, es ist gratis.

Und was macht Gott? Er kann weder auf den Rummelplatz noch in den Zirkus oder ins Kino gehen. Er sitzt ewig gelangweilt herum … Nur ein einziger Sohn? Da lässt sich vieles hineininterpretieren: Vielleicht war er von seinem einzigen Sprössling so frustriert, dass er zölibatär wurde: »Ich will nicht noch mehr Versager in die Welt setzen!« Jesus hat nur drei Jahre lang auf Erden gepredigt; er war erst 33, als er gekreuzigt wurde. Ein großer Erlöser, der sich selbst nicht erlösen konnte! Gott muss von ihm äußerst enttäuscht gewesen sein: »Einmal reicht! Keine Söhne und Töchter mehr!«

Es entbehrt aber nicht eines gewissen Egoismus, wenn man der Einzige ist und keine Konkurrenten hat. Krishna mag ja eine Inkarnation Gottes sein, aber er ist nicht sein Sohn – nur eine Fotokopie! Mohammed mag sein Prophet, sein Herold sein – nur ein Postbote! Aber Jesus ist etwas ganz Besonderes: der alleinige, der »eingeborene Sohn« Gottes! Darin verbirgt sich ein gewisser Egoismus.

Die antiken indischen Seher waren nicht so egoistisch. Sie haben die ganze Menschheit – in Vergangenheit, Gegenwart und Zukunft – als »Söhne der Unsterblichkeit«, *Amritasya putrah,* bezeichnet. Und das seid ihr alle! Sie stellen sich nicht über euch; sie geben nicht vor, heiliger zu sein als ihr. Sie machen alle Menschen absolut gleich und unsterblich als Bewusstsein.

Da ist keine Unsicherheit. Und es ist nicht nötig, einen anderen Weg zu finden – der außerdem gar nicht existiert.

Das Leben ist der Weg, der durch das illusorische Tor des Todes hindurchführt.

Durch dieses Tor kannst du bewusst hindurchgehen. Wenn du meditativ genug bist, kannst du durch den Tod hindurchgehen im klaren Bewusstsein, dass du nur das Haus wechselst. Du kannst in einen neuen Mutterschoß eintreten im klaren Bewusstsein, dass du eine neue Wohnung beziehst. Und sie wird immer besser als die letzte sein, denn das Leben ist ständige Evolution. Wenn du bewusst sterben kannst, wird dein neues Leben mit Sicherheit auf einem sehr hohen Niveau sein, von Anfang an.

Und ich kann da keine Unsicherheit erkennen.

Du kommst ohne irgendetwas auf die Welt, also ist eines schon mal sicher: Es gehört dir nichts.

Du kommst absolut nackt, aber mit Illusionen. Jedes neu geborene Kind kommt mit geschlossenen Händen, mit Fäusten auf die Welt, in dem Glauben, es würde besondere Schätze mitbringen – aber die Fäuste sind leer. Und jeder stirbt auch mit offenen Händen. Ihr könnt ja mal versuchen, mit Fäusten zu sterben! Das hat bisher noch keiner geschafft. Oder versucht, mit offenen Händen geboren zu werden – auch das ist bis dato noch keinem gelungen.

Das Kind wird mit Fäusten geboren, in der Illusion, Schätze mit in diese Welt zu bringen, aber in der Faust ist nichts drin. Es gehört dir nichts, von welcher Unsicherheit sprichst du also? Nichts kann dir gestohlen, nichts kann dir weggenommen werden.

Alles, was du benutzt, gehört dieser Welt. Und eines Tages wirst du alles hier zurücklassen. Du wirst nicht in der Lage sein, irgendetwas mitzunehmen.

Ich habe von einem reichen Mann in einem Dorf gehört, der ein solcher Geizkragen war, dass er noch nie irgendeinem Bettler etwas gegeben hatte. Die ganze Bettlergilde wusste das, und wenn sie irgendeinen Bettler vor seinem Haus stehen sahen, wussten alle gleich: »Der Mann ist wohl neu hier, aus einem anderen Dorf. Sagt ihm, dass da nichts zu holen ist.«

Die Frau des Reichen lag im Sterben, aber er wollte keinen Arzt rufen. Er hatte einen Freund, nur einen, denn viele Freunde zu haben bedeutet viel unnötige Unsicherheit; sie wollen dein Geld und was nicht noch alles. Deshalb hatte er nur einen Freund, und das war ein ebensolcher Geizkragen wie er, darum hatten sie keine Probleme miteinander. Jeder wusste, wie der andere psychologisch tickte. So gab es keinen Streit, keine Bettelei und keine Gefahr, in peinliche Situationen zu geraten.

Der Freund sagte: »Jetzt wird es aber Zeit, den Doktor zu holen – deine Frau liegt im Sterben.«

Der Mann sagte: »Es liegt alles in Gottes Hand. Was kann ein Arzt schon ausrichten? Wenn sie sterben soll, wird sie sterben. Du schaffst mir nur unnötig Probleme. Dann muss ich den Doktor bezahlen und seine Medizin und was nicht noch alles. Ich bin ein gläubiger Mensch, und wenn sie noch nicht sterben soll, wird sie auch ohne Arzt wieder gesund. Der wahre Arzt ist Gott, sonst niemand. Ich habe Vertrauen in Gott – der verlangt nie ein Honorar!«

Die Frau verstarb.

Der Freund sagte: »Siehst du, nur wegen dem bisschen Geld hast du keinen Arzt gerufen!«

Er sagte: »Bisschen Geld? Geld ist Geld, ob viel oder wenig. Und der Tod kommt schließlich zu jedem.«

Der Freund war ein wenig verärgert. Er sagte: »Das geht zu weit. Ich bin auch knauserig, aber wenn meine Frau im Sterben liegt, dann hole ich wenigstens den Apotheker. Aber ich hole jemanden. Du bist wirklich unerbittlich. Was machst du denn mit all dem Geld?«

Er sagte: »Ich werde es mitnehmen.«

Der Freund sagte: »So etwas höre ich zum ersten Mal.«

Er sagte: »Es hat auch noch nie jemand versucht.« Und das stimmte. Er sagte: »Wart's nur ab. Ich hab so meine Pläne – ich werde alles mitnehmen.«

Der Freund sagte: »Verrätst du mir dein Geheimnis? Denn ich werde ja auch einmal sterben müssen, und du bist mein bester Freund.«

Er sagte: »Unsere Freundschaft in Ehren, aber dieses Geheimnis kann ich dir nicht verraten. Es würde dir auch nichts helfen, wenn du schon im Sterben liegst. Du musst es schon vorher umsetzen. Du musst dein ganzes Geld und all dein Gold und die Diamanten und alles andere zum Fluss bringen.«

Er sagte: »Was heißt das?«

Er sagte: »Ja, also du fährst mit einem kleinen Boot bis zur Mitte des Flusses, und dann springst du mit all deinem Geld und gehst unter. So kannst du es mitnehmen. Probiere es aus! Das hat nur noch keiner ausprobiert. Und wenn es dir nicht gelingt, ist es nicht so schlimm, weil ohnehin alle darauf verzichten müssen. Wenn es dir aber gelingt, dann wirst du ein Pionier sein, der Erste, der mit einer Tasche voll Geld ins Paradies kommt. Da werden die Heiligen alle Augen machen: ›Dieser Mann ist ein Tausendsassa!‹«

Doch der Freund sagte: »Das heißt aber doch, dass man dabei draufgeht.«

Er sagte: »Na klar. Und du musst auch eine gute Kondition haben. Wenn du schon am Abkratzen bist, ist es viel zu mühsam, so schwer zu tragen. Darum werde ich es demnächst tun, jetzt wo meine Frau nicht mehr da ist. Jetzt bin ich ganz allein.«

Aber selbst wenn du mit deinem ganzen Geld ins Meer springst, bleibt das Geld im Meer und du lässt deinen Körper im Meer zurück. Du wirst wirklich allein gehen müssen, nur als Bewusstsein.

Nichts gehört dir, denn du bringst nichts mit hierher und du kannst nichts von hier mitnehmen.

Dieses Leben ist der einzige Weg.

Der Tod ist die einzige Illusion, und das musst du verstehen.

Wenn es dir gelingt, ein erfülltes, totales Leben zu leben, mit dem Verständnis, dass der Tod eine Illusion ist – nicht weil ich es sage, sondern weil du in tiefer Meditation selbst diese Erfahrung gemacht hast –, dann lebst du das Leben vollkommen, so total wie möglich und völlig furchtlos. Dann gibt es keine Unsicherheit, weil auch der Tod eine Illusion ist.

Nur das lebendige Sein in dir ist wirklich.

Reinige und schärfe und vervollkommne deine Bewusstheit, damit kein Fitzelchen von dir in Dunkelheit versinkt. Dann wirst du vollkommen hell leuchten wie eine Flamme.

Das ist der einzige Weg. Eine andere Alternative gibt es nicht. – Wozu auch?

Ich bin verwirrt über den Unterschied zwischen Individualität und Persönlichkeit. Was bleibt denn – wenn überhaupt – vom Individuum übrig, wenn das Ego gestorben ist?

Die Individualität ist deine Essenz. Du kommst damit auf die Welt, wirst damit geboren. Die Persönlichkeit ist etwas Geborgtes, das die Gesellschaft dir gibt. Sie ist wie ein Gewand, ein unsichtbarer Anzug.

Das Kind wird nackt geboren, aber danach bedecken wir seine Nacktheit und geben ihm Kleider. Das Kind wird mit der Essenz geboren, mit der Individualität. Wir verbergen auch diese, denn nackte Individualität ist rebellisch und unangepasst.

Die Individualität ist genau das, was das Wort besagt; sie ist individuell. Die Persönlichkeit ist nicht individuell; sie ist gesellschaftsbedingt. Die Gesellschaft will dich als Persönlichkeit haben, nicht als Individualität. Deine Individualität würde nur Konflikte erzeugen. Die Gesellschaft überdeckt deine Individualität und verleiht dir eine Persönlichkeit.

Die Persönlichkeit ist angelernt. Das Wort »Persönlichkeit« kommt von der griechischen Wurzel *persona*, was »Maske« bedeutet. Im griechischen Drama trugen die Schauspieler Masken, um ihre wahren Gesichter zu verbergen und irgendein anderes Gesicht zu zeigen. Von *persona* leitet sich das Wort »Persönlichkeit« ab. Es bezeichnet ein Gesicht, das du aufsetzt; es ist nicht dein ursprüngliches Gesicht.

Wenn die Persönlichkeit verschwindet, hast du nichts zu befürchten. Dann wirst du zum ersten Mal authentisch. Zum ersten Mal wirst du echt. Zum ersten Mal gelangst du zu deiner Essenz. Diese Essenz ist das, was in Indien *Atman* genannt wird, die »Seele«.

Das Ego ist der Mittelpunkt der Persönlichkeit, das Göttliche ist der Mittelpunkt der Essenz. Darum lege ich so viel Nachdruck darauf, das Ego fallen zu lassen. Du musst wissen, was du *bist*, nicht was von dir erwartet wird, das du sein sollst.

Die Persönlichkeit ist eine Fälschung, sie ist die größte Lüge überhaupt. Aber die ganze Gesellschaft beruht auf der Persönlichkeit: der Staat, die Kirche, die Organisationen, die Unternehmen – das sind alles Lügen. Die westliche Psychologie legt zu viel Gewicht auf die Persönlichkeit. Darum ist die ganze westliche Psychologie grundsätzlich auf einer Lüge aufgebaut.

Der Osten legt den ganzen Wert auf die Essenz, nicht auf die Persönlichkeit. Das, was du mitgebracht hast und was deine innewohnende Natur ist, *Swabhava*, was deine ureigenste Essenz ist – das musst du erkennen, und du musst es leben.

Die Persönlichkeit ist das, was du gar nicht bist, aber ständig vorgibst zu sein. Die Persönlichkeit ist nur ein zweckmäßiges Mittel im Umgang mit der Gesellschaft.

Du gehst spazieren, machst einen Morgenspaziergang und jemand kommt vorbei. Du lächelst. Dein Lächeln kann entweder aus der Essenz oder aus der Persönlichkeit kommen. Das Lächeln kann wirkliche Freude bedeuten, den anderen zu sehen. Du freust dich, die Göttlichkeit im anderen zu sehen, sein Herz, die Liebe, das Formlose, das sich in diesem Menschen verkörpert.

Darum sagen wir in Indien nicht Sätze wie: »Guten Morgen.« Es bedeutet nicht viel. Wir sagen: »*Ram, Ram* ...« So begrüßen wir den anderen mit dem Namen Gottes. Es ist symbolisch für: »Ich erkenne den Gott in dir. Sei willkommen. Ich bin glücklich und gesegnet, dass du vorbeigegangen bist.« Wenn es aus der Essenz kommt, dann breitet sich das Lächeln über dein ganzes Sein aus. Du fühlst eine tiefe Zufriedenheit. Du fühlst dich gesegnet, dass der andere dir begegnete. Die Person ist schon vorbeigegangen, aber der Segen bleibt zurück und hüllt dich ein wie ein zartes Parfüm.

Aber du kannst auch einfach »Guten Morgen« sagen – weil der andere ein Banker ist, oder eine politische Figur, oder weil es unter Umständen unhöflich oder zweischneidig oder gar gefährlich sein könnte, wenn du ihm nicht »Guten Morgen« sagst. Dann grüßt du ihn und lächelst. Du setzt ein Lächeln auf. Das ist *Persona*, die Persönlichkeit.

Du solltest dich bei jeder Handlung beobachten. Es ist mühsam, aber notwendig. Es führt kein Weg daran vorbei. Beobachte bei jeder Handlung, woher sie kommt. Aus der Persönlichkeit oder aus der Essenz?

Wenn sie aus der Essenz kommt, wird die Essenz zunehmen, denn du gibst ihr eine Möglichkeit, sich zu zeigen, sich auszudrücken. Wenn sie aus der Persönlichkeit kommt, wird die Persönlichkeit sich nach und nach immer mehr verhärten, bis sie die Essenz vollständig erstickt.

Beobachte es. Erinnere dich immer wieder daran, dein Verhalten zu beobachten: »Woher kommt es?«

Wenn du nach Hause kommst und deiner Frau Eiscreme und Blumen mitbringst: Kommt dieses Geschenk aus der Persönlichkeit oder aus der Essenz? Wenn es aus der Persönlichkeit kommt, ist es Betrug. Möglicherweise hast du mit der

Ehefrau eines anderen geredet und warst bezaubert, fühltest dich von ihr angezogen. Dein Begehren war geweckt. Danach hattest du Schuldgefühle: »Ich war meiner Frau untreu. Vielleicht sollte ich ihr eine Packung Eis mitbringen.«

Aber vergiss nicht: Deine Frau wird sogleich Verdacht schöpfen! Du bringst ihr sonst nie Eis mit. Da steckt etwas dahinter; bestimmt hast du etwas zu verbergen! Warum bist du heute plötzlich so freundlich, so unerwartet nett? Frauen kann man nicht täuschen; sie haben einen Instinkt für sowas. Sie sind die reinsten Lügendetektoren. Sie fühlen zuerst, sie denken nicht. Ihr Gefühl ist unmittelbar und direkt. Sie funktionieren mehr aus dem emotionalen Zentrum. Wenn du dich schuldig fühlst und bringst deiner Frau ein Geschenk mit, ist es ein Geschenk aus der Persönlichkeit heraus. Das ist sehr gefährlich!

Die gleiche Situation, aber mit ganz anderen Vorzeichen, kann passieren: Du hast mit der Ehefrau eines anderen geredet und warst bezaubert. Sie war so anmutig und schön, und ihre Schönheit und Anmut haben dich an deine Frau erinnert. Wenn du einen Menschen liebst, erinnert dich jeder andere schöne Mensch an diesen geliebten Menschen. Anders kann es gar nicht sein. Wenn die Frau bezaubernd war, hat sie dich unmittelbar an deine Geliebte erinnert. Etwas von deiner Geliebten war mit dabei – irgendeine Geste, eine Ähnlichkeit. Ein Teil von deiner Frau war anwesend. In diesem Moment hast du die Frau geliebt, weil sie dich an deine Ehefrau erinnerte. Du bist erfüllt von dieser Erinnerung.

Nun kann es sein, dass du ihr etwas mitbringst, ein Eis oder Blumen, oder gar nichts – nur ein Lächeln. Dann kommt es aus der Essenz, dann ist es etwas völlig anderes. Die Situation mag gleich aussehen, aber dein Verhalten unterscheidet sich sehr wesentlich.

Die Persönlichkeit ist eine Bemühung, etwas vorzutäuschen. Die Essenz ist eine Bemühung, dein Wesen so zu offenbaren, wie es ist. Du zeigst es und bist offen und verletzlich.

Versuche aus der Essenz heraus zu leben, dann wirst du religiös werden. Wenn du danach trachtest, aus der Persönlichkeit zu leben, bist du alles andere als religiös.

Religion bedeutet für mich kein Ritual. Es bedeutet nicht, in die Kirche oder in den Tempel zu gehen. Es bedeutet nicht, die Bibel oder eine andere heilige Schrift jeden Tag zu lesen, nein.

Religion bedeutet, aus der Essenz zu leben, authentisch zu sein, wahrhaftig zu sein.

Und vergiss nicht: Welcher Art auch immer deine Lüge sein mag, du kommst damit nicht davon, denn eine Lüge ist eine Lüge. Im tiefsten Inneren weißt du, dass es eine Lüge ist. Du kannst so tun, als wüsstest du es nicht, aber dein Täuschungsmanöver wird sich selbst verraten. Du kannst niemanden wirklich täuschen. Jeder, der Augen, Bewusstheit, Intelligenz hat, wird es durchschauen.

Es gab einen Fall vor Gericht: Eine Frau verklagte Mulla Nasruddin. Sie behauptete, ihr Kind sei das Kind von Mulla Nasruddin. Und Mulla stritt vor Gericht alles heftig ab.

Schließlich fragte ihn der Richter: »Sagen Sie mir nur eines: Haben Sie mit dieser Frau geschlafen, Nasruddin?«

Nasruddin sagte: »Nein, Euer Ehren, nicht eine Sekunde.«

Lügen sind offensichtlich, denn irgendwie kommt die Wahrheit immer ans Licht. Sie findet einen Weg. Am Ende kommt die Wahrheit heraus, und man hat sein ganzes Leben mit Lügen vergeudet.

Vergeude keinen einzigen Augenblick. Jegliche Zeit, die du in Lügen investierst, ist absolut vergeudet. Und durch Lügen kann niemand jemals glücklich werden, das ist unmöglich. Lügen können nur eine Illusion von Glück vorspiegeln; sie können dir niemals echtes Glück bringen.

Echtes Glück geht Hand in Hand mit der Wahrheit. Die Hindus definieren Gott als *Satchitananda*, als Wahrheit, Bewusstheit, Glückseligkeit. Der letzte, tiefste Kern des Göttlichen ist *Ananda,* das höchste Glück.

Sei wahrhaftig und du wirst glücklich sein. Sei authentisch und du wirst glücklich sein. Dieses Glück ist durch nichts verursacht. Du bist grundlos glücklich, denn es ist einfach ein Teil deines aufrichtigen Seins. Glück ist eine Funktion der Wahrheit. Immer wenn Wahrheit herrscht, stellt sich Glück ein. Immer wenn keine Wahrheit herrscht, wird das Glück verdunkelt, und Unglück ist die Folge.

Sei furchtlos. Du sagst: *»Ich bin verwirrt über den Unterschied zwischen Individualität und Persönlichkeit. Was bleibt denn – wenn überhaupt – vom Individuum übrig, wenn das Ego gestorben ist?«*

Es ist umgekehrt: Gerade wegen des Egos bleibt vom Individuum nichts übrig. Wenn das Ego verschwindet, taucht die Individualität in ihrer kristallklaren Reinheit auf: transparent, intelligent, strahlend, glücklich, lebendig, pulsierend in einem unbekannten Rhythmus. Dieser unbekannte Rhythmus ist göttlich. Er ist ein Lied, das im tiefsten Kern deines

Seins gehört wird. Er ist ein Tanz des Formlosen, dessen lautlose Schritte zu vernehmen sind.

Alles Wahre taucht erst auf, wenn das Ego verschwunden ist. Das Ego ist die Fälschung, der Betrug. Wenn das Ego nicht mehr da ist, bist *du* da. Solange das Ego da ist, hältst du dich für real, aber du bist nicht wirklich.

Wie kann ich integriert werden?

Integration hat nichts mit Werden zu tun. Im Gegenteil, alle Bemühungen, etwas zu *werden*, bewirken *Des*integration. Die Integration ist im tiefsten Kern deines Seins bereits vorhanden; sie muss nicht herbeigeführt werden.

In deinem innersten Zentrum bist du bereits integriert; sonst könntest du überhaupt nicht existieren. Wie könntest du ohne Zentrum existieren? Der Ochsenkarren bewegt sich, das Rad bewegt sich, aber nur, weil es ein unbewegtes Zentrum gibt, um das sich das Rad herumbewegt. Es bewegt sich um die Nabe. Wenn sich der Karren bewegt, ist immer die Nabe da, ob du es weißt oder nicht.

Du bist lebendig, du atmest, du bist bewusst. Das Leben bewegt sich, also muss das Rad des Lebens eine Nabe in der Mitte aufweisen. Selbst wenn du dir dessen nicht bewusst bist, ist sie vorhanden. Ohne sie kannst du nicht existieren.

Das Erste also, und sehr grundsätzlich: Werden ist kein Thema. Du *bist* schon. Du musst dich nur nach innen wenden, um das zu erkennen. Es ist eine Entdeckung, keine Leistung oder Errungenschaft. Du trägst es schon immer in dir. Aber du hast dich zu sehr auf die Peripherie ausgerichtet und hast dem Zentrum den Rücken zugekehrt. Du bist zu sehr nach außen gegangen, darum kannst du nicht nach innen schauen.

Verschaffe dir ein wenig Einsicht. Das Wort »Ein-Sicht« ist schön. Es bedeutet »Sicht nach innen«, Blick nach innen, Innenschau. Deine Augen öffnen sich nach außen, die Hände strecken sich nach außen, die Beine bewegen sich von dir fort. Also setze dich still hin, entspanne dich an der Oberfläche, schließe die Augen und geh einfach nach innen … aber mühelos, ohne Anstrengung. Entspanne dich einfach – als würdest du versinken, und du kannst es nicht verhindern. Aber selbst wenn wir untergehen, strampeln wir noch herum.

Wenn du es einfach geschehen lassen kannst, wird es an die Oberfläche kommen. Aus den Wolken wirst du das Zentrum auftauchen sehen.

Es gibt zwei Arten, das Leben zu leben. Das eine ist der Aktionsmodus – du tust etwas. Das andere ist der Empfangsmodus – du empfängst einfach nur. Der aktive Modus ist nach außen gerichtet. Wenn du mehr Geld haben willst, kannst du nicht einfach nur still dasitzen. Auf diese Weise wird es nicht zu dir kommen. Du wirst dich darum bemühen, wirst darum kämpfen müssen, wirst konkurrieren und alle möglichen Mittel und Wege einsetzen müssen – legale, illegale, richtige, falsche. Das Geld wird nicht einfach daherkommen, wenn du sitzen bleibst. Wenn du mächtig werden willst, wenn du ein Politiker werden willst, wirst du die Sache in Angriff nehmen müssen. Es kommt nicht von allein.

Das ist also der aktive Modus, die nach außen gerichtete Lebensweise. Aber dann gibt es auch noch den inaktiven Modus: Du unternimmst gar nichts, sondern lässt einfach zu, was geschieht. Diese Sprache haben wir verlernt. Diese vergessene Sprache müssen wir wieder erlernen.

Die Integration muss nicht herbeigeführt werden – sie ist bereits vorhanden. Wir haben nur vergessen, sie wahrzunehmen; wir haben verlernt, sie zu verstehen. Bewege dich vom aktiven Modus mehr und mehr hin zum empfangenden, passiven Modus.

Ich sage damit nicht, dass du dich aus der Welt des Handelns zurückziehen sollst. Denn das würde dich wieder nur einseitig machen. Du bist jetzt schon eindimensional. Du kennst nur den einen Lebensmodus, und der heißt: »Aktion, du musst was tun!« Es gibt viele, die sich überhaupt nicht vorstellen können, still zu sitzen; es ist ihnen unmöglich. Sie können sich nicht einen Augenblick Entspannung erlauben. Sie sind nur am Tun interessiert.

Ich habe gehört …

> *Mulla Nasruddins Frau stand am Fenster. Es war ein schöner Sonnenuntergang, die Vögel flogen heim zu ihren Nestern. Es war wirklich ein zauberhafter Abend. Und sie sagte zu Nasruddin: »Schau doch mal! Komm her! Was für ein wunderbarer Sonnenuntergang!«*
>
> *Nasruddin sagte, ohne von seiner Zeitung aufzuschauen: »Was sagtest du, was sie da draußen machen?«*

Nur wenn etwas *gemacht* wird, interessiert es ihn. Aber wenn es bloß ein Sonnenuntergang ist – wozu soll man sich den anschauen?

Die Menschen von heute haben nur Interesse an *Action*,

sie sind nur interessiert, wenn »etwas passiert«. Das ist zu einer eingefleischten Haltung geworden, das muss sich ein bisschen entspannen. Darum solltest du für ein paar Augenblicke, ein paar Stunden, gelegentlich für ein paar Tage, in den anderen Lebensmodus hinüberwechseln und einfach nur dasitzen und zusehen, wie alles von selbst geschieht. Wenn du einen Sonnenuntergang betrachtest, erwartet niemand, dass du etwas tust. Du schaust einfach nur. Wenn du eine Blume betrachtest, was gäbe es da zu tun? Du schaust einfach nur.

Da ist keinerlei Anstrengung, nicht einmal das Bemühen, die Blume zu sehen. Es ist mühelos. Deine Augen sind offen, die Blume ist vor dir … ein Augenblick tiefer Kommunion, tiefen Einsseins, in dem das Betrachtete und der Betrachter verschwinden. Dann ist da reine Schönheit, reines Entzücken. Du bist plötzlich nicht mehr der Beobachter und die Blume das Objekt deiner Beobachtung. Etwas zu beobachten ist immer noch eine Art Tun. Jetzt bist du hier, und die Blume ist hier, und die Grenzen zwischen euch beginnen zu verschwimmen. Die Blume tritt in dich ein, du trittst in die Blume ein, und plötzlich offenbart sich etwas. Du kannst es Schönheit nennen, kannst es Wahrheit nennen, kannst es Göttlichkeit nennen.

Diese kostbaren Augenblicke solltest du mehr und mehr zulassen. Ich kann nicht sagen, dass du sie kultivieren solltest, ich kann nicht sagen, dass du solche Augenblicke trainieren solltest, ich kann nicht sagen, dass du irgendetwas tun solltest – denn damit würde ich wieder nur die Sprache des Aktionsmodus verwenden, und dies wäre ein tiefes Missverständnis. Nein, ich kann nur sagen, dass du diese

Augenblicke mehr und mehr zulassen sollst. Manchmal tue einfach gar nichts.

Leg dich ins Gras und schau in den Himmel. Manchmal schließe die Augen und schau dir deine innere Welt an – die Gedanken, die dahintreiben und wieder verschwinden, die Wünsche, die kommen und gehen. Schau dir die bunte Traumwelt an, die sich in dir abspielt. Schau sie einfach an. Sage nicht: »Ich will, dass die Gedanken aufhören«, denn dann hast du dich schon wieder in den Aktionsmodus begeben. Sage nicht: »Ich meditiere jetzt – geht weg! Ihr Gedanken alle, lasst mich in Ruhe!«, denn wenn du das sagst, fängst du schon wieder an, etwas zu tun. Nein, sei so, als wärest du gar nicht da.

Da gibt es eine der ältesten Meditationen, die immer noch in manchen tibetischen Klöstern praktiziert wird. Die Meditation beruht auf dem, wovon ich gerade rede. Sie lehrt dich, wie du manchmal ganz einfach verschwinden kannst. Während du zum Beispiel im Garten sitzt, stell dir vor, du entschwindest. Schau einfach, wie die Welt aussehen würde, wenn du daraus verschwändest, wenn du nicht mehr da wärst, wenn du absolut durchsichtig würdest. Versuche mal, für nur eine Sekunde nicht zu sein.

Oder sei bei dir zu Hause so, als wärest du nicht da.

Überlege mal: Eines Tages wirst du nicht mehr da sein. Eines Tages wirst du fort sein, wirst du tot sein. Das Radio wird weiterhin senden, die Frau wird weiterhin das Frühstück machen, die Kinder werden sich weiterhin fertig machen, um zur Schule zu gehen. Stell dir vor: Heute bist du weg, du bist einfach nicht da. Sei wie ein Geist. Setz dich in deinen Sessel und verschwinde einfach. Denke: »Ich bin nicht mehr vorhanden; es gibt mich nicht.« Und sieh, wie alles im Haus einfach weitergeht. Es wird ein ungeheurer Friede und Stille herrschen. Alles wird so weitergehen, wie es ist. Ohne dich wird alles so weitergehen, wie es ist. Nichts wird fehlen. Welchen Sinn macht es dann, ständig beschäftigt zu sein, irgendetwas zu tun, ständig etwas zu tun, wie besessen vom Machen? Was hat das für einen Sinn? Du wirst nicht mehr da sein, und alles, was du getan hast, wird verschwinden – als hättest du deine Unterschrift in den Sand geschrieben, und der Wind kommt und verweht den Schriftzug und alles ist vorbei. Sei so, als hättest du nie existiert.

Das ist eine wunderbare Meditation. Du kannst sie in 24 Stunden viele Male einbauen; eine halbe Sekunde genügt. Für eine halbe Sekunde halte einfach inne … du bist nicht … und die Welt geht weiter. Wenn du dir mehr und mehr der Tatsache bewusst wirst, dass die Welt problemlos ohne dich weitergeht, wirst du imstande sein, dich wieder an die andere Seite deines Wesens, die du schon so lang, viele Leben lang, vernachlässigt hast, zu erinnern – und das ist der Empfangsmodus. Du lässt die Dinge einfach geschehen, wirst zu einem Durchgang. Alles geschieht ohne dein Zutun.

Sei wie Treibholz. Lass dich im Strom treiben wie ein gefällter Baum, und wo auch immer der Strom dich hinführt, lass dich mitnehmen; unternimm keine Anstrengung. Der ganze buddhistische Ansatz entspricht diesem passiven Modus. Darum wird Buddha auch unter einem Baum sitzend dargestellt. Alle seine Bilder zeigen ihn im Sitzen – er sitzt und tut gar nichts. Er sitzt einfach da; er tut überhaupt nichts.

Darstellungen dieser Art gibt es nicht von Jesus. Er wird ständig in Aktion gezeigt. An diesem Punkt hat die christliche Religion eine äußerst tief gehende Möglichkeit verpasst. Stattdessen verlegte sich das Christentum auf das Tätigsein. Der christliche Missionar dient ständig den Armen, er macht Krankenhausbesuche, tut dies und das, und all seine Bemühungen gehen dahin, Gutes zu tun. Ja, sehr gut – aber er bleibt immer dem aktiven Modus verhaftet, während das Göttliche nur im empfangenden Modus erfahren wird. Darum wird ein christlicher Missionar ein guter Mensch sein, ein sehr guter Mensch, aber niemals im östlichen Sinne ein Weiser.

Heute werden auch im Osten diejenigen, die ständig aktiv sind, als Mahatmas verehrt – denn der Osten ist arm und krank. Es gibt Tausende von Leprakranken, Blinden, Analphabeten; sie brauchen Schulunterricht, sie brauchen Medizin, sie brauchen Dienstleistungen, sie brauchen tausenderlei Dinge. Plötzlich ist der aktive Mensch wichtiger geworden – und so wurde Gandhi zum Mahatma, Vinoba Bhave zum Heiligen und Mutter Teresa von Kalkutta zur Nobelpreisträgerin. Aber keiner interessiert sich dafür, ob sie den empfangenden Modus verwirklicht haben.

Wenn Buddha heute zurückkäme, würde ihm niemand mit Ehrfurcht begegnen, denn er würde keine Schulen und Krankenhäuser betreiben. Er würde nur wieder unter einem Bodhibaum sitzen, einfach still dasitzen. Es ist nicht so, dass durch ihn nichts bewirkt würde – durch sein bloßes Dasein werden enorme Schwingungen freigesetzt, aber sie sind sehr fein. Er transformiert die ganze Welt, während er unter seinem Bodhibaum sitzt, aber um diese Schwingungen wahrnehmen zu können, musst du darauf eingestimmt sein, musst du dich dorthin entwickeln.

Wer einen Buddha erkennen kann, befindet sich schon

auf dem Pfad. Eine Mutter Teresa zu erkennen ist sehr einfach – das ist nichts Besonderes. Jeder kann sehen, dass sie gute Werke vollbringt.

Gute Werke zu vollbringen ist das Eine, aber gut zu *sein* ist etwas völlig anderes. Ich sage nicht, dass du keine guten Werke vollbringen sollst. Ich sage: Lass gute Werke daraus entstehen, dass du gut *bist*.

Aber zuerst trachte nach dem empfangenden Modus, nach der passiven Lebensart, nach dem nicht aktiven Sein. Und wenn dein inneres Sein aufblüht und du die innere Integration erfahren hast – die immer schon da war, das Zentrum, das immer vorhanden ist –, wenn du dieses Zentrum erkannt hast, verschwindet mit einem Schlag der Tod für dich. Plötzlich verschwinden alle sorgenvollen Gedanken, denn jetzt bist du kein Körper mehr, und auch kein Verstand.

Dann entsteht Mitgefühl, entsteht Liebe, entsteht Andacht. Du wirst zu einem Energiestrom, einem Segen für die Welt. Niemand kann sagen, was aus einem solchen Menschen wird – ob er hingeht und ein Revolutionär wird wie Jesus, der die Geldwechsler aus dem Tempel jagt, oder ob er hingeht und den Armen dient. Ob er einfach weiter unter dem Bodhibaum sitzt und seinen Duft verströmt oder ob aus ihm eine Meera wird, die Gottes Herrlichkeit mit ihrem Tanz und Gesang feiert. Keiner kann das wissen; es lässt sich nicht voraussehen.

Du fragst mich: »*Wie kann ich integriert werden?*«

Ich tue hier alles, um dir bewusst zu machen, dass dazu nichts nötig ist, dass du dafür nichts tun musst. Du hast es bereits; es existiert bereits in dir. Gleichwohl musst du dich annähern, musst Türen öffnen, Wege bereiten, um es zu entdecken. Du musst danach graben; der Schatz ist schon vorhanden.

Die Frage ist also nicht, wie man integriert wird. Die richtige Frage würde lauten: »Wie kann ich erkennen, dass ich schon integriert bin?«

Die Frage stammt von Nisagar, und ich kann verstehen, warum sie das fragt. Sie war im Westen mit der Arbeit von George Gurdjieff verbunden. Gurdjieff hatte eine sonderbare Vorstellung – relevant, aber dennoch sonderbar. Er pflegte zu seinen Schülern zu sagen: »Ihr habt noch keine Seele; ihr habt noch kein Zentrum. Ihr müsst es erst erschaffen. Der Mensch wird nicht mit einer Seele geboren.« ... Eine sehr ungewöhnliche Theorie. Aber ich kann verstehen, worauf er damit hinweisen wollte: Der Mensch wird nicht mit einer Seele geboren; er muss durch Anstrengung zu einer kristallisierten Seele erst gelangen. Deshalb wird Gurdjieffs ganzes System »Die Arbeit« genannt. Es ist Arbeit über Arbeit über Arbeit. Es ist Mühe – wiederum der aktive Modus.

In der Tat ist es ziemlich schwierig, die Menschen im Westen den nichtaktiven Modus zu lehren. Darum hat Gurdjieff verschiedene Techniken und Methoden unterrichtet, wie man Integration erlangen kann. Er sagte: »Die Seele ist noch nicht vorhanden.« Das heißt nicht, dass es keine Seele gäbe und er das nicht gewusst hätte; aber es war ein Kunstgriff, eine Methode. Die Menschen waren sehr träge geworden, was die Seele anging. Sie dachten, sie wäre schon vorhanden, wozu sich also Gedanken machen? Wozu sich darum bemühen? »Sie ist ja schon vorhanden. Wir können sie jederzeit finden, also lasst uns inzwischen andere Dinge finden, die noch nicht vorhanden sind. Lasst uns inzwischen schöne Frauen, mehr Wein, mehr Geld, mehr Macht finden – Dinge, die nicht vorhanden sind, lasst uns die suchen. Und sobald wir von alledem genug haben, und das kann jeden Moment eintreten, werden wir die Augen schließen und nach innen gehen – und die Seele wird da sein. Sie geht nie verloren. Man kann sie weder verlieren, noch kann man sie gewinnen. Sie ist schon da.« Aus diesem Grund waren die Menschen sehr lethargisch geworden.

Man kann das im Osten sehen. Der ganze Osten ist so unfähig und träge geworden. Dass die Seele vorhanden ist, wissen alle, weil man es ihnen so beigebracht hat: »Gott wohnt im Herzen, er ist schon vorhanden. Warum also viel Aufhebens um ihn machen?« Die Menschen streben immer nach dem, was *nicht* vorhanden ist.

Gurdjieff wurde sich dieses Umstands bewusst. Dieses Konzept, dass die Seele schon vorhanden sei, hatte die Menschen sehr lethargisch gemacht. Sie hatten kein Interesse an der Seele – und noch viel weniger an der inneren Welt. Der Verstand ist nur an Dingen interessiert, die eine Herausforderung, ein Abenteuer für ihn darstellen. Deshalb fing Gurdjieff, um sich der westlichen Psyche anzupassen, an zu behaupten, dass die Seele noch *nicht* existiert: »Sitzt nicht wartend herum, *tut* etwas! Denn wenn die Menschen sterben, überleben nicht alle. Nur diejenigen, die ihr Zentrum integriert haben, werden überleben. Die anderen werden eingehen wie Gemüse. Ihr habt die Wahl, es ist euer Risiko«, sagte Gurdjieff. »Nur wenn ihr etwas unternehmt – und das bedeutet mühevolle Anstrengung, harte Arbeit, eine Lebensaufgabe –, nur dann werdet ihr in der Lage sein, über den Tod hinaus zu leben.

Ansonsten werdet ihr ausgemustert und auf dem Müllhaufen der Geschichte landen. Das Unsterbliche wird euch nicht auswählen, wenn ihr nicht integriert seid. Ihr müsst es euch verdienen. Nur einige Auserwählte werden nach dem Tod erlöst werden, aber nicht alle.«

Diese merkwürdige Theorie war noch nie zuvor propagiert worden, noch nie in der ganzen Menschheitsgeschichte. Es hat Leute gegeben, die sagen: »Es gibt keine Seele.« Die kennen wir, das sind die Atheisten; sie hat es immer gegeben. Es gibt Leute, die sagen: »Es gibt eine Seele, und sie ist unzerstörbar. Nicht einmal der Tod kann sie zerstören.« Auch die kennen wir; es hat sie immer gegeben. Aber Gurdjieff sagte etwas absolut Neues, was noch nie jemand behauptet hatte. Er sagte: »Die Seele ist eine *Möglichkeit*; sie ist noch nicht verwirklicht. Sie ist nur ein Potenzial. Ihr könnt sie erreichen oder auch nicht; ihr könnt sie auch verfehlen. Die Wahrscheinlichkeit ist größer, dass ihr sie verfehlen werdet, denn so wie ihr euer Leben lebt, verdient ihr sie nicht.«

Gurdjieff sagte: »Der Mensch ist wie ein Samenkorn. Aus dem Samenkorn muss nicht unbedingt ein Baum werden. Es besteht keine Notwendigkeit dazu. Vielleicht findet der Same nicht den richtigen Boden. Und selbst wenn er den richtigen Boden findet, gibt es vielleicht keinen Regen. Oder selbst wenn es Regen gibt, kommen vielleicht Tiere und vernichten die Pflanze. Es können tausenderlei Schwierigkeiten auftreten. Aus dem Samen muss nicht unbedingt ein Baum werden. Nur wenn man tausenderlei Vorkehrungen trifft, wird aus dem Samenkorn ein Baum. Du bist noch keine Seele; du bist nur ein Potenzial. tausenderlei Anstrengungen sind nötig; erst dann wirst du zu einer Seele. Nur ganz selten wird jemand zu einer Seele, einer von einer Million. Alle anderen vegetieren bloß dahin, sterben und vergehen.«

Ich nenne das eine merkwürdige Theorie, weil sie nicht stimmt. Trotzdem halte ich diese Theorie für sehr bedeutsam, denn offenbar wird sie gebraucht – zumindest im Westen wird sie gebraucht, sonst würde sich kein Mensch um die Seele kümmern. Doch all die Techniken, die Gurdjieff verwendete, sind im Grunde die gleichen Techniken, die wir im Osten verwendet haben, um die Seele zu entdecken. Er änderte nur die Begriffe. Er sagte dazu: »die Seele erschaffen«, die Seele integrieren, das Zentrum kristallisieren. Aber die Techniken sind die gleichen.

Du bist also schon integriert. Nicht an der Peripherie, an der Oberfläche. Dort herrscht ein großes Chaos. An der Oberfläche bestehst du aus vielen Stücken. Doch je mehr du dich nach innen begibst, je tiefer du gehst, umso mehr wirst du entdecken, dass du innen ganz bist. Irgendwann kommst du an einen Punkt, im innersten Schrein deines Wesens, wo du plötzlich erkennst, dass du eine Einheit bist, eine absolute Einheit. Es geht also darum, dies zu entdecken.

Wie entdeckt man es?

Ich möchte dir eine Technik vermitteln. Sie ist ganz einfach, aber anfangs sieht sie sehr schwierig aus. Wenn du sie ausprobierst, wirst du finden, dass sie einfach ist. Wenn du sie nicht ausprobierst und nur darüber nachdenkst, wird sie dir sehr schwierig vorkommen. Die Technik lautet so: Tue nur, was du mit Freude tust. Wenn dir etwas keine Freude macht, dann tue es nicht. Probiere es aus – denn Freude kommt nur aus deinem Zentrum. Wenn du etwas tust und hast Freude dabei, verbindest du dich wieder mit deinem Zentrum. Wenn du etwas tust, woran du keine Freude hast, bist du nicht in Verbindung mit dem Zentrum. Freude kommt immer aus deinem Zentrum, von nirgendwo anders. Nimm dies als Kriterium, und halte dich fanatisch daran.

Du gehst auf der Straße spazieren. Plötzlich erkennst du, dass dir der Spaziergang keine Freude macht. Bleib stehen. Hör sofort damit auf – du sollst es nicht tun!

Ich habe das in meiner Studentenzeit praktiziert, und die Leute hielten mich für verrückt. Mitten beim Gehen blieb ich plötzlich stehen, und dann blieb ich an dieser Stelle eine halbe Stunde, eine ganze Stunde, bis ich wieder Lust hatte weiterzugehen. Meine Professoren waren so besorgt um mich, dass sie mich, wenn ich eine Prüfung abzulegen hatte, in ihrem Wagen zur Universität fuhren. Sie brachten mich bis vor die Tür und warteten dort, um sicher zu sein, dass ich bei meinem Pult ankommen würde. Oder beim Baden, wenn ich plötzlich merkte, dass es mir keinen Spaß machte, hörte ich einfach mittendrin auf. Wozu weitermachen? Wenn ich etwas aß und plötzlich merkte, dass es mir nicht mehr schmeckte, hörte ich auf zu essen.

An meiner Highschool hatte ich mich für den Mathematikkurs eingeschrieben. Am ersten Tag ging ich hin, und der Lehrer hielt eine Einführung ins Thema. Mittendrin stand ich auf und schickte mich an hinauszugehen. Der Lehrer sagte: »Wo gehst du hin? Ohne zu fragen kannst du nicht einfach gehen und später wiederkommen.« Ich sagte: »Ich komme nicht wieder; machen Sie sich keine Sorgen. Deshalb habe ich auch nicht gefragt. Mir reicht's – es macht mir keinen Spaß! Ich suche mir was anderes aus, das mir Spaß macht. Ich werde nichts tun, woran ich keine Freude habe, denn das ist eine Quälerei, die reinste Folter.«

Nach und nach wurde das zu einem Schlüssel für mich. Ich erkannte: Wenn du Freude an etwas hast, bist du zentriert. Freude ist der Widerhall des Zentriertseins. Wenn du etwas ohne Freude machst, bist du nicht zentriert. Zwinge dich nicht dazu, das ist nicht nötig. Wenn die Leute dich für verrückt halten, lass sie ruhig denken, dass du verrückt bist. Innerhalb von wenigen Tagen wirst du feststellen, aus eigener Erfahrung, wie sehr du an dir selbst vorbeigelebt hast. Du hast tausenderlei Dinge getan, die dir nie Freude gemacht haben, aber trotzdem hast du sie getan, weil man es dir so beigebracht hat. Du hast nur deine Pflicht erfüllt.

Sogar etwas so Wunderschönes wie die Liebe wurde kaputt gemacht. Der Ehemann kommt nach Hause und küsst seine Frau, weil es so üblich ist, weil es sich so gehört. Auf diese Weise wurde etwas so Schönes, Himmlisches wie ein Kuss kaputt gemacht. Mit der Zeit verliert man völlig die Lust, seine Frau zu küssen. Man verlernt, welche Freude es macht, einen anderen Menschen zu küssen.

Du schüttelst jedem, den du triffst, die Hand, aber dein Händedruck ist kalt und nichtssagend, es ist keine Wärme, keine Botschaft darin. Gerade so, als würden sich zwei Tote begrüßen und die Hände schütteln. Doch mit der Zeit übernimmst du diese tote Geste, diese kalte Geste. Du frierst ein, du wirst zu einem Eisblock. Und dann fragst du: »Wie kann ich nur die innere Mitte finden?«

Die Mitte, das Zentrum ist dir zugänglich, wenn du warm bist, wenn du im Fluss bist, wenn du schmilzt vor Liebe und Freude, wenn du vor Begeisterung tanzt. Es liegt an dir. Fang damit an, nur noch das zu tun, was du wirklich gerne tun möchtest und was dir Freude macht. Wenn es keine Freude macht, hör auf damit. Suche dir etwas anderes, was dir Freude macht.

Es gibt mit Sicherheit etwas, das dir Freude machen wird. Ich bin noch nie jemandem begegnet, der sich über gar nichts freuen konnte. Vielleicht bist du jemand, der an einer Sache keine Freude findet, und auch nicht an der nächsten oder übernächsten, aber das Leben ist so unermesslich! Bleib nirgendwo hängen, sondern lass dich weitertreiben. Lass deine Energie mehr strömen. Lass sie fließen und anderen Energien in deinem Umfeld begegnen. Bald wirst du erkennen, dass das Problem nicht darin bestanden hat, wie man integriert wird. Das Problem war, dass du vergessen hattest, wie man fließt. Wenn du mit der Energie fließt, bist du mit einem Mal integriert. Manchmal geschieht dies auch zufällig, aber aus demselben Grund.

Manchmal verliebst du dich in eine Frau oder in einen Mann, und plötzlich fühlst du dich integriert, fühlst dich zum ersten Mal eins. Deine Augen bekommen einen neuen Glanz, dein Gesicht bekommt ein Strahlen, und dein Intellekt erwacht. Etwas in deinem Wesen hat hell zu leuchten begonnen. Ein Lied steigt in dir auf, und dein Gang bekommt eine beschwingte, tänzelnde Qualität. Du bist ein völlig anderes Wesen.

Aber weil wir das Geheimnis nicht kennen, sind das nur seltene Augenblicke. Das Geheimnis besteht darin, dass es etwas gibt, was dich mit Freude erfüllt. Das ist das ganze Geheimnis. Ein Maler kann mit hungrigem Magen seine Bilder malen, aber an seinem Gesicht kann man sehen, dass er total erfüllt ist. Ein Dichter mag arm sein, aber wenn er seine Texte rezitiert oder seine Lieder singt, ist er der reichste Mensch auf der Welt. Einen größeren Reichtum gibt es nicht. Und was ist das Geheimnis? Das Geheimnis besteht darin, diesen Augenblick mit Freude zu leben. Immer wenn du etwas mit Freude und Begeisterung tust, bist du mit dir selbst im Einklang. Und gleichzeitig bist du im Einklang mit dem Universum – denn dein Zentrum ist das Zentrum von allem.

Lass also diese kleine Erkenntnis zu einer Grundstimmung für dich werden: Tue nur das, was dir Freude bringt, ansonsten lass es sein. Du liest die Zeitung und mittendrin merkst du plötzlich, dass es dich langweilt. Da besteht keine Notwendigkeit. Warum liest du weiter? Hör sofort damit auf, hier und jetzt. Wenn du mitten in einem Gespräch erkennst, dass es dir keinen Spaß macht, dann hör sofort damit auf, auch wenn es mitten im Satz ist. Wenn es keine Freude macht, besteht kein Grund, damit weiterzumachen. Am Anfang wird es dir ein bisschen verrückt vorkommen. Aber meine Leute sind eben verrückt, darum ist das kein Problem. Mache es zu einer Übung für dich.

Innerhalb weniger Tage wirst du viele Berührungen mit deinem Zentrum haben. Dann wirst du verstehen, was ich meine, wenn ich immer und immer wieder sage: Was du suchst, ist bereits in dir! Es hat nichts mit der Zukunft zu tun. Es ist hier und jetzt bereits vorhanden, es ist schon der Fall.

Nachwort

Ein Mann kam zu dem Sufi-Mystiker Junaid und fragte ihn: »Was hältst du von Vorausbestimmung, Schicksal, *Kismet*, der Freiheit des Menschen? Ist der Mensch frei zu tun, was immer er tun will? Oder ist er einfach nur eine Marionette in den Händen eines unbekannten Marionettenspielers? Tanzt er nur den Tanz, den irgendein Puppenspieler ihm vorgibt?«

Junaid ist einer der großartigsten Mystiker dieser Welt. Er brüllte den Mann an: »Hebe ein Bein hoch!«

Der Fragende war ein sehr reicher Mann und Junaid wusste das. Alle seine Schüler, die ganze Schule wusste es. Und Junaid hatte so laut und grob geschrien: »Hebe ein Bein hoch!« Der Reiche hatte noch nie den Befehlen eines anderen gehorcht. Er war nicht zu Junaid gekommen, um Befehlen zu gehorchen. Er konnte zwischen seiner Frage und dieser Antwort keinerlei Bezug herstellen, nicht einmal eine weit hergeholte. Wenn man einem Menschen wie Junaid gegenübersteht, wird man allerdings tun, was dieser sagt.

Der Mann hob sein rechtes Bein.

Junaid sagte: »Das genügt noch nicht. Jetzt hebe auch das andere Bein hoch.«

Nun war der Mann in Verlegenheit und wurde wütend. Er sagte: »Was du da verlangst, ist absurd! Ich bin gekommen, um dir eine wichtige Frage zu stellen. Und du übergehst einfach die Frage und sagst mir, ich soll ein Bein heben. Also habe ich mein rechtes Bein gehoben. Und jetzt sagst du, ich soll auch noch das andere heben! Was willst du denn? Wie kann ich denn beide Beine heben?«

Junaid sagte: »Dann setz dich jetzt hin. Hast du die Antwort auf deine Frage erhalten oder nicht?«

Der Mann sagte: »Meine Frage hast du mir noch nicht beantwortet. Stattdessen hast du mit mir für irgendeine groteske Parade exerziert!«

Junaid sagte: »Sieh mal: Als ich dir sagte, du sollst ein Bein heben, hattest du die Freiheit, entweder das rechte oder das linke Bein zu wählen. Niemand hat das festgelegt. Es war deine Entscheidung, das rechte Bein zu heben. Aber nachdem du das rechte Bein gewählt hattest, konntest du nicht auch noch das linke wählen. Deine eigene Freiheit hat die Umstände deiner Unfreiheit festgelegt. Jetzt ist dein linkes Bein nicht mehr frei.«

Der Mensch ist halb frei und halb unfrei, aber zuallererst ist er frei.

Und seine Freiheit, und wie er diese Freiheit verwendet, bestimmt seine Unfreiheit. Da ist keiner, der dir ein Schicksal auf die Stirne schreibt oder Linien in deine Handflächen malt. Selbst ein allmächtiger Gott wäre es längst leid, etwas so Dummes machen zu müssen, wie die Handlinien der Leute festzulegen. Und so viele Menschen kommen ständig zur Welt … Wenn er für jeden festlegen müsste, wo er geboren wird, was aus ihm einmal werden wird, wo und an welcher Krankheit er sterben wird und welcher Arzt ihn ins Grab bringen wird … All diese Details! Entweder wäre Gott längst verrückt geworden, wenn er diese ganze Arbeit machen müsste – stell dir vor, du müsstest eine so sinnlose Arbeit tun! –, oder er hätte Selbstmord begangen. Selbst wenn er dabei durchdrehen würde, müsste er weiter diese Arbeit tun! Also ist er vielleicht ein paar Tage lang verrückt gewesen, während er die Menschheit erschuf. Aber dann muss er Selbstmord begangen haben, denn er würde nicht zusehen wollen, wie die Welt durch Nuklearwaffen verdampft, die er euch in den Kopf gesetzt hat – er wäre ja dafür verantwortlich!

Kein anderer ist dafür verantwortlich, und es gibt keinen Gott. Das sind nur unsere Strategien, um die Verantwortung anderen in die Schuhe zu schieben.

Du bist frei, aber jeder Akt der Freiheit bringt eine Verantwortung mit sich – und darin besteht deine Unfreiheit. Du kannst es Sklaverei nennen, was kein schönes Wort ist, oder du kannst es Verantwortung nennen. Ich nenne es lieber so.

Du entscheidest dich für eine bestimmte Handlung – das ist deine Freiheit. Aber dann liegt das, was daraus entsteht, in deiner Verantwortung.

Ich stimme absolut mit der wissenschaftlichen Vorstellung überein, dass Ursache und Wirkung zusammengehören. Du bist frei, was die Ursache angeht. Aber du darfst eines nicht vergessen: Die Wirkung richtet sich immer nach der Ursache, über die du selbst entschieden hast. Aber auch das ist deine Freiheit; es ist eine Konsequenz deiner Freiheit.

Wenn du das Leben ganz einfach und nicht theologisch nimmst, wirst du dich wundern: Es gibt keine Probleme.

Es ist ein Mysterium, aber kein Problem.

Ein Problem ist etwas, das gelöst werden kann. Ein Mysterium ist etwas, das gelebt, aber niemals gelöst werden kann. Und Meditation ist nichts anderes als die Erforschung des Mysteriums – keine Erklärung, kein Versuch, die Lösung dafür zu finden, sondern eine Erforschung … Sich langsam dabei aufzulösen, wie eine Welle im Meer verschwindet … Dieses Verschwinden ist die einzige Religiosität, die ich kenne. Alles andere ist Unsinn.

Über den Autor

Oshos Lehren lassen sich nicht in ein enges Raster pressen, sie decken alles ab von der individuellen Sinnsuche bis hin zu den drängenden sozialen und politischen Fragen unserer Zeit. Seine Bücher wurden nicht von ihm geschrieben, sondern sind Transkriptionen der Audio- und Videoaufzeichnungen seiner spontanen Vorträge, die er im Lauf von 35 Jahren vor einem internationalen Publikum hielt. Die Londoner *Sunday Times* zählt Osho zu den »1000 Gestaltern des 20. Jahrhunderts«, und der amerikanische Autor Tom Robbins spricht vom »gefährlichsten Menschen seit Jesus Christus«.

Osho hat über sich und sein Wirken gesagt, dass er dazu beitrage, die Voraussetzungen für die Geburt eines neuen Menschen zu schaffen. Er hat ihn oft als »Sorbas der Buddha« charakterisiert – ein Mensch, der die irdischen Freuden eines Alexis Sorbas ebenso wie die heitere Stille eines Gautama Buddha genießen kann. Durch alle Aspekte von Oshos Werk zieht sich wie ein roter Faden eine Vision, die die zeitlose Weisheit des Ostens und das höchste Potenzial westlicher Wissenschaft und Technologie miteinander vereint.

Bekannt ist Osho auch für seinen revolutionären Beitrag zur Wissenschaft der inneren Transformation. Seine Auffassung von Meditation bezieht das beschleunigte Tempo unseres modernen Lebens mit ein. Daher sind seine einzigartigen »aktiven Meditationen« so gestaltet, dass zuerst der in Körper und Geist angesammelte Stress freigesetzt wird, was es leichter macht, einen gedankenfreien und entspannten Zustand von Meditation zu erfahren.

Osho International Meditation Resort

Das *Osho International Meditation Resort* ermöglicht die unmittelbare Erfahrung einer neuen Lebensweise, die mehr Achtsamkeit, Entspannung und Freude zum Ziel hat, ist aber auch ein wunderbarer Ort, um einfach nur Urlaub zu machen und auszuspannen. Es liegt in Pune, Indien, etwa 150 km südöstlich von Mumbai. Pune, einst Zufluchtsort der Maharadschas und der reichen britischen Kolonialherren vor der Sommerhitze, ist heute eine aufstrebende moderne Großstadt, die mehrere Universitäten und diverse Hightech-Industrien beherbergt.

Das Meditation Resort umfasst rund 15 Hektar Land im üppig grünen Wohnviertel Koregaon Park und bietet den Tausenden von Besuchern, die jedes Jahr aus über 100 Ländern nach Pune kommen, ein umfangreiches und vielseitiges Programm, größtenteils in modernen, klimatisierten Räumlichkeiten. Unterkunftsmöglichkeiten gibt es in zahlreichen nahe gelegenen Hotels und Privatwohnungen sowie in einem neu erstellten luxuriösen Gästehaus im Resort selbst.

Alle Angebote basieren auf Oshos Vision des neuen Menschen, der kreativ und erfolgreich seinen Alltag meistert, sich aber ebenso in Stille und Meditation zu versenken vermag. Neben dem täglichen Meditationsprogramm werden das ganze Jahr über Einzelsitzungen, Gruppenworkshops und

Kurse angeboten. Die Themenbereiche reichen von Kunst und Kreativität über ganzheitliche Gesundheit, Beziehungsfragen und esoterisches Wissen bis hin zu persönlicher Transformation und Therapie. Das »Club Med«-Programm – »Med« für Meditation – bietet die Möglichkeit, auf einem liebevoll gestalteten Gelände auf »Zen«-Weise mit verschiedenen Sportarten zu experimentieren und Erholung zu finden.

Im Resort werden in Cafés und Restaurants im Freien sowohl Gerichte der traditionellen indischen Küche als auch eine Vielfalt internationaler Gerichte mit biologisch angebautem Gemüse von der eigenen Farm serviert. Das Resort verfügt zudem über eine eigene Filtrieranlage für sicheres, sauberes Trinkwasser.

Weitere Informationen über Anreise, Programme und Zimmerbuchung im Gästehaus unter:

www.osho.com/resort

Weitere Informationen

Über Osho und sein Wirken finden Sie ausführlichere Informationen unter:

www.OSHO.com

Diese umfangreiche mehrsprachige Website umfasst eine Online-Zeitschrift, Informationen über Bücher und CDs, Vorträge im Audio- und Videoformat, das Osho Textarchiv und ausführliche Informationen über die Osho Meditationen. Außerdem finden Sie dort eine Übersicht über die angebotenen Kurse und Seminare der Osho Multiversity, Informationen über das Osho International Meditation Resort und Adressen von Osho Informationszentren weltweit.

Website:

http://OSHO.com/resort
http://OSHO.com/magazine
http://OSHO.com/shop
http://www.youtube.com/OSHO
http://www.oshobytes.blogspot.com
http://www.Twitter.com/OSHOtimes
http://www.facebook.com/#!/OSHO.International
http://www.flickr.com/photos/oshointernational

Kontaktadresse der **OSHO International Foundation:**

www.osho.com/oshointernational

oshointernational@oshointernational.com

Über die DVD

Die dem Buch beigefügte DVD enthält einen von Oshos Originalvorträgen und wurde ausgewählt, um Ihnen einen Geschmack von der Arbeit dieses zeitgenössischen Mystikers zu geben. Osho hat seine Bücher nicht geschrieben; sein direktes Sprechen zu einer internationalen Zuhörerschaft erzeugt und vermittelt eine unmittelbare Atmosphäre und Erfahrung von Meditation und Transformation.

Das Video enthält wahlweise auch Untertitel in deutscher Sprache.

Oshos Vorträge haben nicht die Aufgabe, Informationen oder Unterhaltung zu vermitteln – obwohl sie sowohl informativ als auch unterhaltsam sein können –, sondern sie schaffen eine Gelegenheit für Meditation, um den Zustand entspannter Wachheit zu erleben, der die Grundlage von Meditation ist. Deshalb empfehlen wir, sich mindestens 45 Minuten bis 1 Stunde störungsfreier Zeit zum Betrachten des Videos zu reservieren.

Osho über das Hören seiner Vorträge:

Den Menschen einen Geschmack von Meditation zu geben, ist der Hauptgrund, warum ich spreche. Darum kann ich ewig so weiterreden, und es kommt nicht darauf an, was ich sage. Worauf es mir hauptsächlich ankommt, ist, euch ein paar Ge-

legenheiten zu geben, um still zu sein, was euch am Anfang schwerfällt, wenn ihr allein seid.

Diese Vorträge sind die Grundlage für eure Meditation.

Ich mache euch die stillen Momente bewusst, ohne dass ihr euch dafür anstrengen müsst. Das Sprechen wird von mir zum ersten Mal als Strategie eingesetzt, um Stille in euch zu erschaffen.

Ich spreche nicht, um etwas zu lehren, ich spreche, um etwas zu erschaffen. Dies sind keine gelehrten Abhandlungen, sondern es sind einfach Hilfsmittel, damit ihr still werdet. Denn würde man euch sagen, dass ihr still werden sollt, ohne euch anzustrengen, dann hättet ihr große Schwierigkeiten damit.

Ich habe keine Lehre. Mein Sprechen ist in Wirklichkeit ein Prozess der Dehypnotisierung. Durch bloßes Zuhören werdet ihr allmählich befreit von all den Glaubensprogrammen, die die Gesellschaft euch aufgezwungen hat.

Die Fragen und Antworten sind im Grunde nur ein Spiel, das euch helfen soll, die Worte und Gedanken loszulassen … Stille ist die Frage. Stille ist die Antwort. Stille ist die höchste Wahrheit.

In der Stille werden wir eins mit der Existenz.

Dies sind keine gewöhnlichen Vorträge oder Reden. Ich bin nicht an irgendeiner Philosophie oder politischen Ideologie interessiert. Mein Interesse ist, euch unmittelbar zu transformieren.